Manual do Gestor do Sistema "S"

Manual do Gestor do Sistema "S"

Referências e comentários acerca dos acórdãos e decisões do TCU sobre o assunto

Carlos Nivan Maia

1ª EDIÇÃO 2012

SESI-SP editora

SESI-SP editora

Editor
Rodrigo de Faria e Silva

Capa e Projeto gráfico
Negrito Produção Editorial

Revisão
Pólen Editorial

2012

Contato com o autor
Telefones (61) 9123-1286; (61)3326-0809;
relereditora@hotmail.com
www.relere.com.br

Dados Internacionais de Catalogação na Publicação (CIP)
(Câmara Brasileira do Livro, SP, Brasil)

Maia, Carlos Nivan
Manual do gestor do Sistema S: consultados cerca de 1.000 acórdãos e decisões do TCU acerca do assunto / Carlos Nivan Maia.- - São Paulo : SESI-SP editora, 2012
388 p.

Orientações e recomendações para a boa e regular gestão dos recursos das entidades dos serviços sociais autônomos – órgãos integrantes do sistema "S".

ISBN 978-85-65025-07-2

1 . Administração 2. Sistema S 3. Serviços sociais autônomos I. Título

CDD – 658.12

Índices para catálogo sistemático:
Administração : Sistema S : Serviços sociais autônomos
Bibliotecárias responsáveis: Elisângela Soares CRB 8/6565 / Josilma Gonçalves Amato CRB 8/8122

O Senhor te abençoe e te guarde; O Senhor faça resplandecer o seu rosto sobre ti e tenha misericórdia de ti; O Senhor sobre ti levante o seu rosto e te dê a paz.

Escrituras Sagradas (Números 6:24-26)

AGRADEÇO ao Dr. Jussiê Monastirski Maia, pelo inestimável apoio, colaboração e parceria, na elaboração desta obra. Seus conhecimentos e domínio nas áreas da Contabilidade e da Auditoria foram essenciais ao deslinde de questões técnicas examinadas à exaustão para a consecução deste Manual de Gestão.

Com os meus agradecimentos sinceros aos professores Walter Vicioni Gonçalves, Superintendente Operacional e Diretor-Geral do SESI-SENAI/SP, pelo apoio precioso; Boaventura Inglesi Neto, Diretor Administrativo e Financeiro; João Alberto Simões, Diretor de Recursos Humanos; e Dra. Débora Cypriano Botelho, Diretora Jurídica das entidades SESI-SENAI/SP, pelas valiosas sugestões e críticas feitas durante a elaboração deste livro.

Prefácio

A presente obra congrega o fruto de nossa vivência à frente da Federação das Indústrias do Estado de São Paulo - FIESP, do Serviço Social da Indústria - SESI/SP e do Serviço Nacional de Aprendizagem Industrial - SENAI/SP, com a experiência e colaboração inestimável do ilustre amigo Professor Carlos Nivan Maia, Auditor Federal de Controle Externo oriundo do Tribunal de Contas da União - TCU, com larga experiência em gestão pública.

Ao longo dos últimos anos, no labor da gestão das entidades FIESP, SESI/SP e SENAI/SP, colhemos a percepção das reais necessidades dos administradores de nossas unidades institucionais, para uma boa e regular gestão dos recursos institucionais sob a responsabilidade de cada um, de modo que pensamos na elaboração de uma manual prático que contivesse segura orientação sobre situações do labor da gestão. Como resultado, este livro se propõe a fornecer esclarecimentos e orientações seguras para as situações problemáticas que surgem no cotidiano dos profissionais que labutam nas diversas áreas de qualquer entidade do Sistema "S".

Em linguagem clara, simples e concisa e com a visão objetiva e prática obtida apenas por aqueles que lidam no dia a dia com as questões administrativas e operacionais dos Serviços Sociais Autônomos, o livro é de grande valia para todos os gestores, diretores, gerentes, supervisores, especialmente para aqueles que lidam com decisões nas áreas mencionadas, seja de planejamento, seja de execução, a exemplo das contratações de obras, serviços, compras e alienações, bem como da celebração de convênios e da elaboração das prestações de contas anuais.

O livro é um manual prático para todo e qualquer gestor das entidades do Sistema "S". Está dividido em cinco grandes capítulos, todos eles contendo um número expressivo de itens que têm sido objeto de decisões do

Tribunal de Contas da União - TCU. Assim, o Professor Carlos Nivan Maia teve o cuidado de reunir o maior número possível de decisões do TCU para que o gestor de qualquer entidade do Sistema "S" tenha uma orientação segura de como agir em consonância com as normas vigentes aplicáveis, com as recomendações/determinações e jurisprudência firmada pelos órgãos de controle.

Em cada item integrante dos grandes títulos sobressaem valiosos comentários do autor, orientação fundamental para quem pretende agir corretamente, de forma transparente e buscando a maior eficiência na gestão dos recursos das entidades que formam o Sistema "S", sem perder de vista entendimento já consolidado no âmbito do TCU de que os Serviços Sociais Autônomos não estão sujeitos à legislação que rege os procedimentos dos órgãos/entidades integrantes da Administração Pública, a exemplo da lei geral das licitações e contratos (Lei nº 8.666/93), e sim aos seus regulamentos próprios, pautados nos princípios gerais aplicáveis à Administração Pública.

Enfim, a presente obra agregou valiosas informações fruto da nossa experiência à frente da FIESP, SESI/SP e SENAI/SP, desde setembro de 2004, e é motivada pela vontade de se ter no país uma gestão cada vez mais eficiente dos recursos dos Serviços Sociais Autônomos, com resultados efetivos em benefício da sociedade brasileira. Certamente será de grande valia para todos que labutam na esfera dessas valorosas entidades, em razão de sua importância socioeconômica

Nessa perspectiva, e saudável parceria, entregamos aos amigos, gestores e servidores, não somente da FIESP, do SESI/SP e SENAI/SP, mas dos Serviços Sociais Autônomos de todo o Brasil, esta obra elaborada com esmero, dedicação e carinho, para ser como uma bússola que indica o caminho ao viajor, que mostrará a todos, em cada situação de dificuldade ou de dúvida na gestão dessas entidades, como agir de forma correta e preventiva para a boa e regular gestão dos recursos institucionais, evitando, inclusive, quaisquer possíveis problemas com os órgãos de fiscalização e controle.

PAULO SKAF

Presidente da FIESP, do SESI/SP e do SENAI/SP

Sumário

V. Prestação de Contas Anuais, 315

Apresentação

Nos últimos anos a posição institucional do Tribunal de Contas da União (TCU) permite extrair uma visão abrangente da Administração dos Serviços Sociais Autônomos - órgãos integrantes do Sistema "S" - com o fruir do entendimento de que essas entidades não se inserem no âmbito da Administração Pública direta ou indireta, mas tratam de entes paraestatais, aqueles que se situam ao lado do Estado, entes de cooperação com o Poder Público, em razão de sua natureza peculiar.

A exatidão dessa linha de entendimento se conjuga com a contínua transformação e evolução da Administração Pública brasileira, concluindo-se que as entidades do Sistema "S" devem ter regulamentos próprios a disciplinar suas ações administrativas, livres de burocracia excessiva, sejam procedimentos de licitação, de contratos, de convênios, ou de admissão de pessoal em seus quadros funcionais, sempre respeitados, porém, os princípios gerais da atividade administrativa.

O primoroso trabalho apresentado por Carlos Nivan Maia, com valiosas informações do Presidente da Federação das Indústrias no Estado de São Paulo, Dr. Paulo Antônio Skaf, profissionais com projeção no cenário nacional e internacional com larga experiência nas áreas de sua atuação, respectivamente, de administração pública e empresarial, constitui prova evidente de que o grau de liberdade conferido pelo legislador pátrio às referidas entidades se traduz no aprimoramento e aperfeiçoamento da administração das entidades do Sistema "S", contribuindo para a resolução de problemas e correção de erros a partir das boas práticas de gestão pública.

Muito oportuno, nesse contexto, o destaque dado pelo autor à linha jurisprudencial do TCU do último quinquênio, pois bem traduz a evolução do entendimento dos Colegiados em relação às entidades do Sistema "S", posto que não incluídas no controle direto ou indireto da União, nem compõem a Administração Pública, mas são decisões que orientam sobre a boa e regular gestão dos recursos oriundos de contribuições compulsórias previstas na Carta Magna.

A coerência desse novo entendimento propicia maior flexibilidade na administração dessas entidades, em consonância com a teleologia do legislador pátrio, trazendo reflexos positivos à sua missão institucional; e libera os órgãos de controle Externo/Interno para uma mudança de atuação, migrando da fiscalização de formalidades processuais para a verificação dos resultados alcançados pela gestão em cada sistema de *per se*.

O Controle passa a ser finalístico, livre da burocracia e do formalismo excessivo. Afinal, o interesse da sociedade é saber se os recursos compulsórios do empregador, aplicados pelos gestores de determinado Serviço Social Autônomo, redundaram em melhoria da formação profissional e na promoção sociocultural do trabalhador e seus dependentes, em cada um dos segmentos de atuação daquele Serviço Social Autônomo.

Nesse diapasão, a Corte de Contas, no contexto da modernização da área pública no exercício de suas atividades de controle externo, em auxílio ao Congresso Nacional, vem direcionando sua ação de controle nas entidades do Sistema "S" visando à melhoria dos resultados da gestão, reduzindo drasticamente o foco na forma da gestão.

Os comentários feitos por Paulo Skaf, no prefácio desta obra, e pelo autor Carlos Nivan, em relação às centenas de itens que integram os cinco capítulos de sua abordagem, tornam este Manual de Gestão uma espécie de "Bíblia" do gestor das entidades do Sistema "S", devendo ser um livro de cabeceira, disponível para consulta imediata de quantos labutam na gestão dessas entidades, pois guarda fina sintonia com as orientações gerais do Tribunal de Contas da União, com abrangência a todas as unidades do sistema, resultante da apreciação de cada processo de interesse dessas entidades.

UBIRATAN AGUIAR
Presidente do Tribunal de Contas da União
no biênio 2009/2010

Lista de Siglas

ABDI	Agência Brasileira de Desenvolvimento Industrial
AC	Acórdão
AN	Administração Nacional
APEX-BRASIL	Agência de Promoção de Exportações e Investimentos
CGU	Controladoria-Geral da União
CF	Constituição Federal da República Brasileira
CFC	Conselho Federal de Contabilidade
CLT	Consolidação das Leis Trabalhistas
CN	Conselho Nacional
CNI	Conselho Nacional das Indústrias
CNPJ	Cadastro Nacional de Pessoas Jurídicas
CPF	Cadastro de Pessoa Física
CRECI	Conselho Regional dos Corretores de Imóveis
DN	Decisão Normativa
DOU	Diário Oficial da União
FAEPI	Federação da Agricultura do Estado do Piauí
FGTS	Fundo de Garantia por Tempo de Serviço
FIEP	Federação das Indústrias no Estado da Paraíba
FIESP	Federação das Indústrias no Estado de São Paulo
IEL	Instituto Euvaldo Lodi
IN	Instrução Normativa
INSS	Instituto Nacional de Seguridade Social
ISS	Imposto Sobre Serviço
MCT	Ministério da Ciência e Tecnologia
MDV	Movimento Diário de Veículo
MF	Ministério da Fazenda

MPOG	Ministério do Planejamento, Orçamento e Gestão
NBC.P	Normas Brasileiras de Contabilidade - Profissional
NBC.T	Normas Brasileiras de Contabilidade - Técnica
RC	Resolução Conjunta
RI	Regimento Interno
RLC	Regulamento de Licitações e Contratos
SEBRAE	Serviço Brasileiro de Apoio às Micro e Pequenas Empresas
SENAC	Serviço Nacional de Aprendizagem Comercial
SENAI	Serviço Nacional de Aprendizagem Industrial
SENAR	Serviço Nacional de Aprendizagem Rural
SENAT	Serviço Nacional de Aprendizagem do Transporte
SESC	Serviço Social do Comércio
SESCOOP	Serviço Nacional de Aprendizagem do Cooperativismo
SESI	Serviço Social da Indústria
SEST	Serviço Social do Transporte
SFC	Secretaria Federal de Controle
SFCI	Secretaria Federal de Controle Interno
SIAFI	Sistema Integrado de Administração Financeira do Governo Federal
SLTI/MP	Secretaria de Logística e Tecnologia da Informação do Ministério do Planejamento
SRP	Sistema de Registro de Preços
STN	Secretaria do Tesouro Nacional
STF	Supremo Tribunal Federal
TCE	Tomada de Contas Especial
TCU	Tribunal de Contas da União

Manual do Gestor do Sistema "S"

Capítulo I
Assuntos Gerais

1. Introdução

Neste capítulo merecem destaque itens específicos inerentes à administração das entidades do Sistema "S", apreciados em processos diversos, resultando nas deliberações tomadas pelo Tribunal de Contas da União nas Sessões de julgamento das Câmaras e do Plenário, acerca dos quais fazemos breves comentários consonantes com as decisões proferidas nos acórdãos mencionados de forma cronológica.

Esses comentários têm por finalidade facilitar ao leitor o entendimento firmado pelo Órgão de Controle Externo quanto aos aspectos relevantes que envolvem cada item selecionado.

Todos os itens comentados neste primeiro capítulo estão relacionados com a prática de atos de gestão inerentes à Administração dos Serviços Sociais Autônomos e foram submetidos à salutar fiscalização exercida pelo Tribunal de Contas da União, em decorrência de suas competências constitucionais e infraconstitucionais, respeitadas, porém, as peculiaridades dessas entidades paraestatais dotadas de personalidade jurídica de direito privado que recebem contribuições parafiscais e prestam relevante serviço de interesse público e social, nas áreas de suas atribuições regulamentares.

É importante observar que, ao decidir sobre a legalidade, a legitimidade e a economicidade dos atos de gestão e das despesas deles decorrentes, no âmbito dos Serviços Sociais Autônomos, com fulcro no art. 1º, inciso I, e § 1º da Lei nº 8.443/92, o Tribunal de Contas da União cria arcabouço jurisprudencial a ser acolhido pelas entidades do Sistema "S" como um todo.

Daí a necessidade de os gestores conhecerem o conjunto das decisões e interpretações das normas vigentes feitas pela Corte de Contas Federal, aplicáveis às situações de fato em relação a cada item comentado neste Manual de Gestão, especialmente aqueles mencionados neste capítulo.

Desse modo, na medida em que o Tribunal de Contas da União em suas assentadas, ao decidir sobre matéria de sua competência, manifesta entendimento em relação a ato de gestão inerente a entidade do Serviço Social Autônomo, cabe às demais entidades do Sistema observar os procedimentos determinados ou recomendados ao seu âmbito, no que couber.

Convém, pois, que cada servidor, diretor, gerente de área, coordenador, administrador e demais responsáveis por dinheiros, bens e valores, e procedimentos para aquisição e contratação de bens e serviços, no âmbito das entidades do Serviço Social Autônomo, observem na prática dos atos de gestão as normas e regulamentos próprios da entidade, bem como a jurisprudência firmada pelo Tribunal de Contas da União decorrente de suas decisões prolatadas nas diversas assentadas ao julgar vários processos dessas entidades, inclusive seus processos de prestação de contas anual que contêm manifestação do Sistema de Controle Interno, por meio das ações de fiscalização e controle da Controladoria-Geral da União - CGU, feito por suas unidades regionais.

Cabe destacar, por sua relevância, o atual posicionamento da Augusta Corte de Contas da Nação em relação ao Sistema "S", pois o Tribunal de Contas da União, atento à natureza singular dos Serviços Sociais Autônomos, reviu antiga linha jurisprudencial, fortalecendo o atual e pacífico entendimento de que tais entidades não se inserem entre os órgãos/entidades que compõem a Administração Pública e tampouco são entidades controladas direta ou indiretamente pela União.

Essa linha de entendimento pode ser observada na decisão do Plenário do TCU consubstanciada no Acórdão nº 779/2010, onde se vê em Declaração de Voto de Ministro que acolheu a proposta vencedora:

> *"De fato, dado o inegável caráter paraestatal das entidades do Sistema "S" como órgãos de colaboração com o Estado, tornou-se pacífico neste Tribunal o entendimento de que a elas não se aplicam todas as vedações constitucionais previstas para os órgãos e entidades da administração pública direta, autárquica e fundacional, inclusive para seus servidores e dirigentes, por não exercerem cargos, funções ou empregos públicos."*

Portanto, o TCU concluiu que não se pode alargar o alcance de normas infraconstitucionais, nem de determinados dispositivos constitucionais que se aplicam à Administração Pública, para atingir as entidades do Sistema "S" não pertencentes à Administração Pública Direta e Indireta, respeitados os princípios gerais da Administração Pública aplicáveis, a exemplo da Lei nº 8.666/93 que, em perfeita consonância com a Constituição Federal, não enumerou essas entidades entre as instituições a que se destina, nem ainda o teto remuneratório previsto no art. 37, inciso XI, da Constituição, nem as vedações de acumulação de cargos previstas nos incisos XVI e XVII do mesmo art. 37 da Constituição Federal, conforme decidido pelo mais Alto Suplemento da Corte de Contas por meio do Acórdão nº 779/2010-TCU-Plenário, na assentada de 14/04/2010, quando julgou os autos do processo de Representação TC 014.417/2007-9 contra entidade do Sistema "S", tornando improcedente a representação da unidade técnica.

Por sua importância e pertinência são transcritos integralmente no Capítulo III, na introdução ao item **"16. Pessoal"**, deste Manual de Gestão, o Voto do Ministro-Relator, a Declaração de Voto de Ministro que propôs o acolhimento da proposta vencedora e a proposta de Deliberação que redundou no Acórdão nº 779/2010-TCU-Plenário.

2. Aquisição de Bens

2.1. Aquisição Irregular

Comentário:

Diante de eventuais prejuízos causados à entidade do Serviço Social Autônomo, em razão de aquisições irregulares de bens e/ou serviços, a autoridade competente deve adotar medidas administrativas internas, em tempo hábil, para a obtenção do ressarcimento pretendido e apuração da responsabilidade, tendo em vista a aplicação das sanções cabíveis.

Decisões do TCU:

Acórdão 5071/2008-1ª Câmara.

2.2. Critérios/Princípios

Comentário:

Conforme a jurisprudência firmada pelo TCU, as entidades do Serviço Social Autônomo devem ter suas licitações, contratos, convênios e admissão de pessoal disciplinados em regulamento próprio, respeitados os princípios constitucionais aplicáveis à espécie.

Essa orientação se estende para todas as entidades do Serviço Social Autônomo vinculadas às áreas da indústria e comércio exterior, do trabalho e emprego e do desenvolvimento social, de modo que nas contratações de obras, serviços, compras e alienações ficam sujeitas à observância das disposições de seu próprio Regulamento de Licitações e Contratos (RLC), bem como dos princípios constitucionais aplicáveis, tais como: moralidade, impessoalidade, publicidade e eficiência, observando, ainda, a jurisprudência do TCU.

Decisões do TCU:

Acórdão 5071/2008-1ª Câmara.

2.3. Demonstrações Necessárias (inutilidade, obsolescência, depreciação)

Comentário:

Cabe, ainda, a essas entidades planejar bem suas compras e contratações de serviços, abstendo-se de adquirir bens patrimoniais em excesso ou desnecessários, devendo restar caracterizado em seus procedimentos a inutilidade ou obsolescência dos equipamentos existentes, de modo a justificar as novas aquisições. Falhas dessa natureza podem trazer repercussões negativas à responsabilidade dos gestores, por ocasião do julgamento das Contas Anuais da entidade pelo TCU.

Decisões do TCU:

Acórdãos 3747/2007-1ª Câmara; 3750/2007-1ª Câmara.

3. Auditoria Interna

3.1. Organização, Estruturação e Aprimoramento

Comentário:

O TCU tem feito determinações às entidades dos Serviços Sociais Autônomos no sentido de que atendam às orientações da Secretaria Federal de Controle Interno/CGU sobre a adoção de medidas com vistas à estruturação adequada de suas unidades de Auditoria Interna, de forma a aprimorar os controles administrativos de cada entidade.

A Constituição Federal dispõe no inc. II, art. 74, que cabe ao Sistema de Controle Interno comprovar e avaliar os resultados da aplicação de recursos públicos por entidades de direito privado. Assim, a SFC/CGU tem a missão de avaliar a boa e regular aplicação dos recursos administrados pelas entidades do Sistema.

Ocorre que os Serviços Sociais Autônomos, como entes de cooperação, do gênero paraestatal, não estão sujeitos tecnicamente às normas da SFC/CGU. De acordo com as normas aplicáveis, porém, a SFC/CGU poderá recomendar que tais entidades adotem providências necessárias à organização da respectiva unidade de controle interno, podendo, ainda, firmar termo de cooperação técnica, objetivando o fortalecimento da gestão e a racionalização das ações de controle.

A SFC/CGU poderá, ainda, utilizar os serviços das unidades de controle interno que atendam aos padrões de requisitos técnicos e operacionais, conforme Decreto nº 3.591/2000 - com a redação dada pelos Decretos nº 4.440/2002 e 6.692/2008.

Desse modo, o TCU tem recomendado que unidades do Serviço Social Autônomo, nos termos dos arts. 14 e 15 do Decreto nº 3.591/2000, com a redação que lhes foi dada pelo Decreto nº 4.440/2002, adotem providências necessárias à reorganização da respectiva unidade de controle interno e/ou auditoria interna.

Decisões do TCU:

Acórdãos 2143/2005-2ª Câmara; 1146/2006-2ª Câmara; 2568/2008-1ª Câmara; 636/2010-2ª Câmara.

4. Bens Patrimoniais

4.1. Alienação

Comentário:

A alienação de bens das entidades dos Serviços Sociais Autônomos tem sido objeto de várias determinações por parte do TCU, conforme destacamos:

a) Em relação ao controle: Adotem medidas no sentido de manter os valores dos bens atualizados, identificando todos os bens, mantendo atualizados os termos de responsabilidade devidamente assinados e datados pelos agentes responsáveis por guarda de bens e procedendo à alienação dos bens patrimoniais que não tenham mais interesse de uso, alertando que a baixa de bens patrimoniais sem cumprimento de diligência configura impropriedade, que pode ser constatada por ocasião dos trabalhos de auditoria.

b) Em relação à alienação propriamente dita: Apliquem o disposto no art 5º, inciso IV do Regulamento de Licitações e Contratos (RLC) próprio, a saber: "IV - LEILÃO - modalidade de licitação entre quaisquer interessados, para a venda de bens, a quem oferecer maior lance, igual ou superior ao valor da avaliação".

É preciso, ainda, formalizar os processos de alienação de ativos, fazendo constar a relação dos itens alienados e a avaliação prévia do valor dos bens em cumprimento ao disposto no RLC próprio das entidades.

As entidades devem abster-se de admitir a participação de servidores pertencentes aos seus quadros em processos de alienação de bens que compõem o patrimônio da entidade, em atenção aos princípios da impessoalidade e da moralidade, insculpidos no art. 37, caput, da Constituição Federal, à orientação da Corte de Contas consubstanciada na Decisão 116/99-2ª Câmara, e aos normativos internos das entidades, a exemplo dos arts. 5º, inciso IV, e 6º, inciso III, do RLC próprio, procedendo, ainda, como condição prévia à transferência, à necessária avaliação dos bens com base nos preços praticados no mercado, considerando-se seu estado de conservação, até mesmo para definição da modalidade de licitação cabível.

Decisões do TCU:

Acórdãos 1906/2007-2ª Câmara; 2819/2007-1ª Câmara; 604/2010-2ª Câmara; 2568/2010-1ª Câmara; 887/2011-Plenário.

4.2. Extravio/Furto

Comentário:

Para o caso de extravio/furto de bens patrimoniais de qualquer entidade do Serviço Social Autônomo, cabe ao gestor adotar algumas medidas efetivas, tais como:

a) implantar rotinas de gerenciamento de bens patrimoniais da entidade;

b) não realizar a baixa contábil de materiais e bens patrimoniais extraviados/furtados sem a verificação da responsabilidade de quem deu causa à perda ou extravio, constituindo, tempestivamente, comissão de sindicância ou comissão especial para apuração de responsabilidade e ressarcimento dos danos;

c) identificados os responsáveis, efetuar os ressarcimentos devidos, e, em caso de insucesso, instaurar a competente tomada de contas especial.

Cabe à entidade envidar esforços para concluir, no menor prazo possível, processo de sindicância instaurado para apurar responsabilidades pelo desaparecimento de bens da Unidade, de modo a antecipar-se a possíveis determinações do TCU nessa direção, tendo em vista que o descumprimento dessas determinações sujeita os responsáveis às multas previstas nos incisos VII e VIII, do art. 268 do Regimento Interno do TCU.

É importante, pois, aprimorar os controles internos existentes na área de gestão patrimonial, de modo a resguardar seu acervo patrimonial, promovendo a imediata apuração de responsabilidades nos casos de desaparecimento e furtos de bens patrimoniais.

Decisões do TCU:

Acórdãos 2687/2006-1ª Câmara; 288/2007-Plenário; 1909/2007-2ª Câmara; 1670/2008-2ª Câmara; 2183/2008-1ª Câmara; 2569/2010-1ª Câmara; 1067/2011-Plenário.

4.3. Inventário

Comentário:

Muitas são as decisões do Tribunal de Contas da União fazendo determinações às entidades do Sistema "S" atinentes à área patrimonial, como se vê nas decisões abaixo mencionadas. Podemos sintetizá-las neste breve comentário, para efeito de orientação aos gestores do Sistema.

Cada entidade deve ter seu controle patrimonial eficiente e adequado, realizando o inventário dos bens patrimoniais por Comissão de Inventário, especialmente designada para esse fim, em conformidade com a legislação vigente, cabendo ao gestor a adoção de medidas tempestivas para sanar as impropriedades existentes.

O inventário de bens móveis deve sempre conter informações acerca do atual estado de conservação dos mesmos.

Assim, cada unidade deve proceder, anualmente, à designação de uma Comissão de Inventário, com atualização periódica dos bens dos setores/áreas da entidade, observando as disposições das Normas de Controle dos Bens Permanentes da Entidade.

De outra forma, cabe às unidades do Serviço Social Autônomo elaborar inventário de bens imóveis nos moldes do elaborado para os bens móveis.

Devem, ainda, promover o tombamento e colocar plaquetas de identificação em todos os seus bens móveis, assim como proceder à baixa de bens inservíveis e a atualização dos termos de responsabilidade dos bens cedidos em comodato, quando for o caso.

É oportuno alertar às entidades do Sistema "S" que o atraso na realização de inventário de bens a ser submetido anualmente ao exame do Conselho Regional, a exemplo do que determina o art. 39 do Regulamento do SESI, constitui impropriedade a ser evitada tempestivamente, que pode ser constatada nos trabalhos de auditoria por ocasião da análise da gestão da entidade.

Decisões do TCU:

Acórdãos 2140/2006-2ª Câmara; 2478/2006-2ª Câmara; 2479/2006-2ª Câmara; 2481/2006-2ª Câmara; 2487/2006-2ª Câmara; 2680/2006-1ª Câmara; 288/2007-Plenário; 1158/2007-1ª Câmara; 1906/2007-

2ª Câmara; 2815/2007-1ª Câmara; 2799/2008-1ª Câmara; 243/2009-2ª Câmara; 370/2009-1ª Câmara; 636/2010-2ª Câmara; 1825/2010-2ª Câmara; 3163/2010-Plenário; 204/2011-Plenário; 1172/2011-1ª Câmara; 1293/2011-Plenário.

4.4. Normatização

Comentário:

As normas aplicáveis à gestão e ao controle dos bens patrimoniais das entidades do Sistema "S" devem estar sempre atualizadas e ter abrangência para todas as áreas das unidades do Sistema.

Decisões do TCU:

Acórdão 3646/2008-1ª Câmara.

4.5. Responsabilidade dos Gestores - Ressarcimento de bens não localizados, controle e localização

Comentário:

Um sistema de controle de bens patrimoniais eficiente tem sido recomendado pelo TCU para todos os Serviços Sociais Autônomos. Entrementes, quando bens patrimoniais não são localizados, por ocasião dos levantamentos de inventário, cabe ao gestor adotar medidas necessárias à identificação dos agentes responsáveis pelos bens não localizados, instaurando sindicância, se necessário, para apuração de responsabilidades com vistas à quantificação do dano decorrente do desaparecimento de bens, à identificação dos responsáveis e ao imediato ressarcimento ao erário, ou instaurar Tomada de Contas Especial, caso as medidas administrativas para a cobrança do débito não se mostrem eficazes, nos termos do art. 8º, caput, da Lei nº 8.443/1992, c/c a Instrução Normativa TCU 56/2007, sem prejuízo de atualização dos termos de responsabilidade patrimonial para que reflitam a fiel localização dos bens.

Destaca-se, entretanto, que o processo de sindicância, uma vez instaurado, deverá ser concluído no menor prazo possível, sendo que seu descumprimento sujeita os responsáveis às multas previstas nos incisos VII e VIII, do art. 268 do Regimento Interno do TCU.

Cabe às unidades do Sistema "S" observar, na movimentação de bens entre setores da entidade, mormente nos casos de transferência e empréstimo, o disciplinado nas Normas de Controle de Bens Permanentes da Entidade, inclusive quando da alienação e doação de bens da entidade, sendo oportuno que, nos termos dessas normas, cada unidade atualize os Termos de Responsabilidade existentes, evitando que os mesmos sejam assinados por pessoal não integrante do quadro funcional da entidade.

Ademais, é importante alertar às entidades do Sistema "S" que a inexistência de Termos de Responsabilidade de bens móveis tem sido uma impropriedade constatada pela Controladoria-Geral da União, por meio de suas unidades regionais, por ocasião dos trabalhos de auditoria relativos à gestão das entidades.

Assim, é oportuno que se implante uma sistemática de controle patrimonial que permita a elaboração de termos de responsabilidade individuais e setoriais para todos os bens da unidade, como forma de assegurar a responsabilidade pelos itens do patrimônio, em atenção aos princípios constitucionais pertinentes à Administração Pública, em consonância com a jurisprudência do TCU.

Decisões do TCU:

Acórdãos 1756/2005-1ª Câmara; 1761/2005-1ª Câmara; 1689/2007-1ª Câmara; 3324/2008-2ª Câmara; 369/2009-1ª Câmara; 636/2010-2ª Câmara; 2569/2010-1ª Câmara; 4604/2010-2ª Câmara; 1171/2011-1ª Câmara; 3048/2011-2ª Câmara.

4.6. Transferência/Avaliação

Comentário:

As unidades devem abster-se de transferir bens patrimoniais da entidade a terceiros em pagamento por serviços prestados sem observância dos documentos normativos internos. É preciso atualizar os documentos normativos internos, com vistas a estabelecer que o laudo de avaliação do bem seja elaborado por entidade distinta daquela à qual o bem será dado em pagamento, a fim de prevenir a ocorrência de situações de conflito de interesses.

Além disso, devem observar em seus procedimentos para transferência de propriedade de seus bens, como parâmetro, ou para fins de elaboração de regulação específica, as orientações constantes do Decreto Federal nº 99.658/90, promovendo a adequação de suas disposições internas que tratam do assunto.

Importa, ainda, alertar as unidades do Sistema "S" para que, nas operações de compra pela entidade, em que dados como parte do pagamento bens pertencentes à administração, observem a necessidade de fixação, a seu cargo, de um valor mínimo de avaliação, a partir do que deverão ser formuladas as propostas, bem como atentem para o fato de que o preço de compra é que deverá servir de referência para a definição da modalidade de licitação cabível, e não o menor valor final.

Decisões do TCU:
Acórdãos 2912/2010-2ª Câmara; 887/2011-Plenário; 1067/2011-Plenário; 3048/2011-2ª Câmara.

5. Conselhos/Conselheiros

5.1. Conflito de Interesses

Comentário:
Em razão dos princípios constitucionais da moralidade e da impessoalidade, os Serviços Sociais Autônomos não devem contratar empresas de cuja composição societária ou gerencial participem conselheiros, administradores ou empregados de seus quadros.

Essa situação configura conflito de interesses quando as funções exercidas no âmbito da entidade são incompatíveis com a condição de sócio da empresa, ou seja, fica patente a incompatibilidade entre os deveres funcionais como servidor da entidade e os interesses particulares, como sócio de empresa privada.

Em decorrência, qualquer conduta ilícita definida como improbidade administrativa, além da aplicação das sanções cabíveis, tem sido encaminhada ao Ministério Público Federal pelo TCU quando de sua apreciação.

Lembramos que os Regulamentos de Licitações e Contratos dos Serviços Sociais Autônomos dispõem sobre a questão em foco, a exemplo da norma referente ao SESI e ao SENAI que prevê no art. 39 que não poderão participar das licitações nem contratar com essas instituições, dirigentes ou empregados da entidade, tudo conforme farta jurisprudência do TCU.

Decisões do TCU:

Acórdãos 852/2008-2ª Câmara; 998/2009-1ª Câmara; 3852/2009-1ª Câmara; 2411/2010-Plenário.

5.2. Conselho Consultivo e Outros Colegiados

Comentário:

Os Regimentos Internos dos Serviços Sociais Autônomos tratam da organização de cada Serviço, autonomamente, indicando os órgãos normativos/deliberativos e órgãos de administração que os compõem, tanto no âmbito nacional como no âmbito regional, indicando, ainda, a composição e competências de cada um deles, inclusive. Desse modo, cabe a cada entidade integrante do Sistema "S" a adoção de providências, por meio dos órgãos deliberativos, para observarem os ditames do Regimento da entidade no que concerne à nomeação de conselheiros das diversas categorias econômicas nele registradas, com vistas à adequada composição do Conselho Regional, demonstrando, quando for o caso, a impossibilidade ou inadequação da exigência normativa, sem prejuízo da adoção de medidas concernentes à alteração do Regimento face à criação de outras entidades do Sistema "S" que absorveram atribuições antes pertencentes à entidade.

O Regimento Interno de cada entidade estabelece a forma e a periodicidade com que cada colegiado deve realizar reuniões ordinárias e extraordinárias, cabendo a cada ente atentar para as normas de funcionamento dos colegiados em sintonia com as disposições do Regimento Interno respectivo, inclusive quanto ao número mínimo de conselheiros e suplentes, de acordo com o disciplinado nas normas internas respectivas.

Em consonância com as normas internas de funcionamento dos respectivos colegiados, as atas das reuniões devem ser assinadas pelo presidente, membros do conselho e pelo superintendente ou autoridade equivalente.

Decisões do TCU:
Acórdãos 1906/2007-2ª Câmara; 636/2010-2ª Câmara; 3163/2010-Plenário; 1293/2011-Plenário.

5.3. Nepotismo

Comentário:
Os regulamentos de pessoal que estabelecem normas gerais sobre processo seletivo para contratações no âmbito dos Serviços Sociais Autônomos devem conter vedação de nepotismo, tráfico de influência, apadrinhamento, troca de favores, em obediência aos princípios da moralidade, impessoalidade, isonomia e eficiência, insculpidos na Constituição Federal, a exemplo do previsto no Decreto nº 7.203, de 04/06/2010, que dispõe sobre a vedação do nepotismo no âmbito dos órgãos e entidades da administração pública federal direta e indireta.

Embora inexistam normas específicas no tocante à vedação da contratação de parentes pelos dirigentes das entidades do Sistema "S", inclusive Conselheiros, reputa-se irregular a contratação, uma vez que os Serviços Sociais Autônomos, embora não integrem a Administração Pública, devem observar os princípios constitucionais da legalidade, impessoalidade e moralidade, sendo vedada a nomeação de parentes dos dirigentes dessas entidades para o exercício de cargos em comissão.

É oportuno, pois, que o Sistema "S", em nível nacional, regulamente a vedação à contratação de parentes, cônjuges e companheiros de seus dirigentes e Conselheiros, conforme o art. 37, caput, da Constituição Federal, e conforme diretrizes expostas na Súmula Vinculante nº 13 do Supremo Tribunal Federal - STF, cujo Enunciado se transcreve a seguir:

"A nomeação de cônjuge, companheiro ou parente em linha reta, colateral ou por afinidade, até o terceiro grau, inclusive, da autoridade nomeante ou de servidor da mesma pessoa jurídica, investido em cargo de direção, chefia ou assessoramento, para o exercício de cargo em comissão ou de confiança, ou, ainda, de função gratificada na Administração Pública direta e indireta, em qualquer dos Poderes da União, dos Estados, do Distrito Federal e dos municípios, compreendido o ajuste mediante designações recíprocas, viola a Constituição Federal."

Decisões do TCU:
Acórdãos 2075/2006-2ª Câmara; 2305/2007-Plenário; 369/2009-Plenário; 554/2011-2ª Câmara; 2888/2011-2ª Câmara.

5.4. Nomeação

Comentário:
Tendo em vista o princípio constitucional da legalidade, as entidades do Sistema "S" devem observar, necessariamente, todas as disposições de seus regimentos e regulamentos, no que concerne aos assuntos tratados em seu texto normativo, quanto aos objetivos, suas características civis, sua organização, seus conselhos, os órgãos - nacional e regional, seu pessoal, seus recursos, seus orçamentos e suas disposições gerais e transitórias, adequando a norma às alterações decorrentes, quando for o caso.

Decisões do TCU:
Acórdão 1908/2007-2ª Câmara.

5.5. Remuneração

Comentário:
Os regulamentos dos Serviços Sociais Autônomos dispõem sobre a fixação do valor da Cédula de Presença dos membros dos colegiados (Conselho Nacional e Regional). Assim, o pagamento das Cédulas de Presença não po-

derá exceder o valor fixado na norma, ou seja, o valor do jetom dos membros dos colegiados das unidades do Sistema "S" deve ser praticado conforme previsto em documento normativo atualizado.

No caso de renúncia de jetom por membros de colegiado, o fato deve ser devidamente registrado em Ata de Reunião.

Vale lembrar que o TCU tem determinado que as entidades adotem medidas com vistas à fixação de jetom de seus membros de colegiado, bem como a instauração de processo de Tomada de Contas Especial - TCE para os casos em que o pagamento das Cédulas de Presença de Conselheiros tenha sido maior do que o valor fixado na norma. Nesse caso, as diferenças a maior recebidas indevidamente a título de cédula de presença devem ser restituídas aos cofres da entidade, com a correção monetária e os acréscimos legais devidos, nos termos do art. 8º da Lei nº 8.443/1992, informando ao TCU, no prazo estabelecido, as providências adotadas.

Vale registrar que irregularidades dessa natureza são apuradas por ocasião do exame das contas anuais da entidade, de modo que os valores pagos a maior a membros de Conselho Regional a título de jetons em determinado exercício, apurados em exame de contas anuais de entidades, têm gerado determinações do TCU no sentido de adotarem no prazo estabelecido as devidas providências com vistas a recuperar esses valores, informando, as entidades, em suas próximas contas anuais, acerca das medidas levadas a efeito nesse sentido, bem como a respeito dos resultados delas decorrentes.

As entidades do Sistema são alertadas, pois, acerca da necessidade de abster-se de efetuar pagamentos de jetons e outras verbas de natureza similar em valores superiores aos limites estabelecidos pelos regulamentos expedidos pelo Órgão Nacional da área correspondente.

Decisões do TCU:

Acórdãos 1908/2007-2ª Câmara; 3748/2007-1ª Câmara; 554/2011-2ª Câmara; 2297/2011-2ª Câmara; 4185/2011-1ª Câmara.

5.6. Rol de Responsáveis

Comentário:

Nos termos da Lei nº 8.730/1993, c/c com as normas internas do TCU, referentes à organização e apresentação dos Relatórios de Gestão e dos processos de Prestação de Contas Anual dos Serviços Sociais Autônomos (IN 63/2010; DN 93/2008, DN 94/2008, DN 100/2009, DN 102/2010, DN 107/2010, DN 108/2010 e DN 110/2010), os administradores ou responsáveis pela gestão, dirigente máximo, membro de Diretoria, membro de órgão colegiado devem ser incluídos no rol de responsáveis da entidade, de que trata o Capítulo III, da Instrução Normativa - TCU nº 63, de 1º de setembro de 2010; devem, ainda, apresentar, anualmente, suas declarações de bens e rendas à unidade de pessoal, para que esta declare expressamente que os responsáveis pela gestão da entidade, constante do rol mencionado, estão em dia com a exigência de apresentação da declaração de bens e rendas de que trata a Lei nº 8.730, de 1993, sob pena de aplicação das sanções previstas no diploma legal, consoante a jurisprudência pacífica do TCU.

Decisões do TCU:

Acórdão 2686/2006-1ª Câmara.

5.7. Rotatividade e Substituição

Comentário:

O TCU tem determinado às unidades do Serviço Social Autônomo que adotem providências no sentido de que a composição do Conselho Regional da entidade leve em conta a necessária rotatividade de seus membros, na forma prevista em seus Regimentos, a exemplo do previsto no parágrafo único do art. 32 do Regimento do SENAI, abstendo-se de reconduzir, por mais de dois mandatos, os conselheiros a que se refere esse dispositivo (Acórdão 1908/2007-2ª Câmara), bem como promover a substituição de conselheiros que extrapolem o número de faltas admitidas em norma regimental, conforme Acórdão 3001/2007-1ª Câmara.

Assim, tendo em vista o princípio constitucional da legalidade, as entidades do Sistema devem observar, necessariamente, todas as disposições de seus regimentos e regulamentos, no que concerne aos assuntos tratados em seu texto normativo, quanto aos seus colegiados - inclusive a eleição do seu Presidente, quanto à sua organização, sua composição, suas competências, seus objetivos, suas disposições gerais, adequando a norma às alterações decorrentes, quando for o caso.

Decisões do TCU:
Acórdãos 1908/2007-2ª Câmara; 3001/2007-1ª Câmara; 636/2010-2ª Câmara.

6. Controles Internos

6.1. Mecanismos de Controle Interno e Sistema de Controle Interno

Comentário:
O TCU tem determinado que os Serviços Sociais Autônomos aperfeiçoem os mecanismos de controle dos processos internos diversos, tais como: compras e prestação de serviços, almoxarifado, inventário e gerenciamento de bens patrimoniais, contratos e convênios, etc., tendo em vista a celeridade e eficiência das ações administrativas e corretivas, bem como as ações de controle e fiscalização da CGU, as quais se dão em apoio à missão institucional do TCU, nos termos do art. 74, inciso IV, da Constituição Federal, conforme se vê em várias decisões da Egrégia Corte de Contas.

É preciso evitar divergências entre a quantidade física de materiais dos almoxarifados e os controles mantidos pela entidade, pois essa impropriedade é muitas vezes constatada pela CGU por ocasião dos trabalhos de auditoria relativos às prestações de contas anuais das entidades.

E ainda que aprimorem os sistemas de controle interno administrativo (contábil, patrimonial, de pessoal, de suprimentos de bens e serviços e operacional), principalmente em relação ao acompanhamento da aplicação dos recursos repassados aos Departamentos Regionais.

Cabe a essas unidades instituir em seus documentos normativos internos mecanismos de controle para os processos de seleção interna de pessoal, licitações e contratos e contabilização de convênios, uma vez que a ausência desses normativos poderá ser objeto de ressalvas que serão discriminadas em Certificado de Auditoria, referente à avaliação da gestão da entidade por ocasião das prestações de contas anuais, o que é feito pelas unidades regionais da Secretaria Federal de Controle/CGU.

Decisões do TCU:
Acórdãos 1370/2005-1ª Câmara; 2004/2006-2ª Câmara; 2687/2006-1ª Câmara; 2817/2007-1ª Câmara; 369/2009-1ª Câmara; 3287/2010-2ª Câmara; 4604/2010-2ª Câmara; 7671/2010-1ª Câmara.

7. Créditos a Receber

Comentário:

Os Serviços Sociais Autônomos devem ser eficientes na cobrança de seus créditos. Tratam-se de recursos da sociedade pelos quais responde pelas ações dos órgãos e mecanismos de controle que agem em nome da mesma sociedade. Assim, o TCU tem determinado a adoção de medidas adequadas por parte das entidades do Sistema “S” para reaver os créditos que lhes são devidos, seja através de medidas administrativas ou judiciais pertinentes.

Cabe, pois, a cada unidade adotar as providências necessárias ao recebimento de créditos com terceiros, com vistas à regularização do saldo das contas.

Decisões do TCU:
Acórdãos 3594/2007-1ª Câmara; 1171/2011-1ª Câmara.

8. Declaração de Bens e Rendas

Comentário:

Nos termos da Lei nº 8.730/1993, c/c com as normas internas do TCU, referentes à organização e apresentação dos Relatórios de Gestão e dos processos de Prestação de Contas Anual dos Serviços Sociais Autônomos (IN 63/2010; DN 93/2008, DN 94/2008, DN 100/2009, DN 102/2010, DN 107/2010, DN 108/2010 e DN 110/2010), os administradores ou responsáveis pela gestão, dirigente máximo, membro de diretoria, membro de órgão colegiado devem apresentar, anualmente, suas declarações de bens e rendas à unidade de pessoal, para que esta declare expressamente, nas contas anuais da entidade, que os responsáveis pela gestão da entidade, constantes do rol a que se refere o Capítulo III, da IN/TCU nº 63, de 1º de setembro de 2010, estão em dia com a exigência de apresentação da declaração de bens e rendas de que trata a Lei nº 8.730, de 1993, sob pena de aplicação das sanções previstas no diploma legal, consoante a jurisprudência pacífica do TCU.

Desse modo, importa que cada entidade cumpra o mencionado no art. 1º da Lei 8.730/93, com disciplinamento da Instrução Normativa-TCU 05/1994, bem como a Lei 8.429/92, nos seus arts. 1º, parágrafo único; 2º e 13 parágrafos, com a entrega das declarações de bens e rendas dos funcionários da entidade.

A inexistência da declaração de bens e rendas daqueles constantes do rol a que se refere a instrução normativa do TCU, em desacordo com a Lei nº 8.730/1993, é considerada falha/impropriedade que deve ser sanada em tempo hábil pela entidade.

Assim, o TCU tem determinado aos Serviços Sociais Autônomos que, nesse mister, observem a lei e as normas internas do TCU que regulamentam a matéria, consoante as decisões relacionadas, e que adotem as providências necessárias para obter as declarações de bens e rendas não apresentadas dos ocupantes de funções comissionadas, bem como dos Conselheiros, inclusive os membros do Conselho Deliberativo, Fiscal e do Administrativo, em cumprimento à Lei nº 8.730/1993 e, em caso de insucesso, iniciem os procedimentos necessários à aplicação das penalidades constantes de seu art. 3º.

Cabe, pois, a cada unidade fazer constar no rol de responsáveis os membros dos conselhos da entidade e exigir e manter arquivadas, na unidade de pessoal, as declarações de bens e rendas de todos os dirigentes e conselheiros da entidade, inclusive dos desligados, regularizando a situação dos que não tenham cumprido obrigação nesse sentido, conforme estabelecido no art. 5º da IN 5/94-TCU c/c o § 4º do art. 10 da IN 12/96 - TCU, art. 4º da Lei 8.730/93, art. 13 da IN 02/2000-SFC.

Ademais, é preciso que cada unidade observe os prazos legais e encaminhamento de declarações em envelopes lacrados, de acordo com a Lei nº 8.730/1993 e requeira a apresentação das declarações de bens e rendas de todos os integrantes arrolados no Rol de Responsáveis da entidade, mantendo-as arquivadas, em conformidade com o art. 4º da Lei nº 8.730/1993.

Por fim, observem as entidades do Sistema "S" que as declarações de bens e rendas incluídas nos relatórios de gestão que instruem as tomadas e prestações de contas devem atender ao disposto na Instrução Normativa - TCU nº 65, de 20 de abril de 2011.

Decisões do TCU:

Acórdãos 2815/2003-1ª Câmara; 2843/2003-1ª Câmara; 2898/2003-1ª Câmara; 3016/2003-1ª Câmara; 226/2004-2ª Câmara; 2233/2005-1ª Câmara; 2137/2006-2ª Câmara; 2140/2006-2ª Câmara; 2476/2006-2ª Câmara; 2478/2006-2ª Câmara; 2480/2006-2ª Câmara; 2486/2006-2ª Câmara; 2686/2006-1ª Câmara; 2863/2006-1ª Câmara; 288/2007-Plenário; 1154/2007-1ª Câmara; 2816/2007-1ª Câmara; 2817/2007-1ª Câmara; 3001/2007-1ª Câmara; 3747/2007-1ª Câmara; 1012/2008-1ª Câmara; 1180/2008-1ª Câmara; 2541/2008-2ª Câmara; 3084/2008-2ª Câmara; 369/2009-1ª Câmara; 5376/2009-2ª Câmara; 636/2010-2ª Câmara; 736/2010-1ª Câmara; 2958/2010-1ª Câmara; 3141/2010-1ª Câmara; 3287/2010-2ª Câmara; 3994/2010-1ª Câmara; 1171/2011-1ª Câmara; 2782/2011-2ª Câmara; 2785/2011-2ª Câmara; 3386/2011-2ª Câmara; 5341/2011-1ª Câmara.

9. Despesas Gerais – Comprovação Efetiva dos Gastos

1

Comentário:

Cada entidade deve indicar, de forma adequada, na realização de suas despesas, mesmo as de fundo fixo, os beneficiários contemplados, bem como os motivos e finalidades e forma de concessão das mesmas, efetuando, ao final, a comprovação efetiva dos gastos realizados, observando o princípio da finalidade ou impessoalidade, insculpido no art. 37, caput, da CF/88, em consonância com as decisões prolatadas.

Ademais, cabe alertar a cada unidade sobre a necessidade de arquivar, nos processos de pagamento referentes aos contratos em vigor, as notas fiscais e as guias de recolhimento do INSS.

Abstenham-se de realizar despesas com a inscrição de participantes em evento sem que haja a expedição dos devidos comprovantes, e, ainda, não realizem despesas sem a devida autorização da autoridade competente, visando a dar efetivo cumprimento ao disposto nas normas internas da entidade.

É importante evitar a prática de impropriedades constatadas na gestão de algumas entidades, tais como a deficiência no controle das despesas realizadas em cada modalidade de licitação, dispensa e inexigibilidade, inclusive das despesas realizadas pelas unidades descentralizadas, conforme determinam os arts. 11 e 13 de seu Regulamento de Licitações e Contratos próprio.

Cabe lembrar que benefícios não usuais no mercado de trabalho atual podem acarretar despesas excessivas às entidades. Desse modo, é preciso suprimir tais benefícios, a exemplo da distribuição de presentes aos servidores da entidade em determinadas situações.

Decisões do TCU:

Acórdãos 1384/2002-Plenário; 636/2010-2ª Câmara; 7513/2010-2ª Câmara; 966/2011-2ª Câmara; 1172/2011-1ª Câmara; 1293/2011-Plenário; 3871/2011-2ª Câmara.

10. Despesas Ilegais (sem amparo legal)

10.1. Brindes, Cestas Natalinas, Confraternizações, Cartões de Natal, Festividades, Eventos Comemorativos, Lanches e Congêneres

Comentário:

Existe ampla jurisprudência do TCU no sentido de que despesas com festividades, lanches, eventos comemorativos e promocionais e outros congêneres são irregulares. Em geral, tais despesas não guardam correspondência com os objetivos dos entes públicos.

Assim, a aquisição de almoços, refeições, serviços de bufê, concessão de cestas natalinas, festividades e eventos não possuem amparo legal, não se admitindo, ainda, a distribuição de lanches e refeições a servidores dos entes públicos cumulativamente com o benefício de tíquetes-alimentação, pois estas despesas não estão previstas em lei. Despesas realizadas com este fim ferem o princípio da motivação, um dos requisitos do ato administrativo.

Desse modo, as entidades do Sistema "S" devem abster-se de realizar despesas com atividades promocionais ou festividades, jantar de confraternização entre dirigentes, por não serem despesas condizentes com o objetivo da entidade, devendo, pois, abster-se de ressarcir despesas com refeições sem amparo legal, em desacordo com a finalidade da entidade e em desobediência aos princípios da moralidade e da legalidade previstos no art. 37 da Constituição Federal.

Impõe esclarecer, contudo, que despesas dessa natureza não são vedadas de forma ampla e genérica pelo TCU, sendo admissível, desde que, de forma comedida, respeitando-se os princípios da razoabilidade, moralidade e economicidade e presente a vinculação direta desse tipo de despesa com os objetivos e a finalidade institucionais do órgão ou da entidade, o que torna o procedimento regular.

Desse modo, em consonância com a firme e ampla jurisprudência do TCU, decorrente de inúmeras deliberações dos colegiados, as entidades do Sistema "S" devem abster-se de realizar despesas que não se harmonizem com os objetivos institucionais da entidade, bem como aquelas que se destinem a apoiar atividades de interesse específico ou preponderante de outra classe ou entidade, especialmente patronal, cujos benefícios não importem claramente em aprimoramento profissional ou na promoção social dos trabalhadores e seus dependentes na área específica de atuação.

Em suma, as unidades do Serviço Social Autônomo não devem custear eventos que não estejam relacionados à finalidade da entidade, isto é, que não possuam vinculação direta e concreta com os objetivos institucionais da entidade e, no caso de guardarem relação, adotem razoabilidade nos gastos.

Decisões do TCU:

Decisão 281/1993-2ª Câmara; Acórdãos 641/1994-2ª Câmara; 128/1998-2ª Câmara; 325/1999-Plenário; 84/2000-Plenário; 428/2000-Plenário; 225/2003-2ª Câmara; 1808/2003-1ª Câmara; 419/2005-1ª Câmara; 733/2005-1ª Câmara; 1226/2005-1ª Câmara; 1357/2005-2ª Câmara; 1369/2005-1ª Câmara; 1386/2005-Plenário; 2231/2005-1ª Câmara; 250/2006-2ª Câmara; 991/2006-2ª Câmara; 1309/2006-2ª Câmara; 2863/2006-1ª Câmara; 3413/2006-1ª Câmara; 288/2007-Plenário; 1154/2007-1ª Câmara; 1561/2007-1ª Câmara; 1735/2007-2ª Câmara; 1846/2007-1ª Câmara; 1886/2007-1ª Câmara; 1909/2007-2ª Câmara; 3375/2007-1ª Câmara; 330/2008-2ª Câmara; 3812/2008-1ª Câmara; 2286/2008-1ª Câmara; 3625/2008-2ª Câmara; 373/2009-1ª Câmara; 4070/2009-2ª Câmara; 4520/2009-1ª Câmara; 6641/2009-1ª Câmara; 6686/2009-1ª Câmara; 7299/2009-1ª Câmara; 194/2010-Plenário; 348/2010-Plenário; 1511/2010-2ª Câmara; 3163/2010-Plenário; 944/2011-1ª Câmara; 966/2011-2ª Câmara; 1171/2011-1ª Câmara; 4185/2011-1ª Câmara; 5341/2011-1ª Câmara.

10.2. Dispêndios Inadequados e Despesas com Hospedagem, Transporte e Alimentação de Prestadores de Serviço, e Pessoas Estranhas ao Quadro de Pessoal

Comentário:

A orientação do TCU é no sentido de que os Serviços Sociais Autônomos se abstenham de executar despesas com hospedagem, alimentação e transporte de pessoas que prestam serviço à entidade como contratados, inclusive custear despesas de servidores estranhos ao quadro de pessoal da entidade, salvo nos casos previstos na legislação, e efetuar o pagamento de diárias e despesas de locomoção apenas quando for compatível com a finalidade da Entidade, conforme decisões do TCU.

A Administração das entidades do Sistema "S" deve, ainda, evitar o dispêndio inadequado de recursos da entidade, observando o disposto no art. 93 do Decreto-lei 200/67, não cobrindo despesas de terceiros, não integrantes do Sistema pertinente, bem como não permitindo a participação de convidado, com cobertura de despesa, em mais de uma vez no mesmo evento, quando da realização de seminários realizados pela entidade.

Decisões do TCU:
Acórdãos 2140/2006-2ª Câmara; 288/2007-Plenário; 3625/2008-2ª Câmara; 4564/2008-2ª Câmara; 636/2010-2ª Câmara.

11. Desvio de Bens

11.1. Princípio da Supremacia do Interesse Público

Comentário:
A transferência de bens e valores de qualquer Serviço Social Autônomo para qualquer outra entidade que tenha missão institucional compatível deve ser feita pela formalização de instrumento legal (Convênio, Acordo, Termo de Parceria), que defina objetivamente os fins para os quais o bem será utilizado e com prestação de contas da vinculação desses bens aos fins previamente definidos, que devem estar diretamente relacionados aos objetivos finalísticos da entidade transferidora.

Decisões do TCU:
Acórdão 2854/2009-2ª Câmara.

12. Diárias, Hospedagens, Passagens e Viagens

1

12.1. Diárias (Comprovação, Definição do Valor, Normativos, Pagamentos e Descontos)

Comentário:

Conforme entendimento firmado pelo TCU em ampla jurisprudência, os Serviços Sociais Autônomos, integrantes do Sistema "S", estão desvinculados da Administração Pública Federal; não se submetem, ante sua peculiaridade, aos limites de diárias fixados para o Poder Executivo pelo Decreto nº 5.992/2006 (que revogou o Decreto nº 343/91).

Essa matéria é disciplinada em normas internas próprias e prevista nos Regulamentos das entidades do Sistema, sendo dos Órgãos Deliberativos a competência para fixar diárias dos servidores, o que não significa a permissão para abusos e, muito menos, desrespeito aos princípios que disciplinam os atos administrativos.

Tem-se como exemplo de normativos sobre a matéria o comando do art. 41, alínea h, do Decreto nº 494/62, atualizado pelo Decreto nº 6.635/2008, que aprovou o Regimento do SENAI; o art. 45, alínea j, do Decreto nº 57.375/1965, atualizado pelo Decreto nº 6.637/2008, que aprovou o Regulamento do SESI; ambos reunidos à Resolução Conjunta - RC nº 01/99.

Por essa razão, o TCU, ao julgar Recurso de Reconsideração interposto contra o Acórdão nº 1370/2005-1ª Câmara, decidiu dar nova redação à determinação contida no item 1.6 do *decisum*, que passa a ter o seguinte teor, nos termos do Acórdão nº 700/2006-1ª Câmara:

> *"1.6 - atenha-se, na estipulação do valor das diárias, ao disposto nas normas e nos princípios constitucionais pertinentes à Administração Pública em geral, de forma a não permitir a prática de abusos na definição desses valores"*

Cabe, pois, às entidades do Sistema "S" observar o disposto no seu Regimento Interno, submetendo à anuência do Conselho Administrativo da entidade os valores das diárias a serem fixadas para os empregados de seus quadros.

Assim, com relação a pagamentos/descontos, comprovações, ressarcimentos, normativos, definição do valor, há várias decisões do TCU sobre o tema envolvendo as unidades do Sistema, conforme se relaciona adiante.

Nesse sentido, cabe às unidades observarem os princípios da administração pública, em particular o da proporcionalidade, norteado por exemplo na Lei nº 8.112, de 11 de dézembro de 1990, quando da concessão de diárias, em especial a correspondência entre o valor pago e o período de efetivo afastamento do empregado da sede no interesse na entidade.

No caso de falhas ou impropriedades apuradas nas auditorias de gestão realizadas pelos órgãos de Controle Interno e Externo, as unidades são notificadas para que adotem providências, em prazo determinado, para apurar o montante de diárias pagas a maior no exercício indicado, obtendo o devido ressarcimento junto aos empregados que receberam os valores irregularmente, na forma prevista na IN TCU nº 56/2007.

Cabe à Administração autorizar a concessão de diárias apenas para eventos cujas finalidades ou natureza se enquadrem em suas atribuições legais ou objetivos institucionais, à luz do que preconiza o art. 2º, c/c art. 7º, § 1º, do Decreto nº 99.570, de 09 de outubro de 1990, observando-se, para tanto, os princípios da finalidade e da motivação.

Há situações em que é determinado que a unidade abstenha-se de realizar despesa com diárias a maior ou a menor do que o devido, em razão da inexistência de critério para o valor da diária de regresso do empregado à sede, devendo ser avaliado, se for o caso, a edição de um regulamento para a concessão de diárias.

Decisões do TCU:

Acórdãos 1370/2005-1ª Câmara; 2475/2006-2ª Câmara; 2483/2006-2ª Câmara; 288/2007-Plenário; 1906/2007-2ª Câmara; 2819/2007-1ª Câmara; 4564/2008-2ª Câmara; 2854/2009-2ª Câmara; 736/2010-1ª Câmara; 3994/2010-1ª Câmara; 4029/2010-2ª Câmara; 5288/2010-2ª Câmara; 966/2011-2ª Câmara.

12.2. Hospedagens (Vedações e Devolução de Valores)

Comentário:

Não é permitido o pagamento simultâneo de valores referentes a hospedagens e diárias cobertas pela entidade ao mesmo servidor a ela vinculado. No caso de comprovação dessa ocorrência, devem ser adotadas as medidas com vistas ao ressarcimento das despesas pagas indevidamente.

Cada entidade deve abster-se de realizar despesas com hospedagem sem informar a motivação e os beneficiários, em desacordo com o princípio da transparência e impedindo o efetivo controle dessa natureza de despesa.

Decisões do TCU:

Acórdão 966/2011-2ª Câmara.

12.3. Passagens (Aquisição de Passagens Aéreas)

Comentário:

Há determinação do TCU no sentido de que a entidade comprove a real economicidade praticada na aquisição de passagens aéreas (utilizando, para tanto, registros demonstrativos comparativos entre esses preços e os praticados no mercado por empresas concorrentes) e formalize processo administrativo que comprove as viagens realizadas por servidores e dirigentes, de modo a permitir a melhoria do planejamento dos serviços e do controle dos gastos envolvidos.

Decisões do TCU:

Acórdão 3287/2010-2ª Câmara.

12.4. Viagens (Comprovações)

Comentário:

No que tange às comprovações de viagens no âmbito das entidades do Sistema "S", o TCU tem recomendado que as unidades adéquem seus procedimentos organizacionais e suas normas internas, inclusive seu Regulamento de Licitações e Contratos, aos princípios constitucionais que regem a Administração Pública, em especial o da moralidade, o da economicidade e o da eficiência.

Há, ainda, por parte do TCU, determinações no sentido de que a entidade planeje antecipadamente os deslocamentos de seus dirigentes e servidores, de forma a buscar sempre a alternativa de transporte mais econômica, justificando a escolha com base em orçamento e documentos hábeis.

É importante que as entidades façam cumprir os prazos para apresentação de prestação de contas das viagens realizadas, e, na hipótese do não cumprimento, adotem as medidas pertinentes, a exemplo da retenção do adiantamento concedido, no primeiro crédito da remuneração, nos casos da espécie.

Deve haver sempre avaliação da efetiva comprovação de gastos na finalidade a que os recursos se destinam, e, na falta dessa comprovação, devem ser adotadas as medidas pertinentes, como a instauração de tomada de contas especial.

No caso de cancelamento de viagens, é importante que sejam efetuados os ressarcimentos e, em caso de insucesso, seja instaurada a competente tomada de contas especial acerca dos recursos recebidos e repassados ou transferidos pela entidade.

Cada entidade deve fazer constar os elementos/documentos em seus processos, em observância aos princípios constitucionais da moralidade e eficiência e ao previsto no art. 2º do Regulamento de Licitações e Contratos.

No tocante aos processos de prestação de contas de viagem, devem constar sempre os seguintes elementos:

a) justificativas visando a comprovar a correlação entre a participação do beneficiário nos eventos/curso/reuniões e outros com as atividades desenvolvidas na entidade, demonstrando os benefícios que possam reverter à própria entidade ou ao desenvolvimento de suas competências;

b) comprovantes de embarque e bilhete de passagem aéreas utilizadas ou não pelo beneficiário;

c) relatório circunstanciado com informações adicionais a respeito do evento, contendo os principais temas tratados e a sua relevância para as atividades desenvolvidas pela entidade, bem como elementos comprobatórios da participação do beneficiário no evento/curso e outros de acordo com o disposto nas normas internas.

Quando da concessão de adiantamentos para viagens, cada entidade deve atentar para a adequada e completa formalização das respectivas prestações de contas, na forma estabelecida nas Instruções Operacionais de cada instituição.

É importante que fique demonstrado documentalmente o interesse da entidade na viagem ocorrida para evitar a posterior devolução de valores atualizados. Cabe à entidade planejar antecipadamente os deslocamentos de seus dirigentes e servidores, de forma a buscar sempre a alternativa de transporte mais econômica, justificando a escolha com base em orçamento e documentos hábeis.

Decisões do TCU:

Acórdãos 2481/2006-2ª Câmara; 288/2007-Plenário; 736/2010-1ª Câmara; 2912/2010-2ª Câmara; 3341/2010-1ª Câmara; 3994/2010-1ª Câmara.

13. Divulgação de Cursos

13.1. Comunicação

Comentário:

Cabe às entidades do Serviço Social Autônomo o bom planejamento das ações de comunicação para a divulgação dos diversos cursos a serem realizados pela entidade com eficiência e eficácia, com um nível de detalhamento que permita rápida verificação da origem e da aplicação dos recursos a serem utilizados, das metas e da periodicidade das ações programadas.

Decisões do TCU:

Acórdão 743/2009-Plenário.

13.2. Pagamento de Despesas com Cursos

Comentário:

Os Serviços Sociais Autônomos devem abster-se de, sem autorização legal, efetivar despesas com o pagamento de cursos e pessoas não vinculadas às entidades, bem como, nas hipóteses legais, a escolha das pessoas deve ser feita com base em critérios objetivos razoáveis e previamente fixados, fazendo constar, nos processos referentes às despesas com cursos pagos a funcionários, a comprovação de sua efetiva participação.

Decisões do TCU:

Acórdão 802/2006-Plenário; 288/2007-Plenário.

14. Doações de Bens Inservíveis – Termo de Responsabilidade

Comentário:

A Lei nº 9.784/1999 regula o processo administrativo no âmbito da Administração Pública Federal direta e indireta. No entanto, consoante farta jurisprudência do TCU, as entidades do Sistema "S", ante sua peculiaridade, não estão obrigadas a seguir as normas administrativas aplicáveis à Administração Pública, o que não significa a permissão para abusos e, muito menos, desrespeito aos princípios que disciplinam os atos administrativos.

Assim, a doação de bens inservíveis no âmbito dos Serviços Sociais Autônomos deve ser tratada em normas internas próprias, em harmonia com os princípios de Administração Pública em geral, não se admitindo práticas abusivas no tratamento dos bens inservíveis dessas entidades.

Desse modo, tendo em vista a forma, tempo e lugar dos atos do processo, e considerando que os atos do processo administrativo são produzidos por escrito, em vernáculo, com a data e o local de sua realização e a assinatura da autoridade competente, devem as entidades do Sistema "S", quando da doação de bens inservíveis, agregar ao processo administrativo o termo de recebimento firmado por parte da entidade beneficiária.

Por fim, façam constar, nos processos referentes a doações de bens considerados antieconômicos, análise do interesse público e social e parecer acerca das necessidades das entidades beneficiadas e da avaliação prévia da oportunidade e conveniência da doação, comparativamente a outras formas de alienação previstas na legislação pertinente, observando o disposto no art. 6º, inciso III, c/c os arts. 10 e 11 do Regulamento de Licitações e Contratos próprio.

Decisões do TCU:
Acórdãos 700/2006-1ª Câmara; 2507/2006-2ª Câmara; 3000/2007-1ª Câmara; 204/2011-Plenário.

15. Emissão de Cheques

Comentário:
As unidades do Sistema "S" devem utilizar programa adequado para controle da emissão de cheques da entidade por sua área financeira, não se admitindo em relação à execução financeira a emissão de cheques de baixo valor, pois acarretam gastos desnecessários ou injustificáveis com tarifas bancárias. É preciso ter controle eficiente das movimentações bancárias de modo a evitar a emissão de cheques sem a devida provisão de fundos.

As determinações do TCU para as unidades do Sistema "S" são no sentido de que, ocorrendo alguma das hipóteses mencionadas, medidas adequadas e imediatas devem ser adotadas pela Administração tendo em vista o ressarcimento aos cofres da entidade.

Decisões do TCU:
Acórdãos 1906/2007-2ª Câmara; 2815/2007-1ª Câmara.

16. Empréstimos

Comentário:

O Decreto-Lei nº 151/1967 estabelece procedimentos para os depósitos bancários das entidades SESI, SESC, SENAI, SENAC e entidades Sindicais, sendo obrigatório que tais depósitos sejam realizados somente junto ao Banco do Brasil ou Caixa Econômica Federal.

Qualquer descumprimento dessa norma por parte das entidades do Sistema "S" gera determinações dos Colegiados do TCU quando da apreciação e julgamento dos processos diversos, inclusive nas contas anuais das entidades.

Decisões do TCU:

Acórdão 2685/2006-1ª Câmara.

17. Espaço Publicitário

Comentário:

Cabe ao Órgão Nacional contemplar em seus normativos internos dispositivos que estabeleçam parâmetros para a comprovação das receitas de venda de espaços publicitários em publicações institucionais.

No caso de irregularidades detectadas com a venda de espaços publicitários em publicação produzida, cabe à unidade apurar junto aos agentes responsáveis, em tempo hábil, informações referentes ao valor total auferido com a venda desses espaços, e promover a eventual notificação dos responsáveis para que os valores apurados sejam restituídos aos cofres da unidade, informando em suas próximas contas anuais as providências tomadas.

Decisões do TCU:

Acórdãos 3143/2010-1ª Câmara; 1318/2011-2ª Câmara.

18. Estágios da Despesa - Empenho, Liquidação e Pagamento

18.1. Liquidação e Pagamento

Comentário:

Quanto ao pagamento de qualquer despesa por parte das entidades do Serviço Social Autônomo, é importante observar que somente se ordenará o pagamento da despesa após sua regular liquidação (princípio da legalidade), tendo por base os títulos e a documentação comprobatória do respectivo crédito, incluindo os comprovantes da entrega de material ou da prestação efetiva do serviço.

Cabe à Administração exigir dos fornecedores/prestadores de serviço a apresentação dos comprovantes das despesas realizadas anexados às notas fiscais, mantendo-os devidamente arquivados na Sede da entidade.

Aliás, é pacífico o entendimento de que, em razão dos princípios constitucionais e legais, nenhuma despesa poderá ser liquidada e paga pela autoridade competente sem a observância dos procedimentos relativos a sua regular liquidação, consistentes na verificação do direito adquirido pelo credor com base nos documentos comprobatórios (convite, nota de empenho, nota fiscal, comprovação de que o serviço prestado estava de acordo com o licitado etc.).

Por essa razão, os Serviços Sociais Autônomos devem efetivar a liquidação de despesas com deslocamento de servidores por via fluvial somente após a apresentação dos respectivos bilhetes de embarque, bem como cumprir o disposto nos arts. 62 e 63 da Lei nº 4.320, de 17 de março de 1964, quando da realização de despesas com cursos ministrados no âmbito da entidade.

É oportuno lembrar que se observe o princípio da segregação de funções nas atividades relacionadas à licitação, à liquidação e ao pagamento das despesas no âmbito da Administração das entidades dos Serviços Sociais Autônomos.

Decisões do TCU:

Acórdãos 1013/2008-1ª Câmara; 2203/2008-1ª Câmara; 2178/2011-Plenário.

18.2. Liquidação e Documentação Fiscal, Competência Técnica para Analisar a Adequabilidade da Prestação de Serviços ou Entrega de Bens

Comentário:

Cabe às entidades do Serviço Social Autônomo disciplinar internamente procedimentos que permitam que o atesto de faturas ou notas fiscais seja feito somente por pessoa que detenha competência técnica para analisar a adequabilidade da prestação de serviços ou entrega de bens, apondo sempre na documentação fiscal a data do atesto efetivo do recebimento dos bens ou serviços, e observando sempre o fiel cumprimento dos prazos de pagamento constante nos contratos celebrados. Sobre o tema há determinações do TCU.

É preciso observar os princípios da administração pública, em particular o norteado pela Lei nº 4.320, de 17 de março de 1964, relativos à liquidação de despesas, notadamente quanto à regularidade formal dos documentos comprobatórios da prestação de serviços e aquisição de bens.

Decisões do TCU:

Acórdãos 2474/2006-2ª Câmara; 1481/2007-Plenário; 4567/2008-2ª Câmara; 2866/2009-1ª Câmara; 4029/2010-2ª Câmara.

18.3. Pagamento Antecipado

Comentário:

As entidades do Serviço Social Autônomo devem abster-se de realizar pagamento antecipado de despesas, a exemplo de pagamento de serviços de engenharia, sem a apresentação das medições correspondentes, pois tal procedimento caracteriza pagamentos antecipados, vedados pelos arts. 62 da Lei nº 4.320/1964 e 38 do Decreto nº 93.872/1986.

No entanto, sempre que houver necessidade de efetuar pagamento antecipado, por conta da peculiaridade do serviço e/ou prática do mercado, cabe a cada unidade justificar o fato nos autos do processo, prevendo, tanto no edital como na minuta contratual, o percentual a ser adiantado e a exigência de garantias, por parte do contratado, para o cumprimento das obrigações, conforme dispõe o art. 27 do Regulamento de Licitações e Contratos próprio.

As entidades são alertadas acerca da necessidade de que a Administração somente efetue o pagamento de despesas após sua regular liquidação, em obediência ao disposto nos arts. 62 e 63 da Lei 4.320/1964, devendo abster-se de realizar pagamentos antecipados a empresas contratadas sem que tenha havido a execução do objeto, nos termos art. 62 da Lei 4.320/64 e do art. 38 do Decreto 93.872/1986, de forma a não expor indevidamente a entidade contratante aos riscos do inadimplemento contratual.

Decisões do TCU:

Acórdãos 1909/2007-2ª Câmara; 3002/2007-1ª Câmara; 197/2010-Plenário; 399/2011-Plenário; 2888/2011-2ª Câmara.

19. Orçamento

19.1. Planejamento Orçamentário, Proposta Orçamentária, Classificação Orçamentária, Execução Orçamentária

Comentário:

Em termos de matéria orçamentária e financeira, no âmbito dos Serviços Sociais Autônomos, as determinações do TCU abrangem os seguintes aspectos:

a) Planejamento Orçamentário - que as entidades sejam cuidadosas, de modo a adequar as despesas às receitas da unidade, evitando a geração de superávits expressivos em detrimento do alcance de suas finalidades precípuas (Acórdão 3594/2007-1ª Câmara);

b) Proposta Orçamentária - deve ser elaborado o mais próximo da realização de cada entidade, no que diz respeito à estimativa da receita e à previsão da despesa, evitando que se incorra em despesas sem o correspondente ingresso de receitas, adotando, para tanto, as orientações contidas na Lei nº 4.320/64, os normativos internos e os princípios orçamentários geralmente aceitos; e também as normas contábeis gerais, as Resoluções do CFC aplicáveis, assim como os dispositivos do Código de Orçamento e Contabilidade, abstendo-se as entidades de efetuar ajustes na previsão de arrecadação da receita, para preservar o equilíbrio orçamentário e financeiro (Acórdão 2863/2006-1ª Câmara; Acórdão 2486/2006-2ª Câmara; Acórdão 1537/2006-2ª Câmara; Acórdão 3001/2007-1ª Câmara);

c) Classificação Orçamentária - As unidades do Serviço Social Autônomo devem classificar como orçamentárias as receitas relacionadas à prestação de serviços referentes a contratos e a convênios firmados, na forma disposta no art. 57 da Lei nº 4.320/1964 (Acórdão 2140/2006-2ª Câmara);

d) Execução Orçamentária - Cabe às entidades do Sistema, quando da execução orçamentária da receita e despesa, cumprir suas normas internas, a exemplo do Regimento Interno de cada entidade, bem como o disposto na Lei nº 4.320/1964. Devem, ainda, programar em seus sistemas informatizados mecanismos que condicionem a execução financeira à prévia execução orçamentária, de forma a evitar a necessidade de que sejam reconhecidas *a posteriori* transposições de verbas realizadas para ajustar contas orçamentárias de saldo negativo.

Além disso, é preciso atentar para os limites dos créditos orçamentários previstos em seu orçamento anual, abstendo-se de efetuar operações que comprometam orçamentos subsequentes (Acórdão 2819/2007-1ª Câmara; Acórdão 2815/2007-1ª Câmara; Acórdão 3813/2008-1ª Câmara).

Decisões do TCU:

Acórdãos 1537/2006-2ª Câmara; 2140/2006-2ª Câmara; 2486/2006-2ª Câmara; 2863/2006-1ª Câmara; 2815/2007-1ª Câmara; 2819/2007-1ª Câmara; 3001/2007-1ª Câmara; 3594/2007-1ª Câmara; 3813/2008-1ª Câmara.

20. Pagamentos

20.1. Pagamento Antecipado

Comentário:

As orientações dirigidas às unidades do Serviço Social Autônomo são no sentido de que observem o cumprimento das cláusulas contratuais avençadas pela entidade, atentando para o referido no art. 26 do Regulamento de Licitações e Contratos próprio, não promovendo o pagamento antecipado de valores contratados, em forma de adiantamento, pelos serviços prestados, sem a correspondente contraprestação do bem e/ou serviço, em consonância à orientação disposta nos arts. 62, 63, §2º, incisos I e III, 65 e 68, da Lei nº 4.320, de 17 de março de 1964.

Decisões do TCU:
Acórdãos 636/2010-2ª Câmara; 1378/2010-2ª Câmara.

20.2. Pagamento de Aluguel

Comentário:
O TCU tem determinado às entidades do Sistema "S" que viabilizem o funcionamento de seus colegiados (Conselhos, Diretorias) nas dependências da própria unidade, evitando o pagamento de aluguel a outras instituições, sejam públicas, paraestatais ou privadas.

Decisões do TCU:
Acórdão 3592/2007-1ª Câmara.

20.3. Pagamento em Atraso – Contribuições Previdenciárias, Pagamentos Diversos e Tributos e Encargos Trabalhistas

Comentário:
O TCU tem determinado às entidades do Sistema "S" que aprimorem seus controles internos a fim de evitar o pagamento de multa e juros em decorrência de atraso no recolhimento das contribuições previdenciárias devidas, observando as datas de vencimento para recolhimento dos tributos e encargos trabalhistas, e apurem as responsabilidades dos responsáveis, caso ocorra pagamento de juros e multas provenientes de eventuais atrasos, bem como programem as providências administrativas necessárias junto aos ex-funcionários, visando ao ressarcimento de valor em reais, referente

ao pagamento de despesa com juros e multa, em função de falhas cometidas no exercício das atividades e funções do encarregado da Contabilidade da entidade, abstendo-se assim de proceder a pagamentos de contas e encargos fora dos prazos, em benefício da economicidade da gestão, visando a evitar o pagamento de juros e multa.

Decisões do TCU:
Acórdãos 2481/2006-2ª Câmara; 3001/2007-1ª Câmara; 2818/2007-1ª Câmara; 5071/2008-1ª Câmara; 1842/2009-2ª Câmara.

20.4. Pagamento sem Amparo Contratual

Comentário:
Não é permitido a nenhuma entidade realizar pagamentos a prestadores de serviços sem comprovação de existência de amparo contratual adequadamente formalizado.

Decisões do TCU:
Acórdão 2912/2010-2ª Câmara.

20.5. Pagamento sem Documentação

Comentário:
Cabe a cada unidade abster-se de realizar pagamentos sem que haja a correspondente documentação hábil, a exemplo de nota fiscal e fatura, com vistas a comprovar o pagamento da compra/serviço realizado.

Decisões do TCU:
Acórdão 5485/2011-2ª Câmara.

21. Parâmetros Remuneratórios - Dirigentes

1

Comentário:

O TCU, reconhecendo a autonomia dos Serviços Sociais Autônomos na condição de entes paraestatais, firmou entendimento em sólida jurisprudência no sentido de que as entidades do Sistema não se sujeitam aos limites remuneratórios de que trata o art. 37, inciso XI, da Constituição Federal.

Cabe aos Conselhos Nacionais, como órgãos normativos de âmbito nacional, aprovar, mediante proposta de seus Departamentos Nacionais, os padrões de vencimentos com limites remuneratórios, para que os Conselhos Regionais promovam as adequações pertinentes no âmbito local.

Nesse mesmo sentido, a CGU em publicação intitulada *Entendimentos do Controle Interno Federal sobre a Gestão dos Recursos das Entidades do Sistema "S"* esclareceu sobre o assunto da seguinte forma:

> *31. As entidades do Sistema "S" devem obedecer ao limite remuneratório estabelecido no art. 37, inciso XI da Constituição Federal de 1988?*
>
> *Não. As entidades do Sistema "S" estão desobrigadas da obediência aos parâmetros estabelecidos para a Administração Pública. Contudo, por gerir recursos de natureza parafiscal, essas estão sujeitas à observância dos princípios da moralidade e da economicidade, além da compatibilidade e da razoabilidade da remuneração dos dirigentes com as atividades desenvolvidas, devendo ter, como balizadores, os salários praticados pelo mercado para cargos com atribuições semelhantes na iniciativa privada, no serviço público e entre as diversas entidades do Sistema "S".*

Decisões do TCU:

Acórdãos 2328/2006-Plenário; 2788/2006-1ª Câmara; 3441/2006-1ª Câmara; 779/2010-Plenário.

22. Patrocínio

Comentário:

As entidades do Sistema "S" precisam estar alertas quanto à execução de despesas com patrocínio. Assim, quando da celebração de contrato de patrocínio, é indispensável a prévia análise da relação custo/benefício dos patrocínios para a entidade, bem assim a apresentação, por parte dos patrocinados, da prestação de contas dos recursos repassados, de modo que fique demonstrada a regular aplicação dos recursos públicos transferidos.

Além disso, quando da realização ou patrocínio de eventos, demonstrem, nos autos do processo administrativo que autorizar a realização das despesas, a sua pertinência com os objetivos institucionais da entidade.

Com efeito, relativamente à concessão de patrocínios, é preciso definir os critérios objetivos de elegibilidade dos eventos/atividades a serem patrocinados, de forma a estabelecer o vínculo necessário entre a missão institucional da entidade e o objeto patrocinado.

Ademais, ao patrocinar a participação de pessoas estranhas ao quadro da entidade em seminários, cursos e eventos em geral, justifique o interesse da instituição nessa participação, bem como a forma de seleção, devendo observar os princípios da legalidade, moralidade, finalidade, isonomia, igualdade e publicidade, bem como arquivar os documentos comprobatórios das despesas e da efetiva participação dos inscritos.

É fundamental que as entidades adotem medidas com vistas a estabelecer metodologia de análise das propostas de patrocínio, com base em critérios claros e objetivos para a seleção das ações de marketing mercadológico, ponderando qualitativamente e quantitativamente, a cada concessão e no conjunto de segmentos, mesmo que por métodos estimativos, os seguintes aspectos: relação custo/benefício da ação; viabilidade técnica, econômica e financeira da ação; justificativa para o interesse da entidade no segmento patrocinado; retornos a serem obtidos, em termos mercadológicos e financeiro/negociais; e avaliação de eficiência, eficácia e efetividade dos resultados a serem alcançados.

Vale ressaltar que os normativos internos que disciplinam a concessão de auxílios financeiros devem estabelecer tratamento jurídico distinto entre a concessão de patrocínio e as demais destinações de recursos financeiros a terceiros (transferências), a título de apoio.

Cabe aos órgãos nacionais do Sistema, por sua vez, disponibilizar e manter atualizado em seu site na internet o Manual de Política e Procedimento do Sistema de Gestão de Pessoas da entidade e as informações quanto a todos os patrocínios (nacionais e internacionais) culturais, esportivos, institucionais da empresa beneficiada, tais como evento/projeto/entidade, nome da beneficiária, valor e vigência, bem como os demais normativos que regem a sua política de patrocínios.

Cabe, ainda, aos órgãos nacionais envidar esforços no sentido de ajustar seus normativos internos aos princípios constitucionais norteadores da Administração Pública, bem como à jurisprudência do TCU, no que diz respeito à prestação de contas dos recursos destinados a patrocínio quanto à exigência da apresentação de documentos comprobatórios que evidenciem o destino dado ao montante recebido (notas fiscais, recibos, relatório das ações desenvolvidas pelo patrocinado, comprovantes das contrapartidas avençadas), adotando, como parâmetro, os Acórdãos nº 2.277/2006 e 447/2008, ambos do Plenário do TCU.

Decisões do TCU:
Acórdãos 922/2009-Plenário; 3526/2010-2ª Câmara; 6586/2010-1ª Câmara; 6809/2010-2ª Câmara; 966/2011-2ª Câmara; 1318/2011-2ª Câmara.

23. Planejamento Administrativo

Comentário:
Tem sido objeto de orientação por parte do TCU recomendar que as entidades do Serviço Social Autônomo criem e programem mecanismos de planejamento capazes de estabelecer uma ou mais ações para cada objetivo, observando sempre a compatibilidade, inclusive de nomenclatura, entre os diversos instrumentos de planejamento (Objetivos/Programas/Ações/Indicadores), bem como planejem melhor suas metas com objetivo de evitar contratações de serviços que possam onerar desnecessariamente os cofres da entidade do Sistema, causando dano ao erário.

Decisões do TCU:

Acórdão 1908/2007-2ª Câmara; 3817/2008-1ª Câmara.

24. Procedimentos e Princípios Contábeis

Comentário:

É importante observar os comentários sobre as diversas rubricas selecionadas e comentadas a partir de decisões do TCU sobre a matéria, envolvendo as entidades do Serviço Social Autônomo, a saber: Demonstrações Contábeis, Fluxo de Caixa, Indicadores Contábeis, Registros Contábeis, Valores a Receber, Sistema Contábil e Precaução.

Por oportuno, convém registrar que a CGU em publicação intitulada *Entendimentos do Controle Interno Federal sobre a Gestão dos Recursos das Entidades do Sistema "S"* esclareceu sobre o assunto da seguinte forma:

> *6. As demonstrações contábeis das entidades do Sistema "S" devem seguir a Lei nº 4.320/64 ou a Lei nº 6.404/76?*
>
> *As entidades do Sistema "S" devem elaborar suas demonstrações contábeis pela Lei nº 4.320/64 ou Lei nº 6.404/76, conforme estabelecido em seus normativos internos, podendo, inclusive, elaborar sob ambas as formas.*

Em relação a procedimentos e princípios contábeis adotados pelas entidades dos Serviços Sociais Autônomos integrantes do Sistema "S" destacam-se, em decorrência de decisões do TCU, explicações relevantes inerentes às rubricas em comento:

a) Demonstrações Contábeis

a.1 observar, no que diz respeito às demonstrações contábeis que devem integrar os demonstrativos dos órgãos e entidades que arrecadam ou gerenciam contribuições parafiscais, as diretrizes do Tribunal de Contas da União em relação ao conteúdo do Relatório de Gestão Anual, nos termos estabelecidos em Decisão Normativa/TCU correspondente a cada exercício (Acórdão 1154/2007-1ª Câmara);

a.2 elaborar o Balanço Orçamentário em conformidade com o disposto no art. 102 da Lei nº 4.320/1964 (Acórdão 2479/2006-2ª Câmara);

a.3 fazer constar dos balanços a receita efetivamente arrecadada e a despesa efetivamente executada e demonstrar no processo de prestação de contas, de maneira clara e inequívoca, a origem dos números apresentados (Acórdão 1180/2008-1ª Câmara);

a.4 quando a Administração Nacional apresentar o balanço consolidado da Entidade, expurgar os valores repassados pela Administração Nacional que irão integrar o orçamento das Regionais, evitando-se, com isso, a duplicidade de registros (Acórdão 1180/2008-1ª Câmara);

a.5 realizar a adequação do Balanço Orçamentário à Lei nº 4.320/1964, excluindo da proposta orçamentária a previsão de receita decorrente de saldos de exercícios anteriores e, em caso de ocorrência de déficit orçamentário, demonstrá-lo no Balanço, incorporando ao processo de prestação de contas nota explicativa que evidencie a origem dos recursos utilizados para a sua cobertura e destinação (Acórdão 2816/2007-1ª Câmara);

b) Fluxo de Caixa

b.1 aprimorar o sistema de controle do fluxo de caixa, a fim de que se evidenciem os saldos existentes, por conta contábil, das disponibilidades e aplicações financeiras realizadas, como forma de melhor controlar a tempestividade das aplicações e resgates efetuados (Acórdão 2140/2006-2ª Câmara);

c) Indicadores Contábeis

c.1 adotar indicadores contábeis (indicadores de situação financeira e patrimonial e indicadores de gestão de recursos) com objetivo de mensurar os resultados financeiro-contábeis e compará-los aos exercícios anteriores, a fim de verificar o desempenho da entidade ao longo do tempo (Acórdão 1908/2007-2ª Câmara);

d) Registros Contábeis

d.1 providenciar imediatamente junto aos devedores inscritos na conta "Outras Receitas a Receber" o adimplemento de seus débitos, adotando as medidas legais cabíveis, se for o caso (Acórdão 1158/2007-1ª Câmara);

d.2 desenvolver rotinas de controles internos capazes de evitar a permanência, por mais de um exercício, de valores a receber em contas da entidade, sem que nenhuma atitude para a regularização da situação seja deflagrada (Acórdão 1908/2007-2ª Câmara);

d.3 providenciar a regularização e/ou recebimento dos valores a receber registrados nas contas específicas de outras entidades (Acórdão 1908/2007-2ª Câmara);

e) Valores a Receber

e.1 registrar no ativo e passivo compensado todos os fatos e atos que possam no futuro representar um ganho ou perda para a entidade, conforme prevê a Lei nº 4.320/1964 (Acórdão 2479/2006-2ª Câmara);

e.2 em relação à contabilidade da entidade, registrar adequadamente suas despesas de capital no Balanço Orçamentário, nos termos do art. 102 da Lei nº 4.320/1964, de forma a evitar falhas/impropriedades registradas em relatório dos órgãos de fiscalização e controle (Acórdão 1906/2007-2ª Câmara);

e.3 efetuar o registro contábil das transferências financeiras oriundas do Departamento Nacional como receitas orçamentárias, nos termos do art. 57 da Lei nº 4.320/1964 (Acórdão 1908/2007-2ª Câmara);

f) Sistema Contábil

f.1 ajustar o sistema informatizado de contabilidade da entidade, quando for o caso, objetivando evitar divergências nos números dos demonstrativos contábeis (Acórdão 2486/2006-2ª Câmara);

g) Precaução

g.1 observar, ao elaborar seus orçamentos, em especial na estimativa de receitas ou ingressos, o princípio contábil da precaução, de modo a evitar que se incorra em despesas sem o correspondente ingresso de receitas, conforme descrito pelo art. 10 da Resolução/CFC nº 750, de 29 de dezembro de 1993 (Acórdão 1537/2006-2ª Câmara);

h) Classificação da Despesa

h.1 classificar adequadamente os elementos de despesa, de modo a facilitar a coleta de informações gerenciais sobre gastos com um produto ou serviço específico (Acórdão 204/2011-Plenário);

i) Passivo Oculto/Passivo Exigível/Provisão para Devedores Duvidosos/Bens Permanentes

i.1 alertar sobre impropriedades constadas pela Controladoria-Geral da União por ocasião da realização dos trabalhos de auditoria quanto da falta de evidenciação de "Passivo Oculto" nas Demonstrações Contábeis, bem como a contabilização de passivo exigível somente em contas do compensado, a não contabilização de provisão para devedores duvidosos e a ocorrência de lançamentos a débito e a crédito em conta de bens permanentes sem a apresentação de pertinente documentação comprobatória;

j) Escrituração Contábil

j.1. alertar às entidades do Sistema "S" que procedam à escrituração contábil da movimentação das contas bancárias em conformidade com os princípios contábeis, evitando-se a escrituração com datas diferentes das reais e com históricos sem a devida clareza.

Decisões do TCU:

Acórdãos 1537/2006-2ª Câmara; 2140/2006/2ª Câmara; 2479/2006-2ª Câmara; 2486/2006-2ª Câmara; 1906/2007-2ª Câmara; 1908/2007-2ª Câmara; 1154/2007-1ª Câmara; 1158/2007-1ª Câmara; 2816/2007-1ª Câmara; 1180/2008-1ª Câmara; 3163/2010-Plenário; 204/2011-Plenário.

25. Programa Integrado de Desenvolvimento Tecnológico - PIDT

Comentário:

Em relação ao Programa Integrado de Desenvolvimento Tecnológico (PIDT) o mesmo deve contemplar, além da aquisição, a possibilidade de locação de equipamento no âmbito das entidades.

Decisões do TCU:

Acórdão 3287/2010-2ª Câmara.

26. Publicidade e Propaganda

26.1. Participação de Dirigente ou Funcionário

Comentário:

Consoante jurisprudência firmada pelo TCU, a participação de todo e qualquer dirigente ou funcionário (empregado) das entidades do Serviço Social

Autônomo em campanhas publicitárias atinentes à própria entidade (imagem e voz) deve ter prévia deliberação autorizadora do Conselho Regional correspondente, à luz do art. 37, § 1º da Constituição Federal, consignando em ata ou em outro documento idôneo a deliberação autorizadora, se for o caso.

Decisões do TCU:
Acórdão 4711/2008-2ª Câmara.

27. Transferências Indevidas de Recursos

Comentário:
Com base na jurisprudência do TCU, cabe às unidades do Sistema "S" procurar pautar a realização dos gastos de cada entidade com as suas finalidades institucionais, evitando a transferência de recursos financeiros que não cumpram este critério, a exemplo de transferência de recursos para associações de servidores das entidades.

Desse modo, relativamente à destinação de recursos financeiros a entidades privadas sem fins lucrativos, devem ser definidos critérios objetivos de elegibilidade das atividades e projetos para os quais serão destinados os recursos, de forma a estabelecer o vínculo entre a aplicação dos recursos e os resultados previamente estabelecidos pela entidade repassadora, além de estabelecer critérios objetivos de habilitação do proponente quanto à sua qualificação técnico-operacional e econômico-financeira para execução do objeto pactuado.

Nessa linha jurisprudencial, devem as entidades abster-se de repassar recursos financeiros a organismos estranhos à sua estrutura de forma imotivada, em especial se tal forma de proceder configurar ofensa aos princípios legalmente estabelecidos para a execução da despesa pública.

As transferências realizadas no exercício constarão nas prestações de contas anuais das entidades, sendo de bom alvitre esclarecer que a ausência de informações relativas às transferências realizadas configura impropriedades que, constatadas e/ou caso sejam verificadas reincidência, os responsáveis pelos atos praticados poderão sujeitar-se a sanções, inclusive apenação de multa, nos termos do art. 58, inciso II, da Lei 8.443/92, pois constitui afronta ao disposto no artigo 1º, bem como item "5" do Anexo II da Decisão Normativa TCU 94, de 3 de dezembro de 2008.

Decisões do TCU:
Acórdãos 1599/2005-Plenário; 1825/2010-2ª Câmara; 6809/2010-2ª Câmara; 399/2011-Plenário; 1731/2011-Plenário; 6165/2011-1ª Câmara.

28. Transporte

28.1. Aeronaves - Fretamento

Comentário:
As contratações de serviços por parte das entidades do Sistema "S" são tratadas em seu próprio regulamento, sempre presente o interesse público, o atingimento dos objetivos da entidade e respeitados os princípios gerais da atividade administrativa, consoante ampla jurisprudência do Tribunal de Contas da União - TCU.

Assim, observando a jurisprudência firmada, as entidades devem abster-se de realizar gastos com locação de aeronaves para deslocamentos de dirigentes e empregados de seus quadros, em consonância com o princípio da economicidade.

A utilização de voos comerciais é a regra, mas caso haja a necessidade de um deslocamento urgente, por situação de emergência configurada, a opção pela locação deverá ser justificada, sem prejuízo de verificar a possibilidade de compartilhar os custos dessa contratação com outras entidades que se aproveitem do serviço.

Quanto ao transporte de pessoas não relacionadas diretamente aos Serviços Sociais Autônomos, a exemplo de autoridades sindicais, das federações afins, associações e de outras entidades, estas devem arcar com os custos de seu transporte, não cabendo às entidades do Sistema "S" esse papel, por afronta aos princípios institucionais, visto que os recursos geridos por essas entidades são de natureza pública e, mesmo que ela seja entidade privada, não lhe é autorizada a realização de despesas sem vinculação aos arts. 1º e 2º do seu Regulamento de Licitações e Contratos.

Assim sendo, ainda que seja o caso de contratação de aeronave particular, pode ser fretada uma com menor capacidade de passageiros e, consequentemente, de menor custo para a entidade.

Desse modo, o órgão de Controle Externo tem se manifestado no sentido de que somente é cabível o fretamento de táxi-aéreo em casos excepcionais ou de emergência, e para as autoridades e dirigentes da alta administração da entidade, nos quais reste comprovada a indisponibilidade de voos de carreira, fazendo uso do adequado planejamento das viagens, com vistas à utilização preferencial de voos comerciais no transporte de autoridades e dirigentes da alta administração da entidade, identificando e registrando, nas respectivas Ordens de Serviços ou documento similar, o nome e função/cargo de todas as pessoas que utilizaram os serviços.

É preciso que os gestores das unidades planejem antecipadamente as atividades de seus dirigentes, de forma a buscar sempre a alternativa de transporte mais econômica nos deslocamentos, justificando a escolha com base em orçamento e documentos hábeis, evitando, assim, a imputação de responsabilidade por ato antieconômico previsto no art. 16, inciso III, alínea b, da Lei nº 8.443/1992.

Decisões do TCU:

Acórdãos 1386/2005-Plenário; 1022/2008-Plenário; 2854/2009-2ª Câmara; 736/2010-1ª Câmara.

28.2. Motoristas em Situação Irregular

Comentário:

No que tange aos motoristas dos quadros efetivos dos Serviços Sociais Autônomos, as determinações são no sentido de que se evite a condução dos veículos oficiais por motoristas em situação irregular, como por exemplo com Carteira Nacional de Habilitação inválida.

Decisões do TCU:

Acórdão 2024/2008-1ª Câmara.

28.3. Utilização de Serviços de Táxi

Comentário:

A jurisprudência firmada no âmbito do TCU em relação a esse assunto é no sentido de que as entidades do Serviço Social Autônomo adotem as providências necessárias com vistas a normatizar a utilização de serviços de táxi no âmbito da entidade.

Decisões do TCU:

Acórdão 1180/2008-1ª Câmara.

28.4. Utilização de Veículos

Comentário:

Há um conjunto de decisões da Corte de Contas sobre diversos aspectos que envolvem o controle e a fiscalização em relação à aquisição e ao uso de veículos oficiais nas repartições públicas da administração direta, indireta, autárquica e fundacional.

Neste Manual de Gestão selecionamos, tão somente, situações que envolvem as entidades dos Serviços Sociais Autônomos, de modo a orientar e instruir os gestores das unidades integrantes do Sistema.

Vale observar, então, o que alude às diversas situações selecionadas e comentadas a partir de decisões do TCU sobre a matéria, destacando os seguintes aspectos: Aquisição de Veículos, Controle na Utilização, Cessão de Veículos, Contratação de Seguro, Identificação Visual (logomarca da Entidade), Infrações de Trânsito e Requisição de Transporte.

Abordaremos nestes breves comentários decisões adotadas pelo TCU quanto aos vários aspectos mencionados sobre o tema "Transporte", em relação aos Serviços Sociais Autônomos:

a) Aquisição e Locação de Veículos

a.1 Abster-se de adquirir veículos caracterizados como de "representação" em obediência aos princípios constitucionais aplicáveis à Administração Pública (Acórdão 5104/2008-1ª Câmara).

a.2 A aquisição de modelos demasiadamente sofisticados, sem justificativa de necessidade e adequação às características exigidas, infringem os princípios constitucionais da proporcionalidade e da economicidade. É oportuno verificar se há no mercado modelos que possam atender, por preço menor, aos requisitos de conforto e segurança exigidos. Além disso, a Lei nº 1.081/1950 proíbe a aquisição de veículos de luxo, exceto em relação aos destinados aos Presidentes da República, do Senado, da Câmara e do Supremo Tribunal Federal, e a Ministros de Estado (Acórdão 3341/2010-1ª Câmara).

a.3 Quando da locação de veículos, realizar prévia pesquisa de preços e detalhar no processo as razões da contratação, a pertinência em relação aos interesses da entidade, sem prejuízo de anexar outros documentos que justifiquem a despesa, como a cópia de ata de reunião e/ou cronograma das atividades envolvidas (Acórdão 348/2010-Plenário).

b) Controle na Utilização

b.1 Realizar auditoria interna sistemática na utilização de veículos, inclusive com a verificação do consumo médio entre abastecimentos (Acórdão 1560/2007-1ª Câmara).

b.2 Adotar medidas no controle do uso de veículos da entidade, especialmente, quanto ao preenchimento do formulário "Movimento Diário de Veículos (MDV)" por veículo e acerto contábil para que a conta "Veículos" apresente saldo real (Acórdão 2487/2006-2ª Câmara).

b.3 Adotar medidas no controle do uso de veículos da entidade, especialmente quanto à regularização do licenciamento dos veículos (Acórdão 2487/2006-2ª Câmara).

b.4 Aprimorar os mecanismos de controle do gerenciamento da utilização dos meios de transporte, zelando para que as normas estabelecidas sejam observadas pelos funcionários responsáveis pelos veículos e pelo registro das informações de controle (Acórdão 2481/2006-2ª Câmara).

b.5 Otimizar o controle de veículos da entidade, de modo que se registre rotineiramente a finalidade e o itinerário de seus deslocamentos (Acórdão 1158/2007-1ª Câmara).

b.6 Estabelecer critérios efetivos de controle para o uso de veículos (saída/destino/retorno/identidade dos condutores), fazendo-os constar do "mapa de utilização de controle de veículos" da entidade (Acórdão 1156/2007-1ª Câmara).

b.7 Adotar providências para o controle eficaz no uso dos veículos da entidade, bem como para o acompanhamento/fiscalização da atuação do Setor de Transportes no cumprimento de suas atribuições previstas nas normas internas (Acórdão 1155/2007-1ª Câmara).

b.8 Em relação aos controles de veículos e combustíveis, zelar pelo adequado preenchimento dos formulários de controles internos de utilização dos meios de transporte, de modo a possibilitar a justa transparência em relação às quilometragens efetivamente executadas e às quantidades de combustíveis usados em cada veículo da entidade (Acórdão 1906/2007-2ª Câmara; Acórdão 399/2011-Plenário).

b.9 Adotar medidas com o objetivo de aperfeiçoar o controle de utilização do veículo da entidade, mormente quando já existe decisão do TCU nesse sentido, o que pode configurar descumprimento de determinação proferida em julgamento de contas anuais e ensejar a irregularidade das contas da entidade, bem como a aplicação da multa cominada no art. 58, inciso VII, da Lei nº 8.443/1992, em especial quanto ao preenchimento completo do Mapa de Controle de Saída/Retorno do veículo (Acórdão 2817/2007-1ª Câmara; Decisão 290/1997-Plenário).

b.10 Promover a utilização da frota de veículos funcionais conforme a legislação inerente à matéria, observando os princípios da eficiência, eficácia e economicidade (Acórdão 2815/2007-1ª Câmara).

b.11 Elaborar normativo interno para disciplinar a utilização dos veículos da entidade, implantando os controles adequados (Acórdão 3594/2007-1ª Câmara).

b.12 Adotar as providências necessárias para efetivar o devido controle da utilização dos veículos da entidade, de sorte que sejam registradas e arquivadas, ficando à disposição dos órgãos de controle todas as informações referentes ao trajeto percorrido (destinos, motivo, data, horários, distância percorrida, marcações do hodômetro na saída e na chegada, motorista) e aos abastecimentos realizados (data, quantidade de combustível, preço, marcação do hodômetro no momento do abastecimento, responsável pelo abastecimento) (Acórdão 3376/2007-1ª Câmara).

b.13 Registrar, nos mapas de utilização de veículos, as justificativas para os deslocamentos realizados fora dos dias/horários de expediente da entidade e/ou para locais não usuais, com a devida autorização da autoridade superior (Acórdão 2140/2006-2ª Câmara).

b.14 Promover o controle mensal do consumo de combustíveis dos veículos da entidade (Acórdão 2140/2006-2ª Câmara).

b.15 Aperfeiçoar o controle de veículos mediante a adoção de providências, tais como: a) exigência de aposição de assinaturas dos motoristas no boletim de transportes; b) inclusão da identificação da placa do veículo na solicitação de transporte; e c) elaboração de mapa fazendo a consolidação anual do controle de combustível e demais gastos com manutenção, a fim de permitir a análise e a apuração de gastos (Acórdão 1400/2005-1ª Câmara; Acórdão 1171/2011-1ª Câmara; Acórdão 1172/2011-1ª Câmara).

b.16 Adotar as providências necessárias para efetivar o devido controle e a devida guarda de todos os veículos da entidade, de sorte que sejam registrados e arquivados, ficando à disposição dos órgãos de controle todas as informações referentes ao trajeto percorrido (destino, motivo, data, horário de saída e de chegada, distância percorrida, marcação do hodômetro na saída e na chegada do motorista) e aos abastecimentos realizados (data, quantidade de combustível, preço, marcação do hodômetro no momento do abastecimento, responsável pelo abastecimento, comprovante fiscal do pagamento), sendo oportuno assegurar que seja dada aos seus veículos a correta utilização a que eles se destinam, de acordo com as finalidades institucionais da entidade (Acórdão 3624/2008-1ª Câmara; Acórdão 1854/2010-1ª Câmara; Acórdão 4185/2011-1ª Câmara).

b.17 Elaborar normas de utilização, controle e identificação exterior dos veículos da entidade, em que fique clara a obrigatoriedade de pernoite de todos os veículos nas dependências da unidade, seguindo padrões adotados pela Administração Federal, de acordo com a jurisprudência corrente do Tribunal de Contas da União (Acórdão 3748/2007-1ª Câmara; Acórdão 4759/2011-1ª Câmara).

b.18 Adotar as medidas cabíveis para estabelecer critérios efetivos de utilização, controle e identificação externa de todos os veículos da entidade (Acórdão 372/2009-1ª Câmara).

b.19 Estabelecer, nos termos de sua competência, regulamentação atinente ao controle de veículos da entidade, que deve conter critérios efetivos de utilização, controle e de identificação externa de todos os veículos da entidade (Acórdão 990/2009-2ª Câmara).

b.20 Adotar providências para a regularização dos veículos da entidade que careçam de reparos, a exemplo de veículo com hodômetro danificado (Acórdão 372/2009-1ª Câmara).

b.21 Identificar expressamente, em campo próprio, ainda que de forma sucinta, nos formulários de Controle de Utilização de Veículos de Representação e Controle Diário de Utilização dos Veículos de Serviço, quanto à finalidade específica do uso desses veículos em compatibilidade com as finalidades institucionais da entidade, evitando o uso exclusivo por seus dirigentes (Acórdão 4185/2011-1ª Câmara; Acórdão 554/2011-2ª Câmara).

b.22 Manter controle contínuo da utilização de veículos da entidade, cumprindo as Normas de Aquisição de Uso de Veículos da unidade, com atenção especial ao preenchimento do Mapa de Controle de Saída/Retorno de Veículo (Acórdão 636/2010-2ª Câmara).

b.23 Cabe aos Órgãos Nacionais elaborar normativo próprio estabelecendo critérios objetivos de utilização, controle e identificação dos veículos, respeitados os princípios constitucionais elencados no art. 37, caput, da Constituição Federal, os padrões adotados pela Administração Federal e as deliberações do Tribunal que versam sobre a matéria, em especial os Acórdãos 2.842/2003-1ª Câmara, 132/99 e 194/2002, ambos do Plenário (Acórdão 3048/2011-2ª Câmara).

c) Cessão de Veículos

c.1 Abster-se de ceder veículos em desacordo com as finalidades institucionais (Acórdão 3088/2008-2ª Câmara).

d) Contratação de Seguro

d.1 Em licitações para a contratação de seguros de veículos, exigir a indicação da corretora através de autorização documental expedida pela seguradora vencedora, sob pena de comprometer o princípio da transparência do certame (Acórdão 1309/2008-1ª Câmara).

e) Identificação Visual (logomarca da entidade)

e.1 Cumprir o art. 7º c/c o art. 12 da Lei nº 1.081/1950, providenciando a identificação da logomarca da entidade nas portas laterais dianteiras de todos os veículos pertencentes à frota da entidade, inclusive nos de representação, editando regulamento próprio para esse fim (Acórdão 2487/2006-2ª Câmara; Acórdão 5068/2008-1ª Câmara; Acórdão 1761/2005-1ª Câmara; Acórdão 3810/2008-1ª Câmara: Acórdão 1670/2005-1ª Câmara).

e.2 Identificar todos os veículos da unidade com logotipo da entidade e com a inscrição "Uso exclusivo em Serviço", de acordo com os princípios constitucionais da legalidade, impessoalidade, moralidade, publicidade, estabelecendo um adequado controle de sua utilização, abstendo-se de usá-los para representação pessoal (Acórdãos 2484/2006-2ª Câmara; 393/2007-1ª Câmara; 1154/2007-1ª Câmara; 1906/2007-2ª Câmara; 1909/2007-2ª Câmara; 2816/2007-1ª Câmara; 3746/2007-1ª Câmara; 3747/2007-1ª Câmara; 3748/2007-1ª Câmara).

e.3 Adotar critérios objetivos na utilização e identificação de veículos no âmbito da entidade, segundo os padrões definidos pela Administração Pública Federal, em observância à jurisprudência do Tribunal de Contas da União (Acórdão 2799/20081ª Câmara).

e.4 Estabelecer mecanismos de controle que permitam a perfeita identificação do veículo utilizado e do responsável pelo abastecimento, bem como do objetivo do deslocamento e do passageiro no controle de entrada e saída de veículos (Acórdão 2140/2006-2ª Câmara).

f) Infrações de Trânsito

f.1 Apurar a responsabilidade de seus motoristas nas infrações de trânsito cometidas em veículos da entidade, para posterior cobrança, adotando as providências necessárias quanto ao ressarcimento, por parte dos respectivos motoristas, dos valores despendidos pela entidade com o pagamento de multas de trânsito aplicadas a seus veículos, ante o disposto no art. 257 da Lei nº 9.503/1997, c/c os arts. 46, 121 e 124 da Lei nº 8.112/1990 (Acórdão 222/2007-1ª Câmara; Acórdão 883/2008-2ª Câmara).

g) Requisição de Transporte

g.1 Observar a utilização do formulário padronizado de "Requisição de Transporte" e o seu correto preenchimento pelos setores requisitantes (Acórdão 1909/2007-2ª Câmara).

29. Rateio de Despesa - Gestão Integrada

Comentário:

O TCU tem determinado que, a exemplo do entendimento com a Confederação Nacional das Indústrias (CNI) e os Conselhos Nacionais do SESI e do Serviço Nacional de Aprendizagem Industrial (SENAI), as entidades do Serviço Social Autônomo regulamentem os critérios de rateio de despesas de uma gestão integrada, podendo utilizar como modelo, caso considerem adequado, aqueles utilizados pelas entidades regionais do Sistema "S", definindo regras e critérios razoáveis de divisão dos gastos atribuíveis a cada entidade, de modo que as regionais não arquem, desproporcionalmente, com despesas de outras entidades, a exemplo do SESI e do SENAI em relação às federações das indústrias e do IEL.

Na linha desse entendimento, no âmbito de cada entidade do Sistema "S", cabe à Administração de cada unidade indicar, nos processos administrativos atinentes ao rateio de despesas em gestão integrada, os comprovantes do rateio das despesas, inclusive aquelas de publicidade institucional conjunta das entidades integrantes.

Ademais, as entidades são alertadas sobre a necessidade de indicar, nos processos administrativos, os comprovantes do rateio das despesas de publicidade institucional conjunta das entidades integrantes do Sistema.

Decisões do TCU:

Acórdãos 1863/2008-2ª Câmara; 4564/2008-2ª Câmara; 554/2011-2ª Câmara.

30. Ressarcimento de Despesas Indevidas

30.1. Apuração de Responsabilidade - Sanções e Multa

Comentário:

Quando for o caso, as entidades do Serviço Social Autônomo devem adotar as providências administrativas necessárias junto a empregados, visando ao ressarcimento de valores referentes ao pagamento de despesas com juros e multa efetuada à Receita Federal ou outro órgão público, em função de falha cometida no exercício de função na administração da entidade, instaurando, se for o caso, o correspondente processo de Tomada de Contas Especial - TCE, comunicando-se a respeito ao TCU, no prazo de 60 (sessenta) dias.

As entidades ficam alertadas de que o descumprimento de determinação do TCU ou a reincidência no ato poderá acarretar aplicação de multa aos responsáveis, conforme previsto no art. 58, inciso VII e § 1º, da Lei nº 8.443/1992, a qual independe de audiência prévia, consoante o art. 268, § 3º, do Regimento Interno/TCU; ou ainda pode aquele Tribunal, em caso de reincidência no descumprimento de deliberação, julgar as contas anuais da entidade irregulares, ante o disposto no art. 16, inciso III, § 1º, da Lei nº 8.443/1992.

Em conformidade com a jurisprudência firmada, é vedada a execução de despesas com recursos das entidades do Sistema "S" com publicidade de matéria referente a homenagem a agentes políticos, mesmo que os recursos tenham sido repassados às Federações da área pertinente mediante convênio. A prática desse tipo de ilícito ensejará a notificação do convenente para que, no prazo de 15 (quinze) dias, promova os ressarcimentos das quantias correspondentes, atualizadas monetariamente, aos cofres da entidade repassadora dos recursos.

A Federação estadual da área de atuação da entidade será notificada para que, no prazo estabelecido pelo TCU, promova os ressarcimentos, atualizados monetariamente, aos cofres da entidade concedente, quando houver pagamento irregular, com recursos de convênio firmado entre a Federação estadual e a entidade afim, respectivamente, convenente e concedente, feito a empresas que não atuem no ramo da despesa efetivada, e que se encontre em situação irregular nos cadastros do Fisco Federal e Estadual à época da emissão da nota fiscal referente à despesa.

No caso de a unidade não obter os devidos ressarcimentos determinados pelo Órgão de Controle Externo, deve instaurar a competente tomada de contas especial em relação às inconsistências nas respectivas prestações de contas, com vistas à correta apuração dos fatos, identificação dos responsáveis e quantificação do dano, com fulcro no art. 8º da Lei nº 8.443/92.

Desse modo, nos casos de celebração de acordos, mediante instrumentos tais como Termo de Parceria, Convênio de Colaboração, Termos de

Cooperação e congêneres, cabe à unidade repassadora dos recursos adotar as medidas pertinentes para o ressarcimento dos valores despendidos que não forem devidamente comprovados.

Decisões do TCU:
Acórdãos 1481/2007-Plenário; 1908/2007-2ª Câmara; 1910/2007-2ª Câmara; 3001/2007-1ª Câmara; 1180/2008-1ª Câmara; 2183/2008-1ª Câmara; 4071/2009-2ª Câmara; 348/2010-Plenário; 2912/2010-2ª Câmara; 3143/2010-1ª Câmara; 1318/2011-2ª Câmara.

31. Segregação de Funções

31.1. Almoxarifado, Compras, Pagamento, Recebimento de Bens/Serviços e Concessão de Suprimento de Fundos ao Responsável pelo Setor Financeiro

Comentário:
Em relação a esse tema, as determinações às entidades do Serviço Social Autônomo são no sentido de que devem adotar medidas corretivas de observação ao princípio de segregação de funções, especialmente no que tange aos agentes responsáveis pelo almoxarifado, a fim de que se abstenham de efetuar o preenchimento dos formulários de requisição de material.

Nessa mesma linha, as atividades de compra, pagamento e recebimento de bens e serviços da entidade devem ser exercidas por diferentes empregados. Além disso, devem, ainda, abster-se de conceder suprimento de fundos ao próprio responsável pelo setor financeiro.

Cabe a essas entidades paraestatais atentar para o princípio da segregação das funções, evitando que o contador seja encarregado de todas as atividades contábeis da entidade, observando o referido na IN/SFC nº 01/2001- item IV- Princípios do controle interno administrativo, da Seção VIII - Normas relativas aos controles internos administrativos, do Capítulo VII - Normas Fundamentais do Sistema de Controle Interno do Poder Executivo Federal.

Decisões do TCU:

Acórdãos 3412/2006-1ª Câmara; 1886/2007-1ª Câmara; 1099/2008-1ª Câmara; 636/2010-2ª Câmara.

31.2. Preservação do Princípio da Segregação: Fiscal de Obras, Licitação, Liquidação e Pagamento e Setor de Arrecadação

Comentário:

Ainda em relação ao princípio de segregação de funções, orientações do TCU para as entidades do Serviço Social Autônomo estabelecem que seja preciso evitar que Presidente de Conselho, Diretor Regional e Conselheiro atuem como fiscais de obras ou votem e/ou apreciem atos de gestão dos quais tenha participado como gestor, sendo oportuna a reformulação do Regimento Interno da entidade, quando for o caso. O princípio deve ser preservado inclusive nas atividades relacionadas à licitação, à liquidação e ao pagamento das despesas, coibindo a celebração de contratos, ajustes ou convênios com entidades da qual participem, como administradores, dirigentes de outra entidade social autônoma, nem ainda atribuir responsabilidades a outros dirigentes da entidade nos casos em que o exercício da atividade pelo titular for incompatível com a preservação do referido princípio.

No que tange ao Setor de Arrecadação, deve ser estruturado com pessoal próprio da entidade, observando a necessidade de que haja segregação de funções entre a cobrança e o registro dos valores arrecadados, de forma a garantir maior transparência às atividades vinculadas à arrecadação.

Decisões do TCU:

Acórdãos 619/2006-Plenário; 2687/2006-1ª Câmara; 2819/2007-1ª Câmara; 1013/2008-1ª Câmara; 2854/2009-2ª Câmara; 3045/2009-Plenário.

32. Suprimento de Fundos

32.1. Despesas de Pronto Pagamento

Comentário:
As entidades do Sistema "S" devem adotar medidas necessárias para regulamentar a utilização de suprimento de fundos, utilizando, por analogia, as normas da Administração Pública e abstendo-se de utilizar esse recurso para aquisição de bens patrimoniais, bem como se abstenham de utilizar a modalidade "despesas de pronto pagamento" de forma cumulativa por vários funcionários para aquisição, em conjunto, de um mesmo objeto.

Decisões do TCU:
Acórdãos 1357/2005-2ª Câmara; 370/2009-1ª Câmara.

33. Verba de Representação

Comentário:
Por ocasião da prestação de contas anual da entidade ao Tribunal de Contas da União, tendo em vista o princípio da transparência, devem constar no processo específico informações/documentos que comprovem a realização de análise detalhada das despesas de verba de representação ressarcidas aos funcionários naquele exercício.

Decisões do TCU:
Acórdão 3994/2010-1ª Câmara.

34. Vínculos de Parentesco - Nepotismo

Comentário:
Conforme entendimento do TCU sedimentado em pacífica jurisprudência, as entidades do Sistema "S", em razão de sua peculiar natureza jurídica,

devem editar regulamentos próprios, inclusive para disciplinar os procedimentos de seleção de seu pessoal.

Desse modo, os procedimentos seletivos para a contratação de pessoal no âmbito dessas entidades, ínsito nos regulamentos de seleção e contratação de seus empregados devem, necessariamente, observar em suas disposições os critérios listados no subitem 9.2 do Acórdão nº 2305/2007 - TCU-Plenário, excluindo deste decisum os itens 9.2.2.1 e 9.2.2.2, tornados insubsistentes pelo Acórdão nº 369/2009-Plenário, de 11/03/2009.

De acordo com esta decisão, admitiu-se que os Serviços Sociais Autônomos, por não serem parte da Administração Pública e terem independência para a criação de seus cargos, de natureza privada, possam promover, à sua discricionariedade, processos seletivos externos e internos para o recrutamento de pessoal, resguardados os princípios de ordem constitucional que objetivam impedir favorecimentos e outras ilicitudes do gênero e preservado o processo seletivo público externo para o ingresso de funcionários em seus quadros.

Entrementes, os regulamentos de pessoal que estabelecem normas gerais sobre processo seletivo para contratação de pessoal no âmbito dos Serviços Sociais Autônomos devem conter vedação de nepotismo, tráfico de influência, apadrinhamento, troca de favores, em obediência aos princípios da moralidade, impessoalidade, isonomia e eficiência, insculpidos na Constituição Federal, a exemplo do previsto no Decreto nº 7.203, de 04/06/2010, que dispõe sobre a vedação do nepotismo no âmbito dos órgãos e entidades da administração pública federal direta e indireta.

Embora inexistam normas específicas no tocante à vedação da contratação de parentes pelos dirigentes das entidades do Sistema "S", reputa-se irregular a contratação, uma vez que os Serviços Sociais Autônomos, embora não integrem a Administração Pública, devem observar os princípios constitucionais da legalidade, impessoalidade e moralidade, sendo vedada a nomeação de parentes dos dirigentes dessas entidades para o exercício de cargos em comissão.

É oportuno, pois, que o Sistema "S", em nível nacional, regulamente a vedação à contratação de parentes, cônjuges e companheiros de seus dirigentes, conforme o art. 37, caput, da Constituição Federal, e conforme diretrizes expostas na Súmula Vinculante nº 13 do Supremo Tribunal Federal - STF, cujo Enunciado se transcreve a seguir:

> *"A nomeação de cônjuge, companheiro ou parente em linha reta, colateral ou por afinidade, até o terceiro grau, inclusive, da autoridade nomeante ou de servidor da mesma pessoa jurídica, investido em cargo de direção, chefia ou assessoramento, para o exercício de cargo em comissão ou de confiança, ou, ainda, de função gratificada na Administração Pública direta e indireta, em qualquer dos Poderes da União, dos Estados, do Distrito Federal e dos municípios, compreendido o ajuste mediante designações recíprocas, viola a Constituição Federal."*

Decisões do TCU:

Acórdãos 2075/2006-2ª Câmara; 2305/2007-Plenário; 369/2009-Plenário; 554/2011-2ª; 2888/2011-2ª Câmara.

CAPÍTULO II

Licitações

1. INTRODUÇÃO

O presente Capítulo contempla orientações sobre licitações e a adequada observância da legislação, consonantes com a jurisprudência do Tribunal de Contas da União oriunda das deliberações dos Colegiados, quando do julgamento de processos atinentes às entidades do Serviço Social Autônomo. Licitação é assunto de significativa relevância para a Administração das entidades integrantes do Sistema "S".

Verifica-se que, ao tratar da organização político-administrativa da República Federativa do Brasil, quis o legislador constituinte delegar competência privativa à União para legislar sobre licitação e contratação, nos termos do previsto no art. 22, inciso XXVII da Constituição Federal, estabelecendo, ainda, nas disposições gerais relativas à Administração Pública, mencionadas no art. 37, inciso XXI, princípios basilares, conforme transcrito:

> *Art. 22. Compete privativamente à União legislar sobre:*
>
> *XXVII – normas gerais de licitação e contratação, em todas as modalidades, para as administrações públicas diretas, autárquicas e fundacionais da União, Estados, Distrito Federal e Municípios, obedecido o disposto no art. 37, XXI, e para as empresas públicas e sociedades de economia mista, nos termos do art. 173, § 1°, III;*

> *Art. 37. A administração pública direta e indireta de qualquer dos Poderes da União, dos Estados, do Distrito Federal e dos Municípios obedecerá aos princípios de legalidade, impessoalidade, moralidade, publicidade e eficiência e, também, ao seguinte:*

XXI – ressalvados os casos especificados na legislação, as obras, serviços, compras e alienações serão contratados mediante processo de licitação pública que assegure igualdade de condições a todos os concorrentes, com cláusulas que estabeleçam obrigações de pagamento, mantidas as condições efetivas da proposta, nos termos da lei, o qual somente permitirá as exigências de qualificação técnica e econômica indispensáveis à garantia do cumprimento das obrigações.

Desse modo, para a Administração Pública, a obrigação de licitar decorre do que dispõe o texto constitucional transcrito, sendo que a Lei nº 8.666/93 e a Lei nº 10.520/2002 (Lei do Pregão) constituem a legislação básica sobre licitações e contratos para a Administração Pública. No entanto, não se aplicam aos chamados Serviços Sociais Autônomos, uma vez que não pertencem à Administração Pública Federal, nos termos do DL nº 200/67.

Conforme entendimento firmado no âmbito do TCU, não se pode exigir das entidades do Sistema "S" a estrita obediência à Lei nº 8.666/93. Cada segmento há de ter o seu próprio Regulamento de Licitações e Contratos, que não pode ser infringido, sob pena de aplicação das sanções previstas em lei e respeitados os princípios gerais da atividade administrativa (Decisão nº 907/1997-Plenário; Decisão nº 461/1998-Plenário).

2. Fase Interna

2.1. Abertura de Processo Administrativo

Comentário:

As entidades do Sistema "S" devem proceder quanto à abertura de processo administrativo devidamente autuado e protocolado para cada realização de procedimentos licitatórios ou contratações.

Devem, ainda, proceder de forma que sejam numerados sequencialmente, se possível, em ordem cronológica, contendo documentação que evidencie a solicitação formal de abertura do processo com respectiva autorização, indicação do objeto a ser pactuado e dos recursos orçamentários necessários para cobrir a despesa pretendida, a realização de pesquisa de preços, bem como demais documentos suficientes à comprovação da boa e regular gestão de seus recursos.

Cabe destacar que a adoção deste procedimento deverá ser aplicada à formalização dos processos de licitação, contratos e convênios, de forma a garantir à respectiva entidade paraestatal maior segurança e confiabilidade de seus atos de gestão.

Decisões do TCU:
Acórdãos 2817/2007-1ª Câmara; 2818/2007-1ª Câmara.

2

2.2. Autorização para Início do Procedimento Licitatório

Comentário:
O início de procedimentos licitatórios deverá ser precedido da autorização do dirigente máximo da respectiva unidade/entidade do Sistema "S", a qual deverá ser inserida no processo administrativo próprio com a correta identificação e assinatura da pessoa que o autorizou, contendo descrição do nome, matrícula, cargo e informações correlatas.

A orientação da Corte de Contas busca a transparência dos atos de gestão das entidades paraestatais, adequando-os aos princípios constitucionais da moralidade, publicidade e eficiência, bem como aos dispositivos preconizados nos Regulamentos de Licitações e Contratos próprios.

Decisões do TCU:
Acórdãos 2479/2006-2ª Câmara; 5073/2009-2ª Câmara.

2.3. Aviso de Licitação

2.3.1. Publicidade

Comentário:
As licitações promovidas pelas entidades do Sistema "S" devem observar o princípio da publicidade, no que concerne à publicação de seus avisos de

licitação no Diário Oficial da União e em jornal diário de grande circulação local e/ou nacional, contendo os resumos dos instrumentos convocatórios e indicação do local onde os interessados poderão ler e obter os textos integrais publicados nos veículos de publicação supracitados.

Cabe ressaltar que há, ainda, permissão legal para a divulgação dos avisos de licitação por meio da internet, procedimento este que não exclui a obrigatoriedade de publicar as licitações a serem promovidas por meio da imprensa oficial da União e de jornais de grande circulação.

A orientação da Corte de Contas busca atender o princípio da competitividade, almejando, assim, ampliar a quantidade de participantes interessados no certame.

Por oportuno, salientamos quanto à estrita observância aos prazos previamente estabelecidos de antecedência mínima de 15 (quinze) dias para as modalidades de Concorrência, Concurso e Leilão, e de 8 (oito) dias para a modalidade Pregão, ficando a critério da respectiva entidade a dilatação desses prazos, ante a complexidade do objeto a ser licitado. Observa-se, por fim, a excepcionalidade de procedimentos aplicáveis à utilização da modalidade Convite.

Cabe registrar ainda os comentários feitos pela CGU em sua publicação intitulada *Entendimentos do Controle Interno Federal sobre a Gestão dos Recursos das Entidades do Sistema "S"*, esclarecendo da seguinte forma:

> *8. É obrigatória a publicação dos avisos de licitação pelas entidades do Sistema "S"?*
>
> *Sim. Em atendimento ao princípio constitucional da publicidade, o qual desempenha a função de permitir o amplo acesso dos interessados ao certame e a verificação da regularidade dos atos, possibilitando o controle pela sociedade.*
>
> *9. De que forma deve ser a publicação dos avisos de licitação pelas entidades do Sistema "S"?*
>
> *No caso de concorrências, concursos, pregões e leilões, as entidades do Sistema "S" são obrigadas a publicar os resumos dos editais em jornal de grande circulação local e/ou nacional e/ou no Diário Oficial da União (DOU) de modo a dar ampla divulgação ao processo seletivo, em*

cumprimento ao princípio da publicidade. Em se tratando de convites, a publicação deverá se dar em local apropriado na própria entidade onde será realizado.

Decisões do TCU:

Acórdãos 1938/2006-2ª Câmara; 288/2007-Plenário; 554/2011-2ª Câmara.

2.4. Comissão de Licitação

2

2.4.1. Critérios de Julgamento

Comentário:

As autoridades das entidades paraestatais devem orientar suas Comissões de Licitação quanto à estrita observância aos critérios de julgamento estabelecidos no instrumento convocatório aplicáveis ao processo de julgamento das propostas.

O entendimento firmado pela Corte de Contas destina-se a garantir observância à escolha da proposta mais vantajosa para as entidades do Sistema "S" em consonância com o princípio da vinculação ao instrumento convocatório. Ressaltamos, entretanto, que os Regulamentos de Licitações e Contratos das entidades paraestatais facultam à comissão de licitação a inversão dos procedimentos de abertura dos envelopes e da abertura das propostas. Ou seja, desde que haja previsão legal no instrumento convocatório, as fases de abertura dos envelopes realizadas para habilitação dos licitantes e de abertura das propostas destinadas ao julgamento e classificação dos proponentes poderá ser invertida.

Tal flexibilidade aplica-se a todas as modalidades de licitação previstas para os Serviços Sociais Autônomos.

A inversão de fases busca garantir celeridade à realização do certame e só foi implementada com o advento da modalidade pregão.

Para a Administração Pública a aplicação dessa prática limita-se ao pregão.

Decisões do TCU:

Acórdão 3621/2008-2ª Câmara.

2.4.2. Designação

Comentário:

A designação de comissão de licitação na realização de licitações das entidades do Sistema "S" é feita mediante o atendimento dos regramentos preconizados pelo Regulamento de Licitações e Contratos da entidade e pela Lei maior de Licitações e Contratos, no que couber.

Nessa linha, observa-se que a correta designação de comissão de licitação deverá ocorrer formalmente por ato emanado de autoridade competente, sendo composta por, no mínimo, 3 (três) integrantes incumbidos de receber, examinar e julgar todos os documentos e procedimentos relacionados ao certame, incluindo o recebimento e a abertura dos envelopes contendo as propostas de preço, a análise quanto a sua aceitabilidade e classificação, ou desclassificação, bem como a habilitação/inabilitação, avaliação de recursos e a declaração do licitante vencedor, encaminhando o processo à autoridade competente para a homologação e adjudicação do objeto licitado ao vencedor do certame.

Decisões do TCU:

Acórdão 2815/2007-1ª Câmara.

2.4.3. Participação

Comentário:

A Comissão de Licitação, designada para receber, examinar e julgar documentos e procedimentos inerentes às licitações promovidas pelas entidades integrantes do Sistema "S", deverá participar de todas as etapas e acontecimentos afetos ao procedimento licitatório.

O TCU determina, ainda, que as sessões sejam realizadas com a presença de todos os membros que compõem a Comissão de Licitação, ou seus substitutos, consignando em atas próprias, assinadas por todos os partícipes, o registro de todas as decisões e eventos ocorridos no decorrer do procedimento licitatório.

Decisões do TCU:

Acórdãos 2934/2006-1ª Câmara; 2817/2007-1ª Câmara.

2.5. Conflito de Interesses

2.5.1. Moralidade

Comentário:

Segundo jurisprudência consolidada pelo TCU, com vistas a atender os princípios da impessoalidade e da moralidade, as entidades integrantes do Sistema "S" deverão inviabilizar a participação de licitantes que possuam vínculo com empregados ou dirigentes da entidade na condução de seus respectivos processos licitatórios, preferencialmente antes da fase de habilitação e/ou do julgamento das propostas das licitantes interessadas, garantindo, dessa forma, transparência e legitimidade aos certames promovidos pela entidade.

A orientação da Corte de Contas corrobora com o dispositivo constante nas "disposições gerais" dos Regulamentos de Licitações e Contratos das entidades do Sistema "S", que versa acerca da impossibilidade de participação em processos licitatórios e contratação de dirigentes ou empregados próprios da entidade.

Desse modo, as unidades devem abster-se de contratar empresas ou pessoas que possuam vínculos de parentesco ou amizade com funcionários ou dirigentes da entidade, em observância aos princípios da moralidade, impessoalidade e isonomia previstos no art. 2º, caput, do Regulamento de Licitações e Contratos e ao art. 37, caput, da Constituição Federal, inclusive em casos de contratação direta.

Decisões do TCU:

Acórdãos 852/2008-2ª Câmara; 2888/2011-2ª Câmara.

2.6. Cotação de Preços

2.6.1. Diversificação

Comentário:

Para obter os melhores preços de mercado entre os licitantes, as entidades do Sistema "S" deverão diversificar seus pedidos de cotação de preços entre empresas que não possuam correlação de interesses, ou até mesmo que tenham correlação com dirigentes das entidades, assegurando, dessa forma, o tratamento isonômico entre os participantes do certame em estrita consonância com o princípio da competitividade.

A orientação do TCU busca coibir a inclusão de critérios e condições nos instrumentos convocatórios que comprometam, restrinjam ou frustrem o caráter competitivo do certame, estabelecendo circunstâncias impertinentes à execução do objeto a ser licitado.

Decisões do TCU:

Acórdão 2474/2006-2ª Câmara.

2.6.2. Documentação Comprobatória

Comentário:

As entidades do Sistema "S" deverão inserir, nos autos dos processos licitatórios, toda documentação comprobatória relacionada à cotação de preços obtida por meio de pesquisas realizadas junto ao mercado.

O mecanismo da pesquisa de preços permite estimar o valor a ser licitado dentro dos limites aceitáveis e praticados no mercado, buscando, assim, a economicidade do processo.

Dessa forma, a introdução de documentos nos autos do processo que evidenciem a cotação de preços realizada na fase interna da licitação atende a estrita observância aos princípios da publicidade e da transparência.

Nessa esteira, calha destacar que a Lei nº 9.784/99, art. 22, § 4º rege que *"o processo deverá ter suas páginas numeradas sequencialmente e rubricadas".*

Com efeito, salientamos a relevância do atendimento da presente determinação tendo em vista que a Corte de Contas orienta acerca da inclusão do referido item em normativo interno da entidade.

Decisões do TCU:
Acórdão 288/2007-Plenário.

2.6.3. Estimativa

2

Comentário:
As entidades integrantes do Sistema "S" deverão proceder, em consonância com seus Regulamentos de Licitações e Contratos - RLC próprios, principalmente no que tange à realização de pesquisa de preços com base nos valores praticados no mercado e a juntada de todos os documentos pertinentes à pesquisa prévia de preços em processo administrativo próprio, com vistas a atender os princípios da economicidade e da publicidade dos atos de seus gestores.

Assim, façam constar, em anexo aos instrumentos convocatórios de licitações para contratação de serviços, demonstrativo contendo orçamento estimado em planilhas de quantitativos e preços unitários, ou informação, no edital, acerca da disponibilidade do orçamento estimado aos interessados e dos meios para sua obtenção.

Por oportuno, ressaltamos que os documentos comprobatórios da estimativa do valor do objeto a ser licitado deverão ser precedidos da indicação dos recursos orçamentários suficientes para atendimento da despesa a ser realizada. A estimativa do valor deve ser incluída na solicitação formal de contratação dos procedimentos licitatórios, conforme disposto no art. 13 do Regulamento de Licitações e Contratos.

A adoção das medidas determinadas pela Corte de Contas almeja atingir o melhor planejamento das atividades desempenhadas pelas entidades paraestatais, evitando-se, assim, a realização de contratações por valores superiores aos praticados no mercado, em desacordo com o princípio da economicidade, procedimento este que acarreta a instauração de processo de apuração de responsabilidade, no ressarcimento dos valores pagos indevidamente, bem como na instauração de TCE, quando cabível.

Desse modo, diante das determinações supracitadas, conclui-se que a autoridade competente deverá anexar, aos autos do processo, orçamentos, propostas e demais fontes utilizadas na definição dos preços estimados, inclusive as pesquisas realizadas por meio da internet.

Por fim, ao promover as licitações, as unidades devem evitar incluir nos instrumentos convocatórios cláusula que permita apresentação de proposta de preços com valor superior ao estimado pela Administração para o objeto licitado.

Decisões do TCU:
Acórdãos 2374/2004-1ª Câmara; 1908/2007-2ª Câmara; 1180/2008-1ª Câmara; 5071/2008-1ª Câmara; 2209/2009-2ª Câmara; 4064/2009-2ª Câmara; 2912/2010-2ª Câmara; 3163/2010-Plenário; 378/2011-Plenário.

2.6.4. Modificação de Regulamento

Comentário:
No que tange à pesquisa prévia de preços, é preciso inserir em seus RLCs cláusulas que obriguem a realização de ampla pesquisa de preços junto a empresas do ramo pertinente ao objeto a ser licitado, quando da fase inicial do procedimento licitatório.

Ademais, tendo em vista que a realização de pesquisa prévia de preços fundamentará o valor estimado a ser licitado, a orientação do TCU coaduna com a inserção, nos autos do processo, dos documentos comprobatórios da pesquisa realizada, bem como da inclusão do orçamento estimado por meio de planilhas de quantitativos e preços unitários. Por oportuno, transcrevemos *in verbis* dispositivo do Regulamento de Licitações e Contratos que, atualmente, versa sobre o assunto em tela:

> *"Art. 13. O procedimento da licitação será iniciado com a solicitação formal da contratação, na qual serão definidos o objeto, a estimativa de seu valor e os recursos para atender à despesa, com consequente au-*

torização e à qual serão juntados oportunamente todos os documentos pertinentes, a partir do instrumento convocatório, até o ato final de adjudicação."

Decisões do TCU:

Acórdãos 619/2006-Plenário; 2816/2007-1ª Câmara; 4572/2008-2ª Câmara;

2.6.5. Orçamento

2

Comentário:

Oportuno alertar as entidades do Serviço Social Autônomo para a necessidade de providenciar a escorreita elaboração de orçamento para a contratação de serviços, de modo a permitir a correta avaliação das propostas e o exercício dos controles interno e externo.

Devem, portanto, fazer constar em todos os procedimentos licitatórios o orçamento detalhado em planilhas de quantitativos e custos unitários, a fim de permitir a escolha adequada da modalidade licitatória e o exame da economicidade.

A especificação do orçamento detalhado em planilha de quantitativos e preços unitários é elemento necessário ao ato convocatório, sendo necessário que as entidades regulamentem este item do seu Regulamento de Licitações e Contratos, de maneira a garantir que os procedimentos licitatórios e os contratos estejam em consonância com os princípios norteadores da atividade pública, aos quais as entidades do Sistema "S" se sujeitam.

Decisões do TCU:

Acórdãos 3319/2010-1ª Câmara; 2233/2010-Plenário; 1318/2011-2ª Câmara.

2.6.6. Pesquisa de Preços

Comentário:

Cabe às entidades do Sistema proceder à correta formalização dos processos, juntando pesquisa de preço e mercadológica para comprovar que os preços e/ou condições praticadas no contrato sejam mais vantajosos do que os valores de mercado.

Assim, previamente à contratação, devem as unidades realizar pesquisa de preços e formular planilha de custos, a fim de permitir o acompanhamento da execução físico-financeira dos contratos celebrados, em respeito aos princípios da economicidade e da transparência.

Essa pesquisa de preços deve ser ampla, devendo contemplar também empresas que não participaram do certame, para estabelecer novo referencial de preços, a ser utilizado como critério de aceitabilidade, para cada lote licitado, sendo a documentação pertinente acostada aos autos.

Decisões do TCU:

Acórdãos 736/2010-1ª Câmara; 3994/2010-1ª Câmara; 4604/2010-2ª Câmara; 378/2011-Plenário; 397/2011-Plenário; 3871/2011-2ª Câmara.

2.6.7. Ramo de Atividade da Empresa - Relacionamento com o Objeto

Comentário:

A cotação de preços a ser realizada pelas entidades deverá ser efetuada por meio de pesquisa de preços junto a empresas que atuem no mercado com pertinência ao ramo de atividade compatível com o objeto contratual a ser licitado.

Nessa linha, cabe ao gestor desenvolver instrumentos de identificação entre a relação da atividade econômica desempenhada pela empresa e o objeto a ser licitado, vislumbrando, com isso, estimar valores vinculados aos praticados no mercado local, bem como selecionar a proposta mais vantajosa às entidades paraestatais.

Decisões do TCU:

Acórdão 4566/2008-2ª Câmara.

2.7. *Dever de Licitar*

Comentário:
Cabe à Administração cumprir o dever constitucional de licitar, observando as disposições do Regulamento de Licitações e Contratos da entidade, em especial o contido nos arts. 1º e 2º, que impõem a obrigatoriedade na instauração do processo licitatório, visando a obter a proposta mais vantajosa para a Administração.

Decisões do TCU:
Acórdão 1172/2011-1ª Câmara.

2

2.8. *Edital*

2.8.1. *Afixação em Local Adequado*

Comentário:
Na realização de procedimentos licitatórios, as entidades paraestatais devem afixar cópia do instrumento convocatório, ou convite, em quadro de avisos da entidade, ou local congênere, localizado em lugar de ampla divulgação, com vistas a garantir plenas condições de publicidade aos certames promovidos pelas entidades integrantes do Sistema "S", possibilitando a participação do maior número de interessados.

Decisões do TCU:
Acórdão 2817/2007-1ª Câmara.

2.8.2. *Anexos*

Comentário:
Em atenção aos princípios da igualdade e da legalidade, estampados no art. 2º do Regulamento de Licitações e Contratos próprio das entidades do

Sistema "S", devem fazer constar, como anexo aos editais de licitações, o orçamento estimado em planilhas de quantitativos e preços unitários.

Desse modo, cabe incluir no edital, como anexo, a planilha orçamentária estimativa, em que constem os preços unitários relativos a cada item de serviço e o valor global, a fim de que as licitantes tomem ciência deles, de modo a orientar a elaboração das respectivas propostas.

Decisões do TCU:

Acórdãos 356/2011-Plenário; 1948/2011-Plenário.

2.8.3. Anulação

Comentário:

O TCU, no exercício das atividades inerentes ao controle externo, amparado por meio de dispositivo constitucional, poderá determinar às entidades do Sistema "S" prazo para adoção de medidas necessárias à anulação de editais de licitação, quando eivados de vícios que os tornem ilegais.

Observa-se, em casos específicos, que a ilegalidade constatada pela insigne Corte de Contas decorre de procedimentos conduzidos em discordância com os princípios da legalidade, impessoalidade e publicidade.

Por oportuno, transcrevemos *in verbis* o artigo constitucional supracitado:

> *CF/88, Art. 71.*
>
> *"O controle externo, a cargo do Congresso Nacional, será exercido com o auxílio do Tribunal de Contas da União, ao qual compete:*
>
> *(...) IX - assinar prazo para que o órgão ou entidade adote as providências necessárias ao exato cumprimento da lei, se verificada ilegalidade."*

Decisões do TCU:

Acórdão 741/2005-Plenário.

2.8.4. Cláusulas Necessárias

Comentário:

É obrigatória a inclusão, nos editais e nos contratos firmados pelas entidades do Serviço Social Autônomo, da previsão de aplicação de penalidades pelo inadimplemento contratual, tais como multas e suspensão do direito de licitar ou contratar com as entidades, conforme previsto nos arts. 31 e 32 do Regulamento de Licitações e Contratos.

Decisões do TCU:

Acórdão 7821/2010-1ª Câmara.

2.8.5. Custo de Reprodução Gráfica

Comentário:

No que tange ao custo de reprodução gráfica, há entendimento de que o pagamento prévio de taxas ou emolumentos pelo fornecimento de editais de licitação das entidades pertencentes ao Sistema "S" deverá limitar-se ao valor do custo efetivo de reprodução gráfica do instrumento convocatório, ou convite, de seus elementos constitutivos e da documentação fornecida.

Calha destacar que as entidades paraestatais devem evitar, ainda, a exigência de recolhimentos prévios como condicionantes à habilitação dos licitantes interessados no certame.

Decisões do TCU:

Acórdão 354/2008-Plenário.

2.8.6. Discriminação de Itens

Comentário:

O TCU firmou entendimento de que, com vistas a evitar discrepância entre as propostas apresentadas pelos licitantes que participem de certames realizados pelas entidades integrantes do Sistema "S", os projetos utilizados para evidenciar a necessidade de contratação e dar início a determinado procedimento licitatório contenham a discriminação quantitativa de todos os itens a serem licitados.

Decisões do TCU:
Acórdão 253/2006-2ª Câmara.

2.8.7. Especificações

Comentário:
Na fase de elaboração dos editais de licitação das entidades que integram o Sistema "S", devem ser objetivamente descritas as especificações técnicas do bem a ser licitado, em consonância com as características usualmente praticadas no mercado, de modo que permita maior participação de interessados no certame a ser promovido pela entidade.

É de bom-tom esclarecer que a descrição de especificações exclusivas do bem, quando não for tecnicamente justificável, torna-se desnecessária.

Nessa linha, caberá ao gestor definir os termos de indicação precisa, suficiente e clara do bem a ser adquirido, vedadas especificações irrelevantes e desnecessárias que limitem ou frustrem o caráter competitivo do procedimento licitatório.

Decisões do TCU:
Acórdãos 1420/2005-2ª Câmara; 393/2007-1ª Câmara.

2.8.8. Exigências Indevidas

Comentário:
O TCU firmou entendimento no sentido de que as entidades paraestatais devem inserir, nos instrumentos convocatórios de suas licitações, cláusulas que exijam apenas condições contratuais e documentos com amparo legal, ou seja, que estejam em estrita conformidade com os procedimentos preconizados no Regulamento de Licitações e Contratos da entidade.

As cláusulas editalícias deverão garantir a justa e transparente competitividade entre os interessados na licitação.

Neste ensejo, a Corte de Contas entende que a inclusão de cláusulas irrelevantes, desnecessárias e restritivas ao caráter competitivo do certame desobedece aos princípios da isonomia, da legalidade, da competitividade, da proporcionalidade e da razoabilidade, e outros correlatos.

Destarte, cabe ressaltar, ainda, que os gestores que praticarem atos em desobediência aos preceitos fixados em Regulamento próprio sujeitam-se às sanções cabíveis, sem prejuízo das responsabilidades civil e criminal que seu ato ensejar.

Decisões do TCU:
Acórdãos 1979/2006-Plenário; 1699/2007-Plenário; 1544/2008-1ª Câmara; 4705/2008-2ª Câmara; 2210/2009-1ª Câmara; 2750/2009-Plenário.

2.8.9. Exigências Referentes à Habilitação

Comentário:
Os instrumentos convocatórios das entidades paraestatais devem limitar-se a exigir, para fins de habilitação de licitantes, apenas a documentação relativa à habilitação jurídica, qualificação técnica, qualificação econômico-financeira e regularidade fiscal expressamente prevista no RLC próprio.

Ressaltamos, entretanto, que, em virtude de não possuir amparo legal, a exigência de documentos alheia aos previstos no Regulamento de Licitações e Contratos caracteriza-se como conduta restritiva ao caráter competitivo do certame, em desacordo, ainda, ao princípio da isonomia entre os licitantes.

Decisões do TCU:
Acórdãos 1699/2007-Plenário; 2568/2008-1ª Câmara.

2.8.10. Limites Máximos de Preços

Comentário:

Em atendimento ao princípio da economicidade, as entidades do Sistema "S" devem incluir em seus instrumentos convocatórios cláusulas que contenham indicações de valores máximos de preços a serem aceitos para cada item a ser licitado.

Por oportuno, salientamos que a estimativa destes valores deverá resultar da realização de pesquisa de preços junto ao mercado, devidamente inserida em processo administrativo, com vistas a garantir transparência e fidedignidade aos valores fixados no ato convocatório da entidade.

Em consonância com princípios constitucionais inerentes às licitações e contratos, as unidades devem definir expressamente no edital, de forma clara e precisa, os critérios de aceitabilidade de preços unitários e globais, com a fixação de preços máximos, em atenção aos princípios do julgamento objetivo, da economicidade e da publicidade, à jurisprudência do TCU, ao art. 2º do Regulamento de Licitações e de Contratos próprio das entidades do Sistema "S" e ao inciso XXI do art. 37 da Constituição Federal.

Decisões do TCU:

Acórdãos 1908/2007-2ª Câmara; 556/2010-Plenário; 1948/2011-Plenário.

2.8.11. Medidas de Aprimoramento

Comentário:

As autoridades competentes das entidades integrantes do Sistema "S" devem buscar medidas pertinentes ao aprimoramento da redação de seus instrumentos convocatórios, definindo-os de forma objetiva e clara, com vistas a evitar a redação de cláusulas ambíguas ou de difícil interpretação.

A exemplo, a Corte de Contas determina que os termos editalícios deverão conter, necessariamente, indicação de prazo determinado, indicação de prazo para entrega de produtos ou realização de serviços, exigência de documentos comprobatórios da regularidade fiscal das empresas, bem como os requisitos integrantes dos termos aditivos formalizados.

Decisões do TCU:
Acórdão 5069/2008-1ª Câmara.

2.8.12. Modelo de Planilha de Preços

Comentário:
Há entendimento pacífico no sentido de que os atos convocatórios das entidades integrantes do Sistema "S" devem estabelecer a configuração dos modelos de planilhas de preços aceitáveis quando apresentados pelos licitantes, contendo a composição dos custos e alíquotas de todos os itens que compõem os valores propostos.

Decisões do TCU:
Acórdão 986/2009-2ª Câmara.

2.8.13. Ordem de Procedimentos

Comentário:
Os procedimentos licitatórios e as contratações realizadas pelas entidades integrantes do Sistema "S" deverão estabelecer, de forma prévia e expressa em editais ou instrumentos congêneres, a ordem dos procedimentos e as fases necessárias para o início e conseguinte conclusão do certame/contratação, em estrita observância aos princípios insculpidos nos regramentos licitatórios, bem como nos dispositivos pautados nos Regulamentos de Licitações e Contratos próprios das entidades que compõem os Serviços Sociais Autônomos.

Decisões do TCU:
Acórdãos 539/2007-Plenário; 2817/2007-1ª Câmara.

2.8.14. Remissão ao Regulamento de Licitações e Contratos

Comentário:

O entendimento firmado aduz que os editais de licitações das entidades paraestatais devem conter cláusula remissiva ao Regulamento de Licitações e Contratos da respectiva entidade, tendo em vista que a realização de seus procedimentos licitatórios observará, estritamente, os princípios constitucionais previamente estabelecidos, o regramento definido em seus RLC e a jurisprudência consolidada pela egrégia Corte de Contas.

Decisões do TCU:

Acórdão 2483/2006-2ª Câmara.

2.8.15. Vedações

Comentário:

Por ocasião da realização de certames públicos visando selecionar propostas para apoio financeiro a projetos, sejam eles de qualquer natureza, as entidades devem incluir obrigatoriamente, nos respectivos editais, a vedação explícita à participação de empresas, associações ou entidades que possuam, em seus quadros societários, pessoas com vínculo empregatício com a entidade licitante, ou vínculo de parentesco com seus funcionários ou dirigentes, em âmbito nacional ou regional, bem como para que estendam tal determinação às suas unidades regionais.

Decisões do TCU:

Acórdão 2063/2010-Plenário.

2.9. Formalização do Processo

2.9.1. Inserção de Documentos

Comentário:

A jurisprudência consolidada versa que, para formalização e instrução dos autos dos processos licitatórios promovidos pelas entidades paraestatais, devem ser estritamente observados procedimentos concernentes à inserção de toda documentação relacionada aos atos e fatos pertinentes ao certame, incluindo a exemplo solicitação e autorização formal para a contratação, descrição detalhada do objeto, quantidades e valores dos bens e/ou serviços a serem licitados, disponibilidade orçamentária para cobrir os gastos estimados, pesquisa de preços realizada junto ao mercado, posicionamentos jurídicos, atas, designação formal da comissão de licitação, contratos, notas fiscais, dentre outros documentos inerentes à comprovação de atendimento dos dispositivos preconizados no edital de licitação.

Ressaltamos, entretanto, que a documentação supracitada deverá ser numerada sequencialmente, em ordem cronológica dos fatos, em observância aos princípios inerentes à licitação, aos ditames constantes do Regulamento de Licitações e Contratos da entidade e à jurisprudência firmada pelo TCU.

Decisões do TCU:

Acórdãos 2686/2006-1ª Câmara; 1155/2007-1ª Câmara; 3749/2007-1ª Câmara; 244/2009-2ª Câmara; 4064/2009-2ª Câmara; 4604/2010-2ª Câmara.

2.9.2. Justificativa Quanto ao Preço

Comentário:

As unidades devem inserir, nos autos dos processos licitatórios, justificativas relacionadas ao preço pactuado, bem como a ratificação da autoridade competente que autorizou a contratação, de forma a evidenciar o atendimento ao princípio da economicidade e a boa e regular gestão dos recursos disponíveis às entidades paraestatais.

Decisões do TCU:
Acórdão 2481/2006-2ª Câmara.

2.9.3. Numeração

Comentário:
É preciso proceder à numeração de todas as peças processuais dos feitos administrativos em curso na entidade, as quais deverão ser dispostas em ordem cronológica.

Decisões do TCU:
Acórdão 2958/2010-1ª Câmara.

2.9.4. Registros

Comentário:
Os posicionamentos das partes interessadas na realização dos certames promovidos pelas entidades integrantes do Sistema "S" devem ser registrados de forma coerente e precisa, a fim de que representem com exatidão o entendimento exarado pela autoridade competente acerca dos procedimentos adotados na condução do certame a que se reportam.

Nessa linha, o TCU orienta que todas as manifestações devem ser formalmente inseridas nos autos do processo, com a devida numeração sequencial e em ordem cronológica dos fatos, a fim de que representem com exatidão o entendimento exarado pela autoridade competente acerca dos procedimentos adotados na condução dos certames a que se reportam.

Ademais, destacamos, todas as manifestações devem ser formalmente inseridas nos autos do processo, com a devida numeração sequencial e em ordem cronológica dos fatos.

É importante, pois, que cada unidade observe as formalidades do procedimento licitatório, com a indicação nos processos da modalidade de licitação adotada, bem como a descrição adequada do objeto licitado no instrumento convocatório, além de promover a assinatura da Comissão de Licitação e do Superintendente no mapa de comparativo de preços, atentando para o disciplinado no art. 13 do Regulamento de Licitações e Contratos próprio.

Cabe a cada unidade formalizar adequadamente os processos licitatórios e de dispensa de certame (numeração, rubrica de páginas, entre outros), para que haja organização processual e não ocorra substituição indevida de documentos.

Decisões do TCU:

Acórdãos 2140/2006-2ª Câmara; 636/2010-2ª Câmara; 2782/2011-2ª Câmara; 2785/2011-2ª Câmara.

2

2.10. Fracionamento de Despesas

2.10.1. Compras

Comentário:

As entidades devem observar rigorosamente os limites definidores das modalidades de licitações constantes nos Regulamentos de Licitações e Contratos, com vistas a evitar o fracionamento de compras durante o exercício financeiro, a fim de descaracterizar a modalidade de licitação pertinente.

A jurisprudência firmada pela egrégia Corte de Contas veda a utilização de modalidade de licitação inferior quando o somatório dos valores licitados consignar modalidade de licitação superior.

Cabe à Administração enquadrar as licitações da entidade na correta modalidade, abstendo-se de realizar dispensa de licitação para o fracionamento de obras, compras e serviços de mesma natureza, em cumprimento aos artigos 6º e 7º do Regulamento próprio de Licitações e Contratos.

Decisões do TCU:

Acórdãos 1940/2006-2ª Câmara; 2568/2010-1ª Câmara.

2.10.2. Dispensa de Licitação

Comentário:

A dispensa de licitação é exceção e não a regra, de modo que as entidades devem proceder quanto à previsão das necessidades de aquisições a serem realizadas durante o exercício financeiro, no sentido de aprimorar o processo de compras das entidades paraestatais, bem como evitar o sucessivo fracionamento de despesas que, somadas durante o exercício financeiro, excedam os limites definidos em Regulamento de Licitações e Contratos para contratação direta por meio da dispensa de licitação.

O TCU compreende que o fracionamento de obras, serviços e aquisições apenas ensejará a dispensa de licitação quando o somatório de suas respectivas parcelas não ultrapassar os limites fixados para a contratação direta.

Nessa linha, quando o limite for ultrapassado, fica o gestor vinculado à estrita observância as modalidades de licitações pertinentes.

Decisões do TCU:

Acórdãos 2687/2006-1ª Câmara; 2818/2007-1ª Câmara; 5071/2008-1ª Câmara.

2.10.3. Fornecimento Parcelado ou Sistema de Registro de Preços

Comentário:

Consoante a jurisprudência firmada, há entendimento de que as entidades integrantes do Sistema "S" devem se abster de fracionar despesas com obras, serviços e compras similares realizadas durante o exercício financeiro, observando rigorosamente os limites previamente insculpidos em Regulamento de Licitações e Contratos próprio.

Neste ensejo, a Corte de Contas orienta quanto à avaliação salutar da conveniência e oportunidade pela adoção do fornecimento de bens e serviços parcelados ou pela contratação de bens e serviços por meio do Sistema de Registro de Preços, cuja natureza do objeto torne impossível a definição prévia do quantitativo necessário.

Por oportuno, calha destacar que o Sistema de Registro de Preços, preconizado no Art. 15 da Lei nº 8.666/93, é regulamentado pelo Decreto nº 3.931/2001 e aplicável aos entes que compõem toda Administração Pública, cabendo às autoridades competentes das entidades pertencentes ao Sistema "S" avaliar a pertinência desses dispositivos às peculiaridades aplicáveis aos Serviços Sociais Autônomos, em consonância com os princípios constitucionais, seus Regulamentos de Licitações e Contratos, bem como a jurisprudência firmada pelo TCU.

Decisões do TCU:
Acórdão 5459/2009-2ª Câmara.

2

2.10.4. Planejamento

Comentário:
As entidades paraestatais devem aperfeiçoar seu processo de contratação delineando programação adequada e fidedigna das contratações de bens e serviços a serem realizados ao longo do exercício financeiro.

Neste ensejo, a Corte de Contas orienta que caberá ao gestor observar rigorosamente os limites definidores das modalidades de licitações constantes nos Regulamentos de Licitações e Contratos, com vistas a evitar o fracionamento de despesas efetuadas com bens e serviços similares, tendo em vista que o fracionamento de obras, serviços e compras poderá acarretar a adoção indevida da contratação direta ou, até mesmo, a descaracterização da modalidade de licitação pertinente, em flagrante desacordo com os princípios correlatos à realização de procedimentos licitatórios, aos dispositivos preconizados em Regulamentos próprios, bem como à jurisprudência firmada pelo TCU.

Com efeito, torna-se necessária e oportuna a realização de planejamento adequado no que tange ao levantamento das ações efetivamente pretendidas pelas entidades paraestatais ao longo do exercício, em conformidade com o princípio da anualidade do orçamento.

Desse modo, cabe a cada entidade proceder ao planejamento adequado de suas aquisições, a serem realizadas no decorrer do exercício, a fim de evitar fracionamento de despesas que, somadas, ultrapassem os limites de dispensa de licitação, conforme o disposto no art. 6º, inciso II, do Regulamento de Licitações e Contratos da entidade.

Por fim, reforça-se o entendimento, consoante a ampla jurisprudência do TCU, de que seja observado, como regra, o dever de licitar, e ainda que cada unidade realize o planejamento adequado de suas necessidades, promovendo a devida licitação para as contratações de obras, serviços, compras e alienações, de forma a não incorrer no fracionamento de despesa, com a consequente fuga à modalidade de licitação, em conformidade com as disposições dos artigos 1º, 5º, 6º e 7º do Regulamento de Licitações e Contratos do Sistema "S".

Decisões do TCU:
Acórdãos 1756/2005-1ª Câmara; 2865/2006-1ª Câmara; 222/2007-1ª Câmara; 288/2007-Plenário; 1156/2007-1ª Câmara; 1906/2007-2ª Câmara; 2818/2007-1ª Câmara; 3592/2007-1ª Câmara; 3594/2007-1ª Câmara; 2552/2008-2ª Câmara; 5071/2008-1ª Câmara; 369/2009-1ª Câmara; 1378/2010-2ª Câmara; 1826/2010-2ª Câmara; 3146/2010-1ª Câmara; 4604/2010-2ª Câmara; 5896/2010-2ª Câmara; 7516/2010-2ª Câmara; 1172/2011-1ª Câmara; 1293/2011-Plenário; 3048/2011-2ª Câmara; 3871/2011-2ª Câmara; 4185/2011-1ª Câmara.

2.10.5. Princípio da Anualidade

Comentário:
As entidades do Sistema "S" devem realizar suas aquisições de produtos de mesma natureza dentro da modalidade licitatória pertinente, observando o princípio da anualidade da despesa, a fim de evitar fracionamento de despesas, nos termos do Regulamento de Licitações e Contratos próprio da entidade.

Assim, é preciso promover o planejamento adequado das compras de bens e materiais de mesma natureza, considerando o princípio da anualidade do orçamento, a fim de evitar o fracionamento de despesas e fuga a procedimento licitatório, utilizando-se o processo de dispensa apenas como medida de exceção.

Decisões do TCU:
Acórdãos 4749/2010-1ª Câmara; 7821/2010-1ª Câmara.

2.10.6. Procedimento Licitatório

Comentário:
Cabe às entidades paraestatais adotar as modalidades licitatórias pertinentes à contratação a ser realizada, observando rigorosamente os limites previamente estabelecidos em seus respectivos Regulamentos de Licitações e Contratos, com vistas a evitar o fracionamento de despesas com bens e serviços semelhantes, de forma indevida, durante o exercício financeiro.

Desta feita, a Corte de Contas entende ser vedada a divisão do valor de despesas com bens e serviços similares para adoção de modalidade de licitação menos rigorosa e/ou inferior à legalmente indicada ou, até mesmo, para adoção de sucessivas contratações diretas por meio dispensa de licitação, que excedam o limite previamente estabelecido.

Decisões do TCU:
Acórdãos 1756/2005-1ª Câmara; 2138/2006-2ª Câmara; 4029/2010-2ª Câmara.

2.11. Indicação de Marcas

Comentário:
Há várias determinações do TCU às entidades dos Serviços Sociais Autônomos sobre a definição dos objetos contratuais a serem licitados pelas entidades integrantes do Sistema sustentando que devem admitir a indicação de características e especificações exclusivas ou marcas como parâmetro de qualidade, única e exclusivamente dentro dos elementos tecnicamente justificáveis, inseridos nos autos do processo, e devidamente rati-

ficados pela autoridade competente, com vistas a evitar o direcionamento nas tratativas do certame e garantir estrita observância aos princípios de competitividade e isonomia.

Por oportuno, cabe ressaltar que a Corte de Contas orienta o gestor a fazer constar expressamente no instrumento convocatório a aceitação de objeto "similar", "equivalente" ou "de qualidade igual ou superior".

Neste ensejo, cabe às entidades do sistema "S" a adoção de providências com vistas a que seus procedimentos licitatórios atentem para a vedação de, na definição do objeto a ser licitado, promover-se a indicação de características e especificações exclusivas ou marcas, salvo nas hipóteses em que tal circunstância for expressa e formalmente justificada e ratificada pela autoridade competente, nos termos do parágrafo único do art. 13 do RLC do Sistema "S".

Assim, abstenham-se de indicar marcas de produtos para configuração do objeto quando da realização de seus certames licitatórios, a não ser quando legalmente possível e estritamente necessário para atendimento das exigências de uniformização e padronização, mediante justificativa prévia fundamentada em razões de ordem técnica, em processo administrativo regular, no qual fiquem comprovados os mencionados requisitos.

No que tange à área da Tecnologia da Informação, é preciso alertar as entidades para a necessidade de abster-se de indicar marca em processo de aquisição de equipamentos de informática, sem justificativa técnica de imprescindibilidade da marca escolhida, ratificada pela autoridade competente.

Decisões do TCU:

Acórdãos 1940/2006-2ª Câmara; 2392/2006-2ª Câmara; 2684/2006-1ª Câmara; 62/2007-Plenário; 3376/2007-1ª Câmara; 1180/2008-1ª Câmara; 84/2009-1ª Câmara; 2470/2009-1ª Câmara; 2958/2010-1ª Câmara; 3319/2010-1ª Câmara; 7054/2010-2ª Câmara.

2.12. Modalidade de Licitação

2.12.1. Convite

2.12.1.1. Apuração de Responsabilidade

Comentário:

Nos casos em que houver aquisição de equipamentos por valores superiores aos praticados no mercado, decorrentes da modalidade convite ou não, caberá ao gestor a instauração de procedimento administrativo de apuração de responsabilidade pela contratação, com vistas a buscar o ressarcimento dos valores pagos de forma indevida, bem como a instauração do processo de Tomada de Contas Especial, quando necessário. Em conformidade à orientação da Corte de Contas, ressaltamos que, para evitar contratações por valores acima dos praticados no mercado, torna-se imprescindível que os gestores das unidades que compõem o Sistema “S” realizem pesquisas de preços a fim de estimar os valores a serem licitados, fazendo constar em seus instrumentos convocatórios critérios de aceitabilidade de preços, com a fixação de valores máximos, tendo por preferência os preços praticados no mercado e as especificações do objeto contratual.

Cabe destacar que, ao selecionar a proposta mais vantajosa para as entidades paraestatais, a realização de pesquisa de preço permitirá ao gestor evidenciar o cumprimento do princípio da economicidade.

Decisões do TCU:

Acórdãos 1090/2007-Plenário; 1908/2007-2ª Câmara.

2.12.1.2. Ata

Comentário:

Em atendimento aos princípios da transparência e da publicidade dos procedimentos licitatórios, os gestores das entidades paraestatais devem registrar formalmente, nas atas das sessões licitatórias, informações tais como o nome das empresas convidadas, relação das empresas desclassificadas, bem como a respectiva indicação do item editalício que proporcionou a desclassificação dos convidados.

Entretanto, convém destacar que as decisões referentes a habilitação, julgamentos, recursos e demais tratativas sobre procedimentos licitatórios serão necessariamente lavradas em ata e devidamente inseridas em processo administrativo próprio.

Decisões do TCU:
Acórdão 2866/2009-1ª Câmara.

2.12.1.3. Comprovantes de Entrega

Comentário:
Considerando que o convite é a *"modalidade de licitação entre interessados do ramo pertinente ao seu objeto, escolhidos e convidados em número mínimo de 5 (cinco) com antecedência mínima de 2 (dois) dias úteis, cujo instrumento convocatório será afixado em local apropriado, com a finalidade de possibilitar a participação de outros interessados"*, a Corte de Contas firmou entendimento no sentido de que os documentos comprobatórios da entrega dos convites devem evidenciar a identificação do recebedor, com aposição de carimbo de recebimento da empresa selecionada, a fim de garantir transparência à realização das licitações na modalidade convite.

Decisões do TCU:
Acórdãos 288/2007-Plenário; 1172/2011-1ª Câmara.

2.12.1.4. Participantes Mínimos

Comentário:
Em consonância ao estabelecido nos respectivos Regulamentos de Licitações e Contratos das entidades paraestatais, o convite é a *"modalidade de licitação entre interessados do ramo pertinente ao seu objeto, escolhidos e convidados em número mínimo de 5 (cinco) com antecedência mínima de 2 (dois) dias*

úteis, cujo instrumento convocatório será afixado em local apropriado, com a finalidade de possibilitar a participação de outros interessados".

No entanto, observa-se que os RLCs mencionados trazem divergência conceitual no que diz respeito ao prazo de antecedência mínima de 2 (dois) ou 3 (três) dias úteis para a escolha e entrega dos convites aos partícipes.

Nessa esteira, o TCU firmou entendimento de que os procedimentos licitatórios das entidades integrantes do Sistema "S", quando realizados na modalidade convite, deverão atender a exigência da participação de no mínimo 5 (cinco) interessados do ramo pertinente ao objeto a ser licitado.

Diante da impossibilidade de atendimento do número mínimo de participantes exigidos legalmente, o TCU orienta para que proceda a repetição do certame com a consequente convocação de pelo menos 1 (uma) empresa diversa das convidadas inicialmente, com vistas ao atendimento dos princípios da moralidade e da eficiência.

A Corte de Contas orienta, ainda, quanto à observância da composição acionária das empresas participantes, a fim de garantir a observância do princípio constitucional da isonomia, evitando, assim, o conflito de interesses de dirigentes das entidades do Sistema "S" na realização das licitações na modalidade convite.

Cabe destacar, entretanto, que a validade do certame não ficará comprometida em virtude da impossibilidade de apresentação de no mínimo cinco propostas, mesmo que decorra da inexistência de possíveis interessados na praça, ocasiões em que deverão ser devidamente justificadas e juntadas aos autos do processo pela comissão de licitação, com ratificação da autoridade competente, conforme prevê o Regulamento de Licitações e Contratos - RLC próprio das entidades.

O TCU tem alertado às entidades quanto à inobservância do previsto no art. 5º, § 3º, do RLC, com relação à necessidade de apresentar justificativas, na modalidade licitatória Convite, quanto às limitações do mercado e ao manifesto desinteresse dos convidados, quando não forem apresentadas, no mínimo 5 (cinco) propostas, sob pena de repetição do certame licitatório.

Cabe ressaltar que a Súmula/TCU 248, transcrita abaixo *in verbis* e citada no Acórdão 1909/2007-2ª Câmara, aplica-se, no que couber, às entidades do Sistema "S":

SÚMULA Nº 248

"Não se obtendo o número legal mínimo de três propostas aptas à seleção, na licitação sob a modalidade Convite, impõe-se a repetição do ato, com a convocação de outros possíveis interessados, ressalvadas as hipóteses previstas no parágrafo 7º, do art. 22, da Lei nº 8.666/1993."

Vale lembrar que é preciso observar o previsto no art. 5º, § 3º, do Regulamento de Licitações e Contratos, com relação à necessidade de apresentar justificativas, nas hipóteses previstas, quanto às limitações de mercado e ao manifesto desinteresse dos convidados, quando não forem apresentadas, no mínimo, 5 (cinco) propostas, sob pena de repetição do certame licitatório.

Cabe, pois, às entidades do Sistema promover a atualização em seu cadastro de fornecedores e prestadores de serviços, de forma a dispor de um número considerável de empresas ou pessoas físicas cadastradas, evitando a realização de procedimentos licitatórios na modalidade de convite sem o quantitativo mínimo de 5 (cinco) participantes aptos, previsto no artigo 5º, inciso II, de seu regulamento de licitações e contratos, exceção cabível somente para os casos em que restar comprovados limitação de mercado ou expresso desinteresse das convidadas, situações que devem estar plenamente justificadas nas atas elaboradas pelas comissões licitantes, devidamente ratificada pela autoridade competente, conforme preconiza o art. 5º, inciso II e § 2º e 3º, do Regulamento de Licitações e Contratos.

Decisões do TCU:

Súmula/TCU nº 248; Acórdãos 288/2007-Plenário; 1909/2007-2ª Câmara; 3002/2007-1ª Câmara; 1012/2008-1ª Câmara; 3163/2010-Plenário; 3319/2010-1ª Câmara; 397/2011-Plenário; 554/2011-2ª Câmara.

2.12.2. Definição de Modalidade

Comentário:

A definição da modalidade de licitação apropriada para as contratações programadas pelas entidades paraestatais deverá ser precedida de planejamento anual da contratação de obras, serviços, compras e alienações a serem realizadas ao longo do exercício financeiro, considerando o valor estimado para a contratação, acrescido dos possíveis aditamentos contratuais a serem formalizados dentro do período de vigência do contrato.

Consoante o Regulamento de Licitações e Contratos do Sistema "S", a escolha da modalidade de licitação nos termos do art. 5º observará o previsto no art. 2º do mesmo Regulamento, para que não haja prejuízo ao caráter competitivo do certame, sendo necessário considerar, para fins de definição da modalidade licitatória cabível, a estimativa de gastos para toda a vigência do contrato que se pretende celebrar.

É preciso observar o valor total estimado do contrato para definição da modalidade de licitação pertinente, de acordo com o período de prestação dos serviços de natureza continuada, incluídas as prorrogações, em atenção aos limites do artigo 6º do Regulamento de Licitações e Contratos mencionado.

Decisões do TCU:

Acórdãos 79/2005-Plenário; 1357/2005-2ª Câmara; 1670/2005-1ª Câmara; 2492/2005-1ª Câmara; 2140/2006-2ª Câmara; 2815/2007-1ª Câmara; 372/2009-1ª Câmara; 636/2010-2ª Câmara; 2958/2010-1ª Câmara; 3319/2010-1ª Câmara.

2.12.3. Leilão

2.12.3.1. Formalização do Processo

Comentário:

Os gestores das entidades integrantes do Sistema "S" estão obrigados a proceder quanto à formalização de todos os procedimentos licitatórios realizados pelas entidades, inclusive na modalidade leilão, na oportunidade em que deverão abrir processo administrativo próprio, inserir toda documentação comprobatória da boa e regular gestão do certame, bem como a inclusão de informações acerca da prestação de contas dos bens vendidos, valores de avaliação, valores dos lances, condução do leilão, ato de designação do leiloeiro responsável pela realização do certame e demais informações pertinentes à transparência, eficiência e publicidade do certame.

Decisões do TCU:
Acórdão 3214/2008-1ª Câmara.

2.12.3.2. Leiloeiros Oficiais

Comentário:
Tendo em vista que o leilão é a modalidade de licitação a ser utilizada para venda de bens, a quem oferecer lance maior, igual ou superior ao valor da avaliação, o TCU consolidou entendimento de que a escolha de leiloeiros oficiais, a fim de garantir a boa e regular condução do evento, seja decorrente de procedimento licitatório adequado, na oportunidade em que serão observados os dispositivos insculpidos no Decreto nº 21.981/32 que regula a profissão de leiloeiro.

Decisões do TCU:
Acórdão 3469/2006-2ª Câmara.

2.12.4. Limite de Valores

Comentário:
Os gestores das entidades integrantes do Sistema "S" devem observar rigorosamente os limites dos valores aplicáveis às modalidades de licitações insculpidas para contratação de obras, serviços, compras e alienações, em estrita conformidade com os dispositivos preconizados nos Regulamentos de Licitações e Contratos próprios.

Decisões do TCU:
Acórdão 2813/2007 - 1ª Câmara.

2.12.5. Nomenclatura

Comentário:
Os gestores/administradores devem observar rigorosamente a nomenclatura adequada e aplicável às modalidades de licitações insculpidas para contratação de obras, serviços, compras e alienações, em estrita conformidade com os dispositivos preconizados nos próprios Regulamentos de Licitações e Contratos.

Decisões do TCU:
Acórdão 2686/2006-1ª Câmara.

2.12.6. Pregão

2.12.6.1. Adoção da Modalidade

Comentário:
A adoção da modalidade Pregão deve observar o disposto no Regulamento de Licitações e Contratos do Sistema "S", bem como a jurisprudência do TCU, destacando, ainda, que seja avaliada a conveniência e oportunidade de adotar a modalidade pregão. Caso se opte pela modalidade concorrência, utilize-se o tipo menor preço.

O TCU tem, no entanto, solicitado a apresentação de justificativas circunstanciadas quando as entidades do Sistema "S" não adotam a modalidade de pregão eletrônico.

Assim, há recomendações para que as entidades apliquem o inciso V do art. 5º do Regulamento de Licitações e Contratos próprio e priorizem, sempre que possível, o uso do pregão, de preferência em sua forma eletrônica, na aquisição de bens e serviços comuns, assim considerados aqueles cujos padrões de desempenho e de qualidade possam ser objetivamente definidos no edital, por meio de especificações usuais de mercado, podendo adotar outra modalidade desde que a escolha seja devidamente justificada nos autos do processo licitatório.

Vale registrar o Enunciado da seguinte Súmula do TCU:

> *SÚMULA 257/2010*
> *"O uso do pregão nas contratações de serviços comuns de engenharia encontra amparo na Lei nº 10.520/2002".*

Decisões do TCU:
Acórdãos 556/2010-Plenário; 2990/2010-Plenário; 378/2011-Plenário.

2.12.6.2. Anulação/Cancelamento

Comentário:
Frui entendimento de que as entidades paraestatais devem adotar todas as medidas cabíveis quanto à anulação de procedimentos licitatórios eivados de vícios insanáveis capazes de os tornarem ilegais.

Destaca-se, entretanto, que, para a anulação de licitação, é necessária a inclusão das justificativas que fundamentem a anulação do certame, bem como a exposição dos fatos e fundamentos jurídicos capazes de amparar a decisão da autoridade competente, os quais devem ser integrado aos autos do processo.

Por oportuno, ressaltamos ainda a obrigatoriedade atribuída ao gestor em publicar o ato anulatório na imprensa oficial, tornando nulo o contrato vigente.

Cabe ressaltar, ainda, a oportunidade em que o Regulamento de Licitações e Contratos da entidade prevê que seus instrumentos convocatórios deverão assegurar expressamente o direito de cancelar a licitação, antes de assinado o contrato e desde que devidamente justificado.

Decisões do TCU:
Acórdãos 1699/2007-Plenário; 1757/2010-Plenário.

2.12.6.3. Aquisição de Bens e Serviços Comuns

Comentário:
O entendimento jurisprudencial consolidado estabelece que as entidades integrantes do Sistema "S" deverão adotar preferencialmente a modalidade pregão sempre que o objeto desejado aludir a bens e serviços comuns, já previsto nos arts. 20 e 21 do Regulamento de Licitações e Contratos próprio.

As entidades devem utilizar o pregão, preferencialmente eletrônico, em licitações que tenham por objeto a prestação de serviços de limpeza e conservação predial e jardinagem, por serem serviços de natureza comum, conforme Anexo II do Decreto 3.555/2000, cujo item 17 dispõe expressamente nesse sentido.

O pregão é a modalidade de licitação adotada para "*aquisição de bens e serviços, qualquer que seja o valor estimado da contratação, realizada em sessão pública, podendo ser presencial, com propostas impressas e lances verbais, ou no ambiente Internet, com propostas e lances eletrônicos, vedada a sua utilização para contratação de obras e serviços de engenharia*".

Nessa linha, o art. 2º, § 1º do Decreto 5.450/05 descreve que "*consideram-se bens e serviços comuns aqueles cujos padrões de desempenho e qualidade possam ser objetivamente definidos pelo edital, por meio de especificações usuais do mercado*". Desta feita, a comissão de licitação designada para condução do certame deverá, necessariamente, ser integrada por pregoeiro que demonstre reunir formalmente capacitação profissional e perfil adequado.

Com efeito, dentre as diversas peculiaridade dispostas em Regulamento próprio para utilização da modalidade pregão, destacamos que os instrumentos convocatórios deverão adotar, exclusivamente, como critério de julgamento, o menor preço.

Decisões do TCU:
Acórdãos 1756/2005-1ª Câmara; 2990/2010-Plenário; 554/2011-2ª Câmara.

2.13. Normas Aplicáveis - Regulamento de Licitações e Contratos

Comentário:

As entidades dos serviços sociais autônomos devem promover seus certames licitatórios em estrita observância aos dispositivos insculpidos em seus Regulamentos de Licitações e Contratos próprios, tendo em vista que as entidades integrantes do Sistema "S" são autônomas entre si.

Neste ensejo, cabe ressaltar que o TCU consolidou a interpretação de que os Serviços Sociais Autônomos não estão sujeitos aos estritos procedimentos da Lei n° 8.666/93, mas sim aos seus Regulamentos de Licitações e Contratos próprios, os quais foram devidamente publicados, consubstanciados à luz da Constituição Federal e dos princípios gerais dos processos licitatórios.

Embora as entidades do Serviço Social Autônomo não se sujeitem às mesmas normas que regem a Administração Pública, também devem respeitar os princípios constitucionais a ela aplicáveis, entre os quais os da licitação, insculpidos no art. 37, XXI, da Constituição Federal, por ostentarem capacidade tributária ativa e gozarem de privilégios próprios dos entes públicos.

Assim, as entidades do Sistema "S" não podem incluir, em suas licitações, exigências que contrariem os princípios da isonomia, da legalidade, da competitividade, da proporcionalidade e da razoabilidade.

Decisões do TCU:

Acórdãos 457/2005-2ª Câmara; 3813/2008-1ª Câmara; 368/2009-1ª Câmara.

2.14. Obras/Serviços de Engenharia

2.14.1. Adequação do Projeto Básico

Comentário:

O TCU tem alertado as entidades do Serviço Social Autônomo quanto à necessidade de observar suas orientações relativas aos processos licitatórios que visem à contratação de obras com os recursos arrecadados de suas contribuições, tendo em vista sua sujeição aos princípios indicados no art. 37, caput, da Constituição Federal, bem como demais princípios indicados em seu Regulamento de Licitações e Contratos.

Desse modo, são alertadas para a necessidade de observância de que, na contratação de obra ou serviço, devem atentar para a existência de projeto que contenha o conjunto de elementos necessários, suficientes e adequados para caracterizar o objeto a ser executado, ainda que a licitação venha a ser dispensada ou considerada inexigível, nos termos do artigo 13, § 2º, do Regulamento de Licitações e Contratos pertinente.

Cabe, ainda, a cada unidade avaliar a adequação dos projetos de obras a serem realizadas com a compatibilidade e inerência das finalidades institucionais incumbidas à entidade. Para tanto, torna-se oportuna a elaboração de relatório prévio a ser formalizado pela área demandante, de forma a evidenciar que a realização da obra requerida possui consonância com a missão institucional da entidade. Ademais, é preciso, previamente à construção da obra, comprovar a pertinência do projeto, especialmente no tocante ao atendimento das necessidades prioritárias de seu público alvo, fato que deverá ser comprovado em relatório de gestão a ser apresentado à Corte de Contas, após a aprovação da construção.

É, pois, firme o entendimento de que as obras necessitam ser licitadas com projeto básico que contenha a especificação precisa do objeto a ser contratado, em termos do conjunto de elementos necessários e suficientes, com nível de precisão adequado, para caracterizar a obra ou serviço, ou complexo de obras ou serviços objeto da licitação. O projeto básico deve ser elaborado com base nas indicações dos estudos técnicos preliminares que assegurem a viabilidade técnica e o adequado tratamento do impacto ambiental do empreendimento e de forma a possibilitar a avaliação do custo da obra, a definição dos métodos e do prazo de execução.

Desse modo, em obediência aos princípios da igualdade e da legalidade, estampados no art. 2º do Regulamento de Licitações e Contratos, as unidades devem fazer constar no projeto básico informações necessárias à caracterização do objeto, que possibilitem avaliação segura dos custos inerentes à contratação, compatibilizando os quantitativos dos itens licitados constantes dos diversos documentos, de forma que eventuais inconsistências sejam detectadas antes da divulgação do edital.

Na esteira do assunto em comento, podemos observar o Enunciado das seguintes Súmulas do TCU:

SÚMULA Nº 260/2010

"É dever do gestor exigir apresentação de Anotação de Responsabilidade Técnica - ART referente a projeto, execução, supervisão e fiscalização de obras e serviços de engenharia, com indicação do responsável pela elaboração de plantas, orçamento-base, especificações técnicas, composições de custos unitários, cronograma físico-financeiro e outras peças técnicas."

SÚMULA Nº 261/2010

"Em licitações de obras e serviços de engenharia, é necessária a elaboração de projeto básico adequado e atualizado, assim considerado aquele aprovado com todos os elementos descritos no art. 6º, inciso IX, da Lei nº 8.666, de 21 de junho de 1993, constituindo prática ilegal a revisão de projeto básico ou a elaboração de projeto executivo que transfigurem o objeto originalmente contratado em outro de natureza e propósito diversos."

Decisões do TCU:

Acórdãos 2816/2007-1ª Câmara; 1825/2010-2ª Câmara; 3329/2010-1ª Câmara; 7514/2010-2ª Câmara; 356/2011-Plenário.

2.14.2. Anexos

Comentário:

O TCU consolidou interpretação de que fossem anexados aos processos de serviços de engenharia dos Serviços Sociais Autônomos documentos que evidenciassem a transparência e fidedignidade quanto à condução do certame, a exemplo dos requisitos transcritos *in verbis* abaixo, conforme segue (Acórdão 2284/2008-1ª Câmara):

a) demonstrativos dos custos unitários de cada item da planilha de serviços;

b) cronogramas de execução físico-financeira das obras;

c) descrição detalhada de cada um dos itens de serviços e seus quantitativos exatos, indicando o devido planejamento da obra;

d) valor total da obra;

e) fonte consultada para a formulação do preço compatível com o de mercado; e

f) outros documentos essenciais à consecução de cada obra, como planta baixa, manual de especificações técnicas e memorial descritivo.

Com efeito, ressaltamos que, para a inserção dos documentos elencados acima, caberá à autoridade competente atender, ainda, o dispositivo contido na Lei nº 9.784/99, art. 22, § 4º, o qual rege que *"o processo deverá ter suas páginas numeradas sequencialmente e rubricadas"*, se possível em ordem cronológica.

2

Decisões do TCU:
Acórdão 2284/2008-1ª Câmara.

2.14.3. Bonificações e Despesas Indiretas - BDI

Comentário:
Há determinação no sentido de incluir nos editais dos próximos procedimentos licitatórios que vier a realizar a exigência de a empresa contratada apresentar a composição de custos unitários de todos os serviços, ou seja, a relação dos insumos e seus quantitativos necessários para a execução de uma unidade de serviço, inclusive os encargos sociais incidentes sobre a mão de obra empregada, bem como a composição analítica da Bonificação e Despesas Indiretas (BDI).

Desse modo, quanto às licitações conduzidas no âmbito das unidades do Serviço Social Autônomo, devem explicitar, em anexo próprio do edital, os itens que integram o BDI - Bonificação e Despesas Indiretas, seguindo a diretriz traçada pelo Acórdão n. 325/2007-Plenário e os percentuais praticados, inserindo, ainda, no ato convocatório, exigência expressa do respectivo detalhamento das propostas, com a previsão do percentual e a descrição de todos os seus componentes (composição analítica), sob pena de desclassificação da licitante, de forma a garantir maior transparência na execução das despesas e a evitar sobrepreço no orçamento pela inclusão indevida de parcelas.

Em relação ao tema em comento, mencionamos o enunciado das seguintes Súmulas do TCU:

> *SÚMULA Nº 254/2010*
>
> *"O IRPJ - Imposto de Renda Pessoa Jurídica - e a CSLL - Contribuição Social sobre o Lucro Líquido - não se consubstanciam em despesa indireta passível de inclusão na taxa de Bonificações e Despesas Indiretas - BDI do orçamento-base da licitação, haja vista a natureza direta e personalística desses tributos, que oneram pessoalmente o contratado."*

> *SÚMULA Nº 258/2010*
>
> *"As composições de custos unitários e o detalhamento de encargos sociais e do BDI integram o orçamento que compõe o projeto básico da obra ou serviço de engenharia devem constar dos anexos do edital de licitação e das propostas das licitantes e não podem ser indicados mediante uso da expressão 'verba' ou de unidades genéricas".*

Decisões do TCU:

Acórdãos 7054/2010-2ª Câmara; 1948/2011-Plenário.

2.14.4. Caracterização da Obra

Comentário:

É preciso observar, na condução de licitação modalidade "Convite", por configurar impropriedade/falha a ser sanada devidamente e que deve ser evitada nos certames, a utilização indevida da unidade "verba" para referenciar serviços identificados na planilha orçamentária da licitação, em infringência às exigências contempladas no art. 13, § 2º do Regulamento de Licitações e Contratos próprio, quanto à suficiência e adequação do conjunto de elementos necessários à caracterização da contratação de obras e serviços de engenharia.

Decisões do TCU:
Acórdão 6439/2011-1ª Câmara.

2.14.5. Contratações sem Prévio Processo Licitatório

Comentário:
Quando houver necessidade de acrescentar serviços a uma obra em execução no âmbito das entidades do Serviço Social Autônomo, a orientação aos gestores do Sistema feita pelo TCU envolve alguns aspectos abordados de forma objetiva e sintética, conforme a seguir explanado:

1. Com realização de dispensas de licitação em detrimento do mero aditamento do contrato:

a) Se houver interesse da entidade em que a mesma empresa execute esses novos serviços nas mesmas condições do contrato vigente, providencie o seu aditamento em tempo hábil, observando os limites estabelecidos pelo Regulamento de Licitações e Contratos próprio.

b) Caso não haja interesse da entidade no aditamento ou se for ultrapassado o limite regulamentar, providencie nova contratação, precedida de procedimento licitatório na modalidade prevista para o total da obra (valor das contratações anteriores somado ao valor dos novos serviços).

2. Necessidade da comprovação da pesquisa de preços de mercado

É notório que o Regulamento de Licitações e Contratos próprio não contém disposições sobre a escolha dos fornecedores na hipótese de dispensa de licitação, não obstante, consoante a boa doutrina no campo do Direito Administrativo, a seleção deve ser motivada, como todo e qualquer ato administrativo. Além disso, ao optar por um fornecedor, o administrador deve buscar a economicidade da aquisição, ainda que o valor da compra/contratação não imponha a realização de um procedimento licitatório.

É recomendado pelo TCU que os Conselhos Nacionais das entidades do Sistema "S" insiram no seu Regulamento de Licitações e Contratos a exigência de que, nos casos de dispensa de licitação, seja comprovada, no respectivo processo, a pesquisa de preços de mercado a, pelo menos, três potenciais fornecedores.

Por fim, convém lembrar que cabe a cada unidade proceder à formalização dos processos de dispensa de licitação, observando os limites de Dispensa de Licitação de obras e Serviços de Engenharia constantes no Regulamento de Licitações e Contratos próprio.

Decisões do TCU:
Acórdãos 7513/2010-2ª Câmara; 7821/2010-1ª Câmara.

2.14.5. Critérios de Aceitabilidade de Preços

Comentário:
É oportuno alertar as entidades do Serviço Social Autônomo quanto à necessidade de observar, nas contratações de obras e serviços de engenharia, a definição do critério de aceitabilidade dos preços unitários e global, com fixação de preços máximos para ambos. Trata-se de obrigação de qualquer gestor da coisa pública, e atende ao disposto no Enunciado 259 da Súmula da Jurisprudência do TCU, conforme segue:

> *SÚMULA Nº 259/2010*
> *"Nas contratações de obras e serviços de engenharia, a definição do critério de aceitabilidade dos preços unitários e global, com fixação de preços máximos para ambos, é obrigação e não faculdade do gestor."*

Decisões do TCU:
Acórdão 7514/2010-2ª Câmara.

2.14.6. Cronograma Físico-Financeiro

Comentário:
É preciso elaborar, na hipótese de adoção do regime de empreitada por preço global, cronograma físico-financeiro detalhado, no qual estejam de-

finidas as etapas/fases da obra a executar e os serviços/atividades que as compõem, e utilizar esse instrumento para controle do andamento da obra e apuração da remuneração devida ao contratado.

Decisões do TCU:
Acórdãos 534/2011-Plenário; 1948/2011-Plenário.

2.14.7. Editais

Comentário:
Tendo em vista que é inadmissível a definição de critérios que frustrem o caráter competitivo dos certames promovidos pelas entidades paraestatais, o TCU firmou entendimento de que as entidades dos Serviços Sociais Autônomos - integrantes do Sistema "S" - devem proceder com vistas a garantir tratamento isonômico aos participantes do processo licitatório, abstendo-se de inserir em seus instrumentos convocatórios exigências indevidas em desacordo com os princípios da legalidade, impessoalidade, moralidade, publicidade e eficiência preconizadas à luz da Constituição Federal, bem como os princípios licitatórios correlatos.

A Corte de Contas orienta, ainda, que, por falta de amparo legal, a exigência de certificados alheios à documentação prevista no Regulamento próprio deverá ser considerada unicamente para fins de pontuação técnica, e não como condicionante à habilitação/inabilitação de licitante.

Decisões do TCU:
Acórdãos 2575/2008-2ª Câmara; 85/2009-1ª Câmara.

2.14.8. Exigências Indevidas de Qualificação Técnica

Comentário:
As entidades são alertadas no sentido de que, nos certames destinados à contratação de obras e serviços de engenharia, abstenham-se de exigir, como requisito de habilitação dos licitantes, documentos pertinentes à

qualificação técnica diversos dos arrolados no art. 12, II, do Regulamento de Licitações e Contratos próprio, em especial as que impliquem restrição à competitividade, tais como: registro do licitante e servidores do quadro funcional no Crea local; certificado do Programa Brasileiro de Qualidade e Produtividade do Habitat - PBQPH; e certidões de experiência profissional anterior em número mínimo de obras correlatas à licitada.

Decisões do TCU:
Acórdão 397/2011-Plenário.

2.14.9. Orçamento

Comentário:
É importante que as entidades observem, nos processos licitatórios que visem à contratação de obras com os recursos arrecadados de suas contribuições, tendo em vista sua sujeição aos princípios indicados no art. 37, caput, da Constituição Federal, bem como demais princípios indicados em seu Regulamento de Licitações e Contratos que, nos termos do Enunciado 258 da Súmula da Jurisprudência do TCU, as composições de custos unitários e o detalhamento de encargos sociais e do BDI que integram o orçamento que compõe o projeto básico da obra ou serviço de engenharia devem constar dos anexos do edital de licitação e das propostas das licitantes e não podem ser indicados mediante o uso da expressão "verba" ou de unidades genéricas, sendo recomendada a adoção de taxas de BDI com composições que observem a jurisprudência do TCU.

Assim, na elaboração de orçamentos-base, é recomendável o levantamento da unidade de todos os serviços previstos de modo que não sejam utilizadas unidades do tipo verba, bem como a utilização de composições de custos unitários de fontes oficiais como o Sinapi, da Caixa Econômica Federal, e o Sicro, do Departamento Nacional de Infraestrutura de Transportes, ou, quando se referir a serviços não constantes dessas bases, deve-se proceder à demonstração analítica das composições adotadas, acompanhadas da devida documentação comprobatória.

É medida salutar inserir em seus instrumentos convocatórios cláusulas que descrevam, de forma clara e precisa, as especificações de maior complexidade técnica dos serviços inerentes às obras a serem licitadas, principalmente no que tange ao detalhamento das planilhas de orçamento que evidenciem o volume dos serviços a serem executados, contendo quantitativos e custo unitário estimado para cada item de composição do preço aceitável pela entidade, em estrita observância aos princípios constitucionais insculpidos no art. 37, bem como aos ditames do Regulamento de Licitações e Contratos próprio da entidade.

No caso, a estimativa do valor a ser contratado necessita estar detalhada em planilhas orçamentárias com os quantitativos e preços unitários dos serviços componentes do objeto (orçamento-base), sendo recomendável a utilização de unidades-padrão na quantificação dos serviços a serem executados, bem como observar, na elaboração do orçamento-base, as alíquotas de tributos vigentes para o período e localidade das obras.

Por fim, consoante a orientação prevalecente, os licitantes devem ser cientificados da necessidade de apresentarem propostas com detalhamento do BDI cobrado e orçamento analítico das propostas de preços, incluindo a composição dos custos unitários, a fim de que se torne possível o exame das propostas e a comparação com os preços de mercado e em relação às peculiaridades de cada obra.

As entidades são alertadas no sentido de que, nas licitações que tenham por objeto serviços de obras e engenharia, incluam em seus orçamentos, parte integrante dos projetos básicos, coluna com a denominação do código Sinapi para cada item, com o intuito de facilitar a fiscalização quanto ao cumprimento do estabelecido na Lei de Diretrizes Orçamentárias, que define como parâmetro máximo, para aceitação de preços, os valores estabelecidos pelo Sinapi.

Assim, em observância aos princípios da economicidade e da seleção da proposta mais vantajosa, o valor orçado para os serviços de engenharia deve tomar por base os custos unitários do Sistema Nacional de Pesquisa de Custos e Índices da Construção Civil – Sinapi, ou se apresente relatório circunstanciado, incluindo a composição de custos unitários e documentação comprobatória, que demonstre eventuais particularidades do serviço orçado em relação ao referencial usado.

Decisões do TCU:

Acórdãos 1938/2006-2ª Câmara; 3377/2007-1ª Câmara; 7514/2010-2ª Câmara; 397/2011-Plenário; 534/2011-Plenário.

2.14.10. Pagamento Antecipado

Comentário:

O TCU consolidou entendimento de que, para resguardar o patrimônio das entidades paraestatais, os gestores devem efetuar os pagamentos referentes aos serviços inerentes às obras somente após a efetiva certificação de entrega das etapas previstas em cronograma próprio, abstendo-se de realizar pagamento de forma antecipada.

A Corte de Contas entende que o pagamento das etapas definidas em cronograma físico-financeiro de obras e serviços de engenharia deverá ser realizado de forma sequencial, com vistas a evitar o pagamento de uma etapa sem que a anterior tenha sido efetivamente concluída, caracterizando, assim, antecipação de pagamento, o que não é permitido.

Com efeito, caberá às autoridades competentes das entidades dos Serviços Sociais Autônomos procederem quanto à avaliação da discricionariedade e pertinência na adoção de medida excepcional ao procedimento supracitado, prevista em regramentos e jurisprudências direcionadas à Administração Pública, conforme transcrito *in verbis*:

> *Lei nº 4.320/64*
>
> *Art. 62 – O pagamento da despesa só será efetuado quando ordenado após sua regular liquidação.*
>
> *Art. 63 – A liquidação da despesa consiste na verificação do direito adquirido pelo credor tendo por base os títulos e documentos comprobatórios do respectivo crédito.*
>
> *Decreto nº 93.872/86*
>
> *Art. 38 – Não será permitido o pagamento antecipado de fornecimento de materiais, execução de obra, ou prestação de serviço, inclusive de*

utilidade pública, admitindo-se, todavia, mediante as indispensáveis cautelas ou garantias, o pagamento de parcela contratual na vigência do respectivo contrato, convênio, acordo ou ajuste, segundo a forma de pagamento nele estabelecida, prevista no edital de licitação ou nos instrumentos formais de adjudicação direta.

Lei nº 8.666/93

Art. 5º - Todos os valores, preços e custos utilizados nas licitações terão como expressão monetária a moeda corrente nacional, ressalvado o disposto no art. 42 desta Lei, devendo cada unidade da Administração, no pagamento das obrigações relativas ao fornecimento de bens, locações, realização de obras e prestação de serviços, obedecer, para cada fonte diferenciada de recursos, a estrita ordem cronológica das datas de suas exigibilidades, salvo quando presentes relevantes razões de interesse público e mediante prévia justificativa da autoridade competente, devidamente publicada.

Acórdão 585/2005 - Segunda Câmara

Oriente os partícipes dos convênios ou de outros instrumentos congêneres para o fiel cumprimento aos ditames dos arts. 62 e 63 da Lei n° 4.320/1964, art. 5° da Lei n° 8.666/1993 e art. 38 do Decreto n° 93.872/1986, informando que o pagamento antecipado de despesas somente é cabível em situações excepcionalíssimas, nas quais estejam presentes, no mínimo, as seguintes condições: - a operação esteja prevista no ato convocatório e respaldada na Lei nº 8.666/1993; - o processo licitatório contenha fundamentado estudo comprovando a significativa economia de recursos; - a operação seja resguardada pelas necessárias garantias, firmemente acautelada contra qualquer futuro reajuste pleiteado pelo contratado e contenha dispositivo permitindo à Administração apenar - em valores significativos - eventuais atrasos no cumprimento dos prazos contratuais.

Por fim, convém reforçar o entendimento firmado em ampla jurisprudência do TCU de que as unidades do Sistema "S" efetuem o pagamento a seus contratados somente após a execução de cada etapa da obra ou do serviço prestado, com a devida aprovação e atesto relativos à execução das etapas anteriores.

Decisões do TCU:
Acórdãos 3817/2008-1ª Câmara; 7513/2010-2ª Câmara.

2.14.11. Parcelamento do Objeto

Comentário:
Em conformidade com a jurisprudência consolidada pelo TCU, os gestores das entidades integrantes do Sistema "S" devem avaliar, por meio de estudos técnicos, a conveniência quanto à realização de procedimentos licitatórios separados, com vistas a garantir a contratação de bens e serviços em estrita observância aos princípios da competitividade, eficiência e economicidade, demonstrando, ainda, a viabilidade técnica e econômica quanto à aquisição de equipamentos/materiais inerentes à realização de obras, de forma parcelada.

Em face de ausência de previsão legal insculpida em regulamento próprio acerca do parcelamento do objeto a ser licitado pelas entidades paraestatais, o entendimento da Corte de Contas (Acórdão 1331/2003-Plenário, Decisão Plenária 393/1994 - DOU 29/06/94 e Decisão Plenária 503/2000 - DOU 05/07/2000) coaduna com o dispositivo firmado pela Lei nº 8.666/93, art. 23, § 1º, no sentido de tornar obrigatório o parcelamento do objeto quando comprovadamente viável, sob aspectos técnicos e econômicos. Por oportuno, transcrevemos *in verbis*, o dispositivo supracitado:

> *Lei nº 8.666/93. Art. 23, § 1º*
> *"As obras, serviços e compras efetuadas pela administração serão divididas em tantas parcelas quantas se comprovarem técnica e economicamente viáveis, procedendo-se à licitação com vistas ao melhor aproveitamento dos recursos disponíveis no mercado e à ampliação da competitividade, sem perda da economia de escala."*

Por ser pertinente, é licito transcrever neste breve comentário o enunciado da seguinte Súmula do TCU:

SÚMULA Nº 253/2010

"Comprovada a inviabilidade técnico-econômica de parcelamento do objeto da licitação, nos termos da legislação em vigor, os itens de fornecimento de materiais e equipamentos de natureza específica que possam ser fornecidos por empresas com especialidades próprias e diversas e que representem percentual significativo do preço global da obra devem apresentar incidência de taxa de Bonificação e Despesas Indiretas - BDI reduzida em relação à taxa aplicável aos demais itens."

2

Decisões do TCU:

Acórdão 325/2007-Plenário; 4230/2009-1ª Câmara.

2.14.12. Recuperação Estrutural

Comentário:

O TCU firmou entendimento de que, nos casos em que os edifícios e imóveis pertencentes às entidades do Sistema "S" tiverem recebido recomendações e Pareceres Técnicos que evidenciem situação de comprometimento das estruturas edificadas, sejam adotadas as devidas providências para realização dos serviços de recuperação/reforço estrutural do bem, em caráter de urgência.

Decisões do TCU:

Acórdão 1154/2007-1ª Câmara.

2.15. Padronização

Comentário:

As entidades dos Serviços Sociais Autônomos devem inserir nos autos do processo documentação que evidencie a vantagem econômica e técnica no que concerne à adoção da padronização de produtos a serem adquiridos em consonância ao interesse da entidade.

A padronização é princípio correlato ao procedimento licitatório, o qual exige compatibilidade de especificações técnicas e de desempenho dos produtos a serem licitados, em observância às condições de manutenção, assistência técnica e garantias oferecidas.

A orientação da egrégia Corte de Contas discorre no sentido de que sempre que houver necessidade e conveniência quanto à definição de critérios uniformes aplicáveis às obras, compras e serviços, a padronização poderá ser adotada pelas entidades paraestatais.

Decisões do TCU:
Acórdão 539/2007-Plenário.

2.16. Parcelamento do Objeto

Comentário:
Em conformidade com a jurisprudência consolidada pelo TCU, as entidades integrantes do Sistema "S" devem avaliar a conveniência quanto à realização de procedimentos licitatórios separados, com vistas a garantir a contratação de bens e serviços em estrita observância aos princípios da competitividade, eficiência e economicidade, cabendo à comissão de licitação avaliar, ainda, a compatibilidade entre o objeto a ser licitado e o ramo de atividade da empresa licitante.

Em virtude da ausência de previsão legal insculpida em regulamento próprio acerca do parcelamento do objeto a ser licitado pelas entidades paraestatais, o entendimento da Corte de Contas (Acórdão 1331/2003 - Plenário, Decisão Plenária 393/1994 - DOU 29/06/94 e Decisão Plenária 503/2000 - DOU 05/07/2000) coaduna com o dispositivo firmado pela Lei nº 8.666/93, art. 23, § 1º, no sentido de tornar obrigatório o parcelamento do objeto quando comprovadamente viável, sob aspectos técnicos e econômicos. Por oportuno, transcrevemos *in verbis*, o dispositivo supracitado:

Lei nº 8.666/93. Art. 23, § 1º

"As obras, serviços e compras efetuadas pela administração serão divididas em tantas parcelas quantas se comprovarem técnica e economicamente viáveis, procedendo-se à licitação com vistas ao melhor

aproveitamento dos recursos disponíveis no mercado e à ampliação da competitividade, sem perda da economia de escala."

Decisões do TCU:

Acórdão 2388/2006-2ª Câmara.

2.17. Planejamento

Comentário:

As obras, serviços, compras e alienações a serem realizadas pelas entidades pertencentes aos Serviços Sociais Autônomos devem ser precedidas de planejamento adequado que evidencie o correto dimensionamento do objeto a ser licitado em observância às reais necessidades da entidade.

A orientação é no sentido de que a elaboração de um planejamento fidedigno proporcionará às entidades do Sistema "S" a estimativa precisa dos gastos a serem despendidos com as contratações desejadas, a adoção das modalidades licitatórias adequadas, bem como evitar o fracionamento de despesas e as contratações emergenciais consubstanciadas pela falta de planejamento por parte do gestor responsável. Neste ensejo, o colegiado da Segunda Câmara do TCU firmou entendimento, por meio da Decisão 300/2005, de que a *"falta de planejamento do administrador não é capaz de justificar a contratação emergencial".*

Assim, importa que cada unidade promova o planejamento adequado de suas aquisições, principalmente no que diz respeito às compras de gêneros alimentícios para emprego específico, de modo a atender o disposto no art. 6º de seu Regulamento de Licitações e Contratos.

Decisões do TCU:

Acórdãos 2140/2006-2ª Câmara; 2478/2006-2ª Câmara; 1979/2008-1ª Câmara; 3809/2008-1ª Câmara; 2733/2009-2ª Câmara; 2958/2010-1ª Câmara.

2.18. Plano de Trabalho

Comentário:

Para elaboração de plano de trabalho a ser utilizado na celebração de convênios, acordos ou ajustes pelas entidades dos Serviços Sociais Autônomos, sejam obedecidos os normativos aplicáveis às peculiaridades de cada entidade, considerando como pré-requisito aspectos inerentes à autorização formal da contratação, bem como a especificação detalhada do objeto a ser adquirido/executado, as metas a serem atingidas, o cronograma de etapas de execução, o valor a ser despendido, o cronograma de desembolso, dentre outros.

Decisões do TCU:

Acórdão 4064/2009-2ª Câmara.

2.19. Prazos

Comentário:

As entidades paraestatais devem observar, de forma rigorosa, os prazos fixados em seus instrumentos convocatórios, em atendimento ao princípio da legalidade e da vinculação ao instrumento convocatório, principalmente quanto aos prazos concernentes ao recebimento e decisão sobre impugnações ao ato convocatório, recebidas antes da data fixada para o recebimento das propostas ou aos questionamentos formulados pelos licitantes.

Decisões do TCU:

Acórdão 539/2007-Plenário.

2.20. Princípios

2.20.1. Legalidade, Impessoalidade, Moralidade, Igualdade, Publicidade, Probidade, Vinculação ao Instrumento Convocatório, Julgamento Objetivo e os que lhe são Correlatos

Comentário:

As entidades do sistema "S" devem adotar providências com vistas a que seus procedimentos licitatórios observem, rigorosamente, os princípios básicos da legalidade, da impessoalidade, da moralidade, da igualdade, da publicidade, da probidade, da vinculação ao instrumento convocatório, do julgamento objetivo e dos que lhe são correlatos, em consonância com o disposto no caput do art. 37 da Constituição Federal e no art. 2º do Regulamento de Licitações e Contratos próprio.

Publicidade

O entendimento consolidado pelo TCU versa que os instrumentos convocatórios das contratações promovidas pelos Serviços Sociais Autônomos devem conter expressamente dispositivos que estabeleçam a publicidade dos resultados dos certames e das contratações diretas realizadas pela entidade.

A Corte de Contas orienta, ainda, que todo o procedimento licitatório deverá ser realizado à luz do princípio da publicidade, incluindo, dentre outros, a publicação de aviso de licitação, extrato de edital, formalização de contratos e termos aditivos na imprensa oficial e jornal de grande circulação, quando a legislação assim o exigir.

A licitação não será sigilosa, sendo públicos e acessíveis ao público os atos de seu procedimento, salvo quanto ao conteúdo das propostas, até a respectiva abertura, além do disposto nos arts. 2º e 3º do Regulamento de Licitações e Contratos próprio.

Nessa mesma linha, utilizem na divulgação de suas licitações, depois de sopesados os requisitos de materialidade, especificidade do objeto e extensão do mercado fornecedor no Estado, entre outros, os meios de divulgação arrolados no §1º do art. 5º do Regulamento de Licitações e Contratos, de forma complementar ao jornal diário de grande circulação.

Vinculação ao Instrumento Convocatório

As licitações promovidas pelas entidades integrantes do Sistema "S" devem ser processadas e julgadas em estrita conformidade com o princípio da vinculação ao instrumento convocatório, dentre outros princípios correlatos.

Nessa linha, a Corte de Contas entende que as entidades paraestatais não podem descumprir as normas e condições previamente estabelecidas em edital ou proceder de forma não prevista em ato convocatório, tornando-se necessária elaboração aprimorada de seus instrumentos utilizados para formação de vínculo e definição de obrigações recíprocas a serem firmadas entre as partes.

Observe-se, ainda, que a proposta de preços oferecida pelas empresas licitantes deve obedecer ao estabelecido no edital, em atendimento ao princípio da vinculação ao instrumento convocatório, alertando que a inclusão na proposta de preços global da totalidade dos serviços cotados, para contratação eventual ou não, permite selecionar isonomicamente a proposta mais vantajosa para a Administração.

Decisões do TCU:

Acórdãos 2819/2007-1ª Câmara; 369/2009-1ª Câmara; 552/2010-Plenário; 567/2010-Plenário; 6055/2010-1ª Câmara; 378/2011-Plenário; 534/2011-Plenário.

2.21. Sistema de Registro de Preços

Comentário:

É preciso avaliar a adoção do Sistema de Registro de Preços para aquisição de bens e serviços realizados de forma frequente e de difícil mensuração quantitativa, de acordo com a discricionariedade atribuída ao desempenho das atividades prestadas pelas entidades integrantes dos Serviços Sociais Autônomos, em função das peculiaridades advindas da prestação de serviços de interesse público sem as limitações aplicáveis à Administração Pública.

O Registro de Preço é o procedimento, precedido de licitação na modalidade concorrência ou pregão, adotado para cadastrar o menor preço obtido para bens ou serviços diversos, excetuadas as obras e os serviços de engenharia, viabilizando a possibilidade de sua aquisição direta conforme a necessidade da entidade. Após a realização do certame, os valores e condições de aquisição ficam registrados em Ata de Registro de Preços, à medida que, diante da necessidade, cabe à entidade verificar se o preço registrado permanece compatível com o praticado no mercado e formalizar a requisição para assinatura do termo de contrato.

A existência de preços registrados não importa o direito subjetivo à contratação de quem ofertou o preço registrado.

Ressaltamos que o Sistema de Registro de Preços, preconizado no Art. 15 da Lei nº 8.666/93, é regulamentado pelo Decreto nº 3.931/2001 e aplicável aos entes que compõem a Administração Pública, cabendo às autoridades competentes das entidades pertencentes ao Sistema "S" avaliar a pertinência desses dispositivos às peculiaridades aplicáveis aos Serviços Sociais Autônomos, em consonância com os princípios constitucionais, seus Regulamentos de Licitações e Contratos, bem como a jurisprudência firmada pelo TCU.

Com efeito, considerando a interpretação teleológica do caput do art. 33 do Regulamento de Licitações e Contratos, e tendo em conta o princípio da eficiência da Administração Pública, insculpido no caput do art. 37 da CF/88, é poder-dever das entidades do Sistema "S" a utilização do Sistema de Registro de Preço quando estiverem presentes as condições para sua implantação, estabelecidas nos incisos I, II e III do art. 33 da mencionada norma regulamentar.

Por outro lado, firma-se entendimento, no âmbito do TCU, de que não há viabilidade jurídica para a adesão, por órgãos da Administração Pública, a atas de registros de preços relativas a certames licitatórios realizados por entidades integrantes do Sistema "S", uma vez que não se sujeitam aos procedimentos estritos da Lei nº 8.666/1993, podendo seguir regulamentos próprios devidamente publicados, assim como não se submetem às disposições do Decreto nº 3.931/2001, que disciplina o sistema de registro de preços.

Por oportuno, observa-se que cabe ao TCU, ao analisar determinada licitação, em caráter excepcional e considerando o interesse público, determinar a continuidade do certame e utilização da ata de registro de preços decorrente desse certame, durante o interregno necessário à realização de novo processo licitatório para o objeto considerado, respeitados os limites estabelecidos em lei.

No entanto, as contratações feitas com base na ata de registro de preços decorrente de determinada licitação devem ser precedidas de pesquisa de mercado que demonstre a vantagem dos preços inicialmente registrados de acordo com o exposto no art. 26 c/c art. 25 e art. 29 do Regulamento de Licitações e Contratos próprio.

Na esteira deste tema em comento, cabe registrar a seguinte publicação pertinente à Orientação Normativa da Advocacia-Geral da União - AGU:

> *ORIENTAÇÃO NORMATIVA/AGU Nº 21- Assuntos: AGU e REGISTRO DE PREÇOS. Orientação Normativa/AGU nº 21, de 01.04.2009 (DOU de 07.04.2009, S. 1, p. 15) - "É vedada aos órgãos públicos federais a adesão à Ata de Registro de Preços, quando a licitação tiver sido realizada pela Administração Pública Estadual, Municipal ou do Distrito Federal". REFERÊNCIA: arts. 1º, 15, inc. II e § 3º, Lei no 8.666, de 1993; art. 1º, Decreto nº 3.931, de 2001. Acórdão TCU 1.487/2007-Plenário*

Decisões do TCU:

Acórdãos 3590/2007-1ª Câmara; 2184/2008-1ª Câmara; 2210/2009-1ª Câmara; 556/2010-Plenário; 1192/2010-Plenário; 3493/2010-1ª Câmara.

2.22. Solicitação Formal

Comentário:

Quanto aos procedimentos licitatórios promovidos pelas entidades integrantes do Sistema "S", deverá ser precedida de solicitação formal que evidencie a efetiva necessidade do objeto a ser pactuado, acompanhada da estimativa dos gastos a serem despendidos com a respectiva contratação.

Caberá ao gestor, ainda, observar a orientação da Corte de Contas para as contratações diretas, destacando que os responsáveis pela reincidência do procedimento indevido, decorrente do não cumprimento das determinações prévias, estarão sujeitos à aplicação de multas e demais sanções cabíveis.

Assim, cada unidade observe rigorosamente o disposto no artigo 13 do Regulamento de Licitações e Contratos próprio, no que concerne ao início de procedimento da licitação com a devida solicitação formal da contratação, na qual devem ser definidos o objeto, a estimativa de seu valor e os recursos para atender à despesa, bem assim a necessária autorização para realização do procedimento.

Decisões do TCU:

Acórdãos 2374/2004-1ª Câmara; 4064/2009-2ª Câmara; 1171/2011-1ª Câmara.

3. Fase Externa

2

3.1. Adjudicação e Homologação

Comentário:

Nos processos licitatórios das entidades do Sistema "S", cujo objeto contratual seja dotado de natureza divisível, deverá ser adotada a adjudicação por itens ou a realização de processos licitatórios distintos. É o caso de licitações de serviços gráficos, cujo objeto consista em itens de características diversas, em grupos similares de impressos, para que a adjudicação seja por itens e não por preço global, em obediência ao princípio da economicidade.

Será, pois, obrigatória a adoção da adjudicação por itens quando restar caracterizada a economicidade na adoção desse procedimento, com vistas a proporcionar ampla participação de licitantes aptos a executar/fornecer o objeto pactuado, mesmo que sejam capazes de atender apenas itens ou unidades autônomas do objeto, não compreendendo sua totalidade.

Com relação à adjudicação por itens e por preço global, nota-se preferência pela admissão da adjudicação por itens, desde que atendida a economicidade na contratação. Os casos em que houver inviabilidade na adoção da adjudicação por itens deverão ser estritamente fundamentados nos autos do processo licitatório.

Ademais, face à obrigatoriedade de parcelar o objeto contratual a ser licitado, consubstanciada por meio da viabilidade técnica e econômica, caberá ao gestor que discricionariamente licitar determinado objeto sem esse parcelamento fundamentar nos autos do processo as razões que ocasionaram a adjudicação por preço global, configurando a inviabilidade em parcelar o objeto contratual sob os aspectos supracitados.

Vale observar a necessidade de adoção de providências quanto aos procedimentos licitatórios das entidades. Atenham-se, estas, estritamente ao disposto no inc. IV do art. 14 do RLC próprio, no sentido de que o objeto seja adjudicado ao licitante vencedor e, caso homologado o certame, e ainda permanecendo o interesse pela contratação, com o licitante vencedor.

É preciso parcelar, nas licitações de serviços gráficos cujo objeto consista em itens de características diversas, o objeto em grupos similares de impressos, para que a adjudicação seja por itens e não pelo preço global, em obediência ao princípio da economicidade.

Observem, rigorosamente, o contido na Súmula/TCU 247 e no art. 2º do Regulamento de Licitações e Contratos próprio, evitando em suas licitações, cujo objeto seja divisível, a adjudicação por lote, salvo em situações previamente justificadas com base no princípio da economicidade.

Vale dizer que configura falha/impropriedade a ser devidamente sanada a falta de convocação por escrito de licitantes que tiveram objetos adjudicados, em certames licitatórios homologados, para a assinatura do termo de contrato, com vistas a cumprir o disposto no art. 31 do Regulamento de Licitações e Contratos próprio.

As entidades do Sistema são alertadas, ainda, no sentido de evitar a ocorrência de falhas/impropriedades verificadas especialmente na condução de licitações na modalidade convite, a exemplo da ausência de divisão do objeto em itens de adjudicação autônoma, decorrente da não observância da orientação, contida na Decisão-TCU-393/1994-Plenário, no sentido de se contemplar, nas licitações em que for divisível seu objeto e que com isso não resulte prejuízo ao conjunto ou complexo que encerra o objeto da contratação, a adjudicação por itens e não por preço global, de tal sorte que se possibilite ampla participação de licitantes, ampliação de competitividade consonante com a finalidade precípua da licitação, e obtenção da proposta mais vantajosa para a administração, a qual consta expressamente no art. 2º do Regulamento de Licitações e Contratos próprio.

Decisões do TCU:

Súmula/TCU nº 247; 253/2006-2ª Câmara; 1544/2008-1ª Câmara; 567/2010-Plenário; 3341/2010-1ª Câmara; 397/2011-Plenário; 5341/2011-1ª Câmara; 6439/2011-1ª Câmara.

3.2. Avaliação do Ramo de Atividade da Licitante

Comentário:

De acordo com o TCU os procedimentos licitatórios destinados às contratações de obras, serviços e compras para as entidades do Sistema "S", bem como suas contratações diretas, devem ser realizadas com a verificação quanto à pertinência entre o ramo das atividades desempenhadas pela licitante e o objeto contratual a ser pactuado. Observa-se, portanto, que a verificação supracitada deverá ser efetuada por comissão de licitação formalmente designada para a condução do certame, ou, nos casos de dispensas ou inexigibilidades, por meio do responsável pela contratação, mediante análise da documentação necessária à habilitação dos licitantes prevista no Regulamento de Licitações e Contratos da entidade, constatando, ainda, a autenticidade e veracidade das informações apresentadas.

Decisões do TCU:

Acórdão 2506/2006-2ª Câmara.

3.3. Cancelamento e Revogação

3.3.1. Cancelamento/Anulação

Comentários:

Nos autos dos processos licitatórios das entidades paraestatais deverão constar razões de justificativas que fundamentem o cancelamento/anulação de certames licitatórios, com a devida exposição dos fatos e fundamentos jurídicos capazes de amparar a decisão da autoridade competente, tendo em vista que a anulação de procedimento licitatório somente ocorrerá quando eivado de vícios que o torne ilegal.

Acerca do assunto, ressaltamos, ainda, que a anulação de licitação deverá ser, obrigatoriamente, publicada na imprensa oficial, tornando nulo o contrato vigente.

Decisões do TCU:

Acórdão 5262/2008-1ª Câmara; 2958/2010-1ª Câmara.

3.3.2. Revogação

Comentários:

Nos autos dos processos licitatórios das entidades paraestatais deverão constar razões de justificativas que fundamentem a revogação de certames licitatórios, com a devida exposição dos fatos e fundamentos jurídicos capazes de amparar a decisão discricionária da autoridade competente, tendo em vista que a revogação de procedimento licitatório será consubstanciada por meio da avaliação da conveniência e oportunidade do objeto contratual pactuado face o interesse público, a qual poderá ocorrer a qualquer momento.

Assim como no caso do cancelamento/anulação de licitação, exposto no item anterior (8.1, Capítulo II), ressaltamos que a revogação de procedimento licitatório deverá ser, obrigatoriamente, publicada na imprensa oficial, tornando extinto o contrato vigente.

Decisões do TCU:

Acórdão 1537/2006-2ª Câmara.

3.4. Erros Sanáveis

Comentário:

As comissões de licitações designadas para condução dos certames promovidos pelas entidades integrantes do Sistema "S" devem avaliar a conveniência e oportunidade na inabilitação de empresas ou desclassificação de propostas quando os questionamentos levantados puderem ser sanados sem prejuízo ao interesse público e em estrita consonância com o princípio da eficiência, da isonomia, da moralidade e da razoabilidade.

Decisões do TCU:

Acórdão 2231/2006-2ª Câmara.

3.5. Habilitação

3.5.1. Exigências Indevidas

Comentários:

As entidades paraestatais devem inserir, nos instrumentos convocatórios de suas licitações, cláusulas que exijam apenas certificados e documentos relativos à habilitação jurídica, qualificação técnica, qualificação econômico-financeira e regularidade fiscal, listados no rol de documentos exigíveis e necessários à habilitação dos licitantes, previamente estabelecidos no Regulamento de Licitações e Contratos da entidade.

Com efeito, a orientação da Corte de Contas evita que sejam inseridas em seus editais cláusulas restritivas ao caráter competitivo de seus certames, com a exigência de documentos não previstos em seus RLC, tais como a "Carta/Declaração de Solidariedade".

Cabe destacar, contudo, o entendimento consolidado de que a exigência de expedientes alheios ao amparo legal poderá ser prevista unicamente como critério de pontuação das licitações do tipo técnica e preço, utilizada preferencialmente para contratações que envolvam natureza intelectual ou para as quais o preço a ser contratado não seja exclusivamente relevante diante de justificativas técnicas devidamente fundamentadas nos autos do processo licitatório.

Todavia, nunca poderá ser exigida como condicionante à habilitação das empresas.

Desse modo, a fim de evitar o cerceamento ao caráter competitivo do certame, abstenham-se de exigir, para fins de habilitação nas licitações realizadas, documentos não previstos no Capítulo V do seu Regulamento de Licitações e Contratos, como a carta/declaração de solidariedade exigida indevidamente em alguns casos.

Por fim, há determinação do TCU no sentido de que as entidades não vedem a aceitação de atestados emitidos por uma mesma pessoa jurídica, por ausência de amparo legal ou regulamentar nesse sentido.

Decisões do TCU:

Acórdãos 394/2007-1ª Câmara; 539/2007-Plenário; 1699/2007-Plenário; 1622/2010-Plenário; 1948/2011-Plenário.

3.5.2. Habilitação Jurídica

Comentários:

Os membros integrantes da comissão de licitação designada para condução dos certames promovidos pelos Serviços Sociais Autônomos, ou o responsável pela contratação direta, devem realizar exames comparativos entre os contratos sociais das empresas licitantes, a fim de verificar semelhanças na composição do quadro societário dos partícipes.

A orientação da Corte de Contas versa que a identificação de conluio entre empresas que almejam comprometer, restringir ou frustrar o caráter competitivo do certame deverá ser realizada de forma prévia à habilitação, com base, principalmente, na documentação exigida para comprovação da habilitação jurídica dos licitantes.

Com efeito, o exame prévio supracitado busca garantir observância aos princípios da moralidade e da isonomia, podendo acarretar ao licitante a aplicação das penalidades previstas no instrumento convocatório.

Decisões do TCU:

Acórdão 12/2010-2ª Câmara.

3.5.3. Qualificação Econômico-Financeira

3.5.3.1. Exigência de Balanços Contábeis

Comentários:

A jurisprudência do TCU firma entendimento de que, para habilitação dos licitantes interessados, os instrumentos convocatórios das unidades do Sistema "S" não poderão exigir Balanços Patrimoniais e Demonstrações Contábeis anteriores ao último exercício social.

Os Regulamentos de Licitações e Contratos das entidades paraestatais, em consonância com a legislação supracitada, limitam até o último exercício social a exigência de documentação capaz de comprovar a boa situação financeira da empresa, referente à qualificação econômico-financeira dos licitantes.

Decisões do TCU:

Acórdão 354/2008-Plenário.

2

3.5.3.2. Garantias

Comentário:

A garantia de proposta para participação de licitantes em certames promovidos pelas entidades paraestatais deverá ser apresentada junto com os demais documentos elencados para comprovação da qualificação econômico-financeira da empresa.

Nessa linha, o gestor deverá se abster de solicitá-la antes da abertura dos envelopes de habilitação. Destacamos, entretanto, que na relação de documentos exigíveis para comprovação da qualificação econômico-financeira das licitantes consta a garantia de proposta, limitada a 10% do valor contratual, a ser prestada na modalidade de caução em dinheiro, fiança bancária e seguro-garantia, conforme escolha do contratado.

Neste ensejo, esclarecemos que para os casos de obras e serviços de engenharia ficará facultado à entidade definir em ato convocatório qual modalidade de garantia deverá ser prestada pelos licitantes. Cabe ressaltar que após assinatura do contrato a garantia prestada será devolvida ao vencedor do certame.

Ainda em relação às exigências de habilitação indevidas, não se justifica a exigência concomitante de capital social mínimo com as garantias previstas no art. 27 do Regulamento de Licitações e Contratos do Sistema "S", pois tal atitude revela-se uma forma de frustrar a participação de potenciais licitantes.

Decisões do TCU:

Acórdãos 3079/2006-1ª Câmara; 556/2010-Plenário; 1622/2010-Plenário.

3.5.3.3. Exigências Indevidas

Comentários:

Na condução das licitações é preciso evitar o cerceamento ao caráter competitivo do certame, de modo que as unidades devem abster-se de exigir para a qualificação econômico-financeira dos licitantes a apresentação de capital social ou patrimônio líquido mínimo junto com a prestação de garantia de participação no certame. Essa ocorrência, quando identificada entre os procedimentos da licitação, deve ser imediatamente sanada pela Administração.

Decisões do TCU:

Acórdão 1622/2010-Plenário.

3.5.4. Qualificação Técnica

3.5.4.1. Aptidão

Comentário:

As cláusulas estabelecidas nos atos convocatórios das entidades do Sistema "S" devem definir as características, quantidades e prazos de maior relevância técnica e de valores consideráveis, bem como os critérios objetivos a serem utilizados na comprovação de aptidão técnica do licitante, necessária ao pleno cumprimento das atividades pertinentes ao objeto a ser pactuado, abstendo-se, entretanto, de exigir quantidades mínimas ou fixas de atestados que comprovem a qualificação técnica da empresa, tendo em vista que essa exigência é excessiva e restritiva ao caráter competitivo do certame, desobedecendo, ainda, o princípio da isonomia.

No que tange à licitação para organização de eventos com exigência de quantitativos mínimos em atestado para comprovação da qualificação técnica do licitante, conforme a jurisprudência do TCU, os fatores de pontuação técnica devem ser restritos a quesitos que reflitam melhor desempenho e qualidade técnica dos licitantes no serviço a ser prestado, de modo a não prejudicar a competitividade do certame.

Assim, cabe aos entes do Serviço Social Autônomo incluir no projeto básico ou no termo de referência as justificativas técnicas, quando julgar necessária a adoção de quantitativos mínimos com o valor da contratação, sendo vedada a comprovação de quantitativos iguais ou superiores ao objeto do certame.

Nos termos da mesma decisão sobre a matéria em comento, o TCU firmou entendimento de que os prestadores de serviço de organização de congressos, convenções e eventos congêneres estão sujeitos ao registro no Ministério do Turismo, de modo que deverá constar no edital da licitação a exigência de comprovação de registro junto ao Ministério do Turismo apenas como critério de habilitação, e não como critério de pontuação técnica, conforme art. 2º, incisos IV e V, do Decreto nº 5.406/2005.

2

Decisões do TCU:

Acórdãos 539/2007-Plenário; 556/2010-Plenário.

3.5.4.2. Avaliação

Comentários:

As unidades do Sistema "S" deverão incluir em seus instrumentos convocatórios, do tipo técnica e preço, critérios concernentes à avaliação técnica e à forma de pontuação das propostas a serem apresentadas à comissão de licitação, tendo em vista que a classificação dos proponentes deverá ser avaliada de acordo com a média ponderada das valorizações das propostas apresentadas, em conformidade com os pesos definidos de forma clara e objetiva no edital de licitação.

Orienta a Corte de Contas que a avaliação e classificação das propostas serão realizadas de acordo com critérios pertinentes e adequadas ao objeto contratual, capazes de mensurar a capacitação e a experiência do proponente.

Cabe ressaltar, ainda, que o tipo de licitação técnica e preço deve ser utilizado, preferencialmente, para contratações que envolvam natureza intelectual ou para as quais o preço a ser contratado não seja exclusivamente relevante diante de justificativas técnicas devidamente fundamentadas nos autos do processo licitatório.

Decisões do TCU:
Acórdão 1180/2008-1ª Câmara.

3.5.4.3. Capacidade Técnico-Profissional

Comentário:
Em conformidade com a orientação do TCU, os gestores das entidades paraestatais devem inserir em seus instrumentos convocatórios cláusula que preveja a existência de vínculo empregatício entre o profissional possuidor da capacitação técnico-profissional e a empresa licitante.

Nessa linha, ressaltamos que a capacitação técnico-profissional caracteriza-se por meio da comprovação de que a empresa possui, em seu quadro permanente de pessoal, profissional capaz de executar a obra ou serviços de natureza semelhante, ou superior, às complexidades tecnológicas e operacionais do objeto a ser licitado, em termos de características e quantidades, limitando-se, exclusivamente, às parcelas de maior relevância e significância pecuniária previamente estabelecida no ato convocatório. Dessa forma, as entidades do Sistema "S" deverão inserir, em seus editais, cláusula que exija, no momento da entrega das propostas, a apresentação de atestados ou certidões de responsabilidade técnica devidamente reconhecida pela entidade competente.

Com efeito, as entidades devem abster-se de exigir a comprovação da capacitação técnica profissional como critério de pontuação técnica, exigindo-a como critério de habilitação, caso seja tecnicamente justificável e imprescindível para a execução do objeto.

Não é permitido nos certames incluir exigências com falta de amparo legal e que restrinjam indevidamente a competitividade, observando sempre a jurisprudência do TCU sobre o assunto, e ainda devem ser definidos, previamente, para efeito da comprovação da capacidade técnico-operacional e técnico-profissional, os itens de serviços ou da obra que atendam, simultaneamente, aos requisitos de relevância técnica e significância econômica.

Por fim, cabe à entidade que realiza a licitação definir previamente, para efeito da comprovação da capacidade técnico-operacional e/ou técnico-profissional, os itens de serviços ou da obra que atendam, simultaneamente, aos requisitos de relevância técnica e de significância econômica, de modo a tornar objetivo o critério de valoração dos atestados a serem apresentados.

Por ser pertinente, convém registrar, neste breve comentário, o Enunciado da seguinte Súmula do TCU:

> *SÚMULA Nº 263/2011*
>
> *"Para a comprovação da capacidade técnico-operacional das licitantes, e desde que limitada, simultaneamente, às parcelas de maior relevância e valor significativo do objeto a ser contratado, é legal a exigência de comprovação da execução de quantitativos mínimos em obras ou serviços com características semelhantes, devendo essa exigência guardar proporção com a dimensão e a complexidade do objeto a ser executado."*

Decisões do TCU:

Acórdãos 2297/2005-Plenário; 361/2006-Plenário; 291/2007-Plenário; 1110/2007-Plenário; 2585/2009-2ª Câmara; 556/2010-Plenário; 534/2011-Plenário; 1948/2011-Plenário.

3.5.4.4. Comprovação

Comentário:

O TCU determina que as unidades do Sistema "S" incluam no projeto básico ou no termo de referência as justificativas técnicas, quando julgarem necessária a adoção de quantitativos mínimos na comprovação da qualificação técnica, demonstrando a compatibilidade desses quantitativos com o valor da contratação, sendo vedada a comprovação de quantitativos iguais ou superiores ao objeto do certame, em atenção ao art. 2º do RLC do mencionado regulamento, inciso XXI do art. 37 da Constituição Federal e à jurisprudência do TCU.

Decisões do TCU:

Acórdão 556/2010-Plenário.

3.5.4.5. *Exigências Indevidas*

Comentário:

Os instrumentos convocatórios das entidades paraestatais devem se limitar a exigir, para fins de habilitação das empresas licitantes, apenas a documentação prevista em Regulamento de Licitações e Contratos próprio, no que tange à comprovação da qualificação técnica das empresas.

Neste ensejo, a Corte de Contas entende que a apresentação de documentos exigidos de forma indevida, além de não possuir amparo legal, ofende a boa e regular condução do certame, comprometendo a lisura, a moralidade e o caráter competitivo da licitação.

Destaca-se que as entidades devem abster-se de exigir como critério de pontuação técnica a comprovação da experiência em montagem de estandes em eventos/feiras de grande porte e público compatível com o objeto do edital, devendo esta ser exigida na fase de habilitação, caso seja considerada indispensável para a execução do objeto, desde que demonstrada a adequação e pertinência em relação ao objeto licitado, conforme prevê o art. 12, II, "b", do Regulamento de Licitações e de Contratos próprio.

Ainda com relação à realização de eventos/feiras, as entidades abstenham-se de incluir no edital, seja como critério de pontuação técnica ou como critério de habilitação, previsão de as licitantes estarem filiadas à União Brasileira dos Promotores de Feiras (UBRAFE), por não haver previsão legal e por ferir o principio da isonomia disposto no art. 5º da Constituição Federal, além de restringir desnecessariamente o caráter competitivo do certame, indo de encontro ao inciso XXI do art. 37 da Constituição Federal e ao art. 2º do RLC do Sistema "S".

Cumpre esclarecer, ainda, que as unidades devem abster-se de exigir maquetes, uma vez que gera ônus aos licitantes, afastando eventuais participantes e não afere a qualidade, a solidez, a infraestrutura e a aptidão das empresas, configurando-se como restrição indevida ao caráter competitivo do certame, por afrontar o inciso XXI do art. 37 da Constituição Federal e ao art. 2º do RLC próprio.

Considerando a falta de amparo legal e a restrição indevida da competitividade e a jurisprudência do TCU sobre exigências indevidas no certame, não cabe à Administração estabelecer número mínimo de atestados de capacidade técnica, a não ser que a especificidade do objeto o recomende, situação em que os motivos de fato e de direito deverão estar devidamente explicitados no processo administrativo da licitação.

Decisões do TCU:
Acórdãos 539/2007-Plenário; 992/2007-1ª Câmara; 1699/2007-Plenário; 2732/2009-2ª Câmara; 556/2010-Plenário; 534/2011-Plenário; 1948/2011--Plenário.

2

3.5.5. Regularidade Fiscal

3.5.5.1. Exigência

Comentário:
As orientações firmadas em clara jurisprudência expressam que as entidades dos Serviços Sociais Autônomos devem exigir, obrigatoriamente, em seus instrumentos convocatórios destinados à contratação de obras, serviços ou compras, toda documentação relativa à comprovação da regularidade fiscal das empresas licitantes, inclusive para as contratações a serem realizadas de forma direta, por dispensa ou inexigibilidade de licitação.

Diante dessa exigência, a Corte de Contas entende que o gestor atenderá ao princípio constitucional da igualdade de condições a ser fornecida a todos os concorrentes, disposto no art. 37, XXI, da Constituição Federal/88.

Ressalta-se, entretanto, que às modalidades de concurso, leilão ou alienação de bens não se aplica tal exigência.

Com efeito, observa-se que as condições de regularidade fiscal apresentadas devem ser mantidas durante toda a execução contratual e comprovada a cada pagamento efetuado, conforme previsto no art. 195, § 3º, da CF/1988, já comentado.

A unidade do Sistema "S" exija, pois, a comprovação adequada da regularidade fiscal dos licitantes, mormente na fase de habilitação do certame licitatório, com a entrega da documentação prevista nas alíneas "a" a "d" do inciso IV, do art. 12 do Regulamento de Licitações e Contratos das entidades setoriais do Sistema "S", em consonância com o previsto no art. 29, III e IV, da Lei nº 8.666/93.

Nessa linha de compreensão, as entidades devem observar o entendimento prevalecente no TCU segundo o qual (cf. Decisão 705/1994-Plenário e Acórdão 457/2005-2ª Câmara), por força do disposto no art. 195, § 3º, da Constituição Federal, que torna sem efeito, em parte, o permissivo do art. 32, § 1º, da Lei 8.666/1993, a documentação relativa à regularidade fiscal e com a Seguridade Social, prevista no art. 29, inciso IV, da Lei 8.666/1993 é de exigência obrigatória nas licitações públicas, ainda que na modalidade convite, para contratação de obras, serviços ou fornecimento, e mesmo que se trate de fornecimento para pronta entrega.

Por fim, calçado em firme jurisprudência, devem as entidades exigir prova de regularidade fiscal em todas as modalidades de licitação para contratação de obras, serviços ou fornecimento de bens, assim como em situações de contratação com dispensa ou inexigibilidade de licitação, exceto nos casos de concurso, leilão e concorrência para alienação de bens, conforme entendimento firmado no Acórdão TCU nº 3016/2003-1ª Câmara e no Acórdão nº 6483/2009-1ª Câmara.

Decisões do TCU:

Decisão 705/1994-Plenário; Decisão 10/2002-1ª Câmara; Acórdãos 62/2001-Plenário; 2371/2003-1ª Câmara; 3016/2003-1ª Câmara; 1287/2004-Plenário; 457/2005-2ª Câmara; 2970/2006-1ª Câmara; 3016/2006-1ª Câmara; 956/2007-1ª Câmara; 1907/2007-2ª Câmara; 1962/2007-2ª Câmara; 3301/2007-1ª Câmara; 322/2008-1ª Câmara; 779/2008-1ª Câmara; 1012/2008-1ª Câmara; 2550/2008-2ª Câmara; 3083/2008-2ª Câmara; 3325/2008-2ª Câmara; 3809/2008-1ª Câmara; 5058/2008-1ª Câmara; 2074/2009-1ª Câmara; 6483/2009-1ª Câmara; 636/2010-2ª Câmara; 943/2010-Plenário; 1099/2010-2ª Câmara; 2097/2010-2ª Câmara; 3294/2010-2ª Câmara; 3146/2010-1ª Câmara; 4604/2010-2ª Câmara; 533/2011-Plenário; 2782/2011-2ª Câmara; 2785/2011-2ª Câmara; 4779/2011-2ª Câmara.

3.5.5.2. Exigência em Processos de Pagamento

Comentários:

No âmbito das entidades do Sistema S, ao iniciar o processo de pagamento a ser efetuado a fornecedores, o gestor exija a apresentação de certidões e atestados que comprovem a regularidade quanto ao cumprimento de encargos instituídos por lei referentes à quitação de débitos junto à Fazenda Federal, à Seguridade Social e ao Fundo de Garantia por Tempo de Serviço - FGTS, em consonância com a legislação vigente, bem como com o dispositivo constitucional transcrito *in verbis*:

2

> *CF/1988 - Art. 195, § 3º.*
>
> *"A pessoa jurídica em débito com o sistema da seguridade social, como estabelecido em lei, não poderá contratar com o Poder Público nem dele receber benefícios ou incentivos fiscais ou creditícios."*

A insigne Corte de Contas orienta, ainda, que as unidades do Sistema "S" devem desenvolver e implementar mecanismos de controle interno administrativo com vistas a dirimir possíveis falhas no processo de pagamento aos fornecedores.

Decisões do TCU:

Acórdãos 1156/2007-1ª Câmara; 1908/2007-2ª Câmara; 334/2008-2ª Câmara.

3.5.5.3. Inclusão nos Autos

Comentário:

Os autos dos processos licitatórios e dos processos de contratação direta devem conter toda documentação relativa à regularidade fiscal das empresas interessadas no certame.

Com efeito, os Regulamentos de Licitações e Contratos das entidades integrantes dos Serviços Sociais Autônomos descrevem que, para habilitação dos interessados nas licitações promovidas pelas entidades, serão exigidos documentos relativos a:

"RLC

IV) regularidade fiscal:

a) prova de inscrição no Cadastro de Pessoas Físicas (CPF) ou no Cadastro Nacional de Pessoas Jurídicas (CNPJ);

b) prova de inscrição no cadastro de contribuintes estadual ou municipal, se houver, relativo ao domicílio ou sede do licitante, pertinente ao seu ramo de atividade e compatível com o objeto contratual;

c) prova de regularidade para com a Fazenda federal, estadual e municipal do domicílio ou sede do licitante, na forma da lei;

d) prova de regularidade relativa à Seguridade Social e ao Fundo de Garantia por Tempo de Serviço, no cumprimento dos encargos instituídos por lei.

Parágrafo único. Para a habilitação nas licitações sob a modalidade de concorrência e na de pregão, nesta quando os valores estimados para a aquisição de bens e serviços forem iguais ou superiores àquele previsto art. 6 II, c, será sempre exigida a documentação a que se refere o inciso IV deste artigo."

Decisões do TCU:

Decisão 705/1994-Plenário; Acórdãos 1646/2007-1ª Câmara; 38/2008-2ª Câmara; 3141/2008-1ª Câmara; 5074/2009-2ª Câmara.

3.5.5.4. Validade e Autenticidade

Comentário:

Os gestores das entidades paraestatais devem asseverar a autenticidade das certidões comprobatórias apresentadas sobre a regularidade fiscal das empresas, bem como o prazo de validade das certidões, as quais devem estar com a vigência válida na data da assinatura dos contratos ou dos pagamentos a serem efetuados.

Cabe ressaltar, entretanto, que a Corte de Contas orienta ainda que a Certidão referente à Quitação da Dívida Ativa da União deverá ser exigida juntamente com os documentos relativos à regularidade fiscal exigidos no ato convocatório, em conformidade ao preconizado no Regulamento próprio da entidade.

Decisões do TCU:
Acórdãos 2481/2006-2ª Câmara; 3619/2008-2ª Câmara.

3.5.6. Validade das Certidões

2

Comentários:
As entidades paraestatais deverão inabilitar as licitantes que apresentarem certidões e atestados com prazo de validade expirado, quando da abertura dos envelopes de habilitação que contêm a documentação concernente à habilitação jurídica, à qualificação técnica, à qualificação econômico-financeira e à regularidade fiscal, por apresentá-los em desacordo com as exigências do instrumento convocatório.

Decisões do TCU:
Acórdão 2686/2006-1ª Câmara.

3.6. Julgamento das Propostas

3.6.1. Avaliação

Comentários:
Os critérios estabelecidos nos instrumentos convocatórios das entidades paraestatais, para pontuação das propostas apresentadas na fase de julgamento, devem resguardar estrita observância aos quesitos técnicos e operacionais dos serviços a serem prestados.

Com efeito, a determinação da Corte de Contas consiste em orientar o gestor quanto à vedação em admitir a inclusão de cláusulas e condições que comprometam, restrinjam ou frustrem o caráter competitivo do certame.

Decisões do TCU:
Acórdão 1878/2005-Plenário.

3.6.2. Critérios de Julgamento

Comentários:
Nos processos licitatórios das entidades do Sistema "S" em que o objeto contratual seja dotado de natureza divisível, deverá ser incluído preferencialmente, como critério de julgamento das propostas apresentadas à comissão de licitação, o menor preço por itens, e não o menor preço global, tendo em vista que a observância ao dispositivo mencionado busca garantir eficiência e vantajosidade à contratação pretendida pelas entidades paraestatais.

Desse modo, na condução de licitações promovidas pelas entidades do Sistema "S" devem ser fixados critérios de julgamento das propostas claros e objetivos, de forma a afastar qualquer subjetividade, na forma do previsto no Regulamento de Licitações e Contratos da entidade, em consonância com os arts. 40, VII, e 44, caput, da Lei 8.666/1993.

Decisões do TCU:
Acórdãos 1940/2006-2ª Câmara; 378/2011-Plenário.

3.6.3. Critérios de Julgamento para Técnica e Preço

Comentário:
Os critérios de julgamento estabelecidos nos instrumentos convocatórios das entidades paraestatais como fatores de ponderação aplicáveis à licitação do tipo técnica e preço devem resguardar estrita observância aos quesitos técnicos e operacionais dos serviços a serem prestados, tornando-se necessária a formalização de justificativas pertinentes aos fatores definidos.

Com efeito, a determinação da Corte de Contas consiste em orientar o gestor quanto à vedação em admitir a inclusão de cláusulas e condições que comprometam, restrinjam ou frustrem o caráter competitivo do certame e o tratamento isonômico dos participantes.

As entidades devem incluir nos projetos básicos para contratações, nas quais sejam adotados o tipo "técnica e preço", além das justificativas administrativas para a realização do certame, as justificativas técnicas para adoção desse tipo de licitação, conforme disposto no art. 8º, § 1º, do seu Regulamento de Licitações e de Contratos.

Decisões do TCU:
Acórdãos 2750/2009-Plenário; 556/2010-Plenário.

2

3.6.4. Desclassificação

Comentário:
Na fase de julgamento das propostas dos licitantes, caberá à autoridade competente fundamentar as circunstâncias que motivaram a desclassificação das empresas que não atenderam aos requisitos previamente estabelecidos no edital de licitação.

A inobservância à referida determinação poderá acarretar prejuízos à continuidade ou concretização do certame, posto que dos resultados decorrentes da fase de julgamento da licitação caberão recursos do licitante que se julgar prejudicado, os quais serão dirigidos à autoridade competente indicada no edital e poderão ter efeito suspensivo, conforme preconiza o Regulamento de Licitações e Contratos próprio.

Por oportuno, transcrevemos *in verbis* dispositivo do Regulamento de Licitações e Contratos que, atualmente, versa sobre o assunto em comento:

> *"Art. 14. O procedimento licitatório será afeto a uma comissão de licitação, observando-se na modalidade Pregão o disposto nos art. 18 a 21, e nas demais modalidades as seguintes fases:*
>
> *I - abertura, em dia e hora previamente designados, dos envelopes que contenham a documentação relativa à habilitação dos licitantes, com devolução aos inabilitados de suas propostas fechadas de maneira inviolável, desde que não tenha havido recurso ou após sua denegação;*
>
> *II - abertura, em dia e hora previamente designados, dos envelopes contendo as propostas dos licitantes habilitados, verificando-se sua con-*

formidade com os requisitos do edital, desclassificando-se aquelas que não os tenham atendido;

III - julgamento das propostas classificadas, com a escolha daquela mais vantajosa para a (...) segundo os critérios estabelecidos no instrumento convocatório;

IV - encaminhamento das conclusões da comissão de licitação à autoridade a que competir a homologação do resultado do julgamento e adjudicação do objeto ao licitante vencedor;

V - comunicação do resultado conforme estabelecido no instrumento convocatório."

Cabe, ainda, alertar às unidades do Sistema "S" quanto à constatação de falhas/impropriedades verificadas na condução de licitações, especialmente na modalidade convite, que exigem presto saneamento quanto à falta de tratamento isonômico entre licitantes, decorrente da não observância do princípio da igualdade albergado no art. 2º do RLC/próprio, quando no exame das propostas contendo erros ou falhas que ensejariam a desclassificação de propostas.

Decisões do TCU:

Acórdãos 2140/2006-2ª Câmara; 6439/2011-1ª Câmara.

3.7. Manutenção das Condições de Habilitação

Comentário:

As entidades devem exigir que as condições de habilitação oferecidas pelo licitante vencedor sejam mantidas durante toda vigência contratual, principalmente no que concerne à regularidade quanto ao cumprimento das obrigações relativas à Seguridade Social e ao Fundo de Garantia por Tempo de Serviço. Entende-se, entretanto, que tal exigência deverá ser expressamente prevista em cláusula contratual ou de instrumento convocatório.

Decisões do TCU:

Acórdão 243/2009-2ª Câmara.

3.8. Proposta de Preço

3.8.1. Apresentação das Propostas

Comentário:

A inclusão na proposta de preços global da totalidade dos serviços cotados, para contratação eventual ou não, permitirá à entidade licitante selecionar isonomicamente a proposta mais vantajosa para a Administração.

Nos casos das licitações conduzidas pela entidade é importante reabrir o prazo de apresentação de propostas sempre que ocorrer alteração do instrumento convocatório que comprovadamente afete a formulação daquelas propostas, na forma do previsto no Regulamento de Licitações e Contratos da entidade, em consonância com o disposto no art. 21, § 4º, da Lei 8.666/1993.

Decisões do TCU:

Acórdãos 552/2010-Plenário; 378/2011-Plenário.

3.8.2. Exequibilidade da Proposta

Comentário:

É oportuno alertar às entidades do Sistema "S" quanto à adoção de providências para evitar falhas/impropriedades verificadas na condução de licitações, especialmente na modalidade convite, a exemplo da aferição da inexequibilidade de proposta de licitante, que encerre a oferta menos onerosa para a entidade, em caráter sumário e baseado em restrito referencial de preços, e com base no orçamento em vez do valor médio das propostas, bem assim, sem propiciar a oportunidade de demonstração da exequibilidade da proposta, contrariando a finalidade precípua da licitação, que é a obtenção da proposta mais vantajosa para a Administração (art. 2º do RLC/próprio), e o entendimento jurisprudencial que se extrai da Súmula 262/TCU, cujo Enunciado se transcreve a seguir:

SÚMULA Nº 262/2010

"O critério definido no art. 48, inciso II, § 1º, alíneas "a" e "b", da Lei nº 8.666/93 conduz a uma presunção relativa de inexequibilidade de preços, devendo a Administração dar à licitante a oportunidade de demonstrar a exequibilidade da sua proposta."

Decisões do TCU:

Acórdão 6439/2011-1ª Câmara.

3.9. Recebimento do Objeto

Comentário:

Prevalece entendimento de que as entidades integrantes dos Serviços Sociais Autônomos devem orientar os responsáveis pelo recebimento de materiais/produtos, obras ou serviços prestados para que atestem as notas fiscais, faturas ou documentos equivalentes, inserindo as respectivas cópias nos autos do processo.

A Corte de Contas orienta que, depois de concluída a contratação, torna-se necessário que a entidade verifique e ateste que as condições de recebimento do produto, da execução de obras ou da prestação dos serviços pactuados estejam condizentes com as especificações apresentadas e aceitas na formalização do contrato, para posteriormente efetivar o pagamento.

Nessa linha, no instrumento convocatório deverão constar as condições de recebimento, o local e a data de entrega do objeto, bem como as sanções cabíveis ao não atendimento das cláusulas estabelecidas.

Decisões do TCU:

Acórdão 2474/2006-2ª Câmara.

3.10. Restrição ao Caráter Competitivo

Comentários:

Cabe à Administração de cada entidade do Sistema "S" abster-se de inserir em seus instrumentos convocatórios cláusulas que possuam critérios e exigências capazes de frustrar o caráter competitivo de suas licitações, tendo em vista que, em conformidade com seus RLC, esses critérios são inadmissíveis.

As exigências dispostas em seu clausulado deverão ater-se estritamente ao cumprimento do objeto contratual a ser licitado, evitando, assim, exigências desnecessárias, irrelevantes, restritivas ou excessivas que ultrapassem os limites da razoabilidade, admissíveis à legítima, transparente e justa competição entre os licitantes interessados, assegurando, ainda, tratamento isonômico entre os partícipes do certame.

No caso de fornecimento de vale-alimentação e vale-refeição, abstenham-se de incluir exigências restritivas à competitividade do certame, a exemplo da vedação editalícia de que a taxa de administração seja negativa para a contratação de serviços de fornecimento de vale-alimentação e vale-refeição, uma vez que a jurisprudência do TCU admite a taxa negativa em licitações com esse objeto.

Nas contratações de serviço de fornecimento de vale-refeição para suas unidades, faça constar a exigência de comprovação de rede credenciada próxima às unidades da Entidade licitante apenas na fase de contratação, com fixação de prazo para que a vencedora do certame credencie os estabelecimentos comerciais localizados nas imediações das unidades.

O TCU considera irregular a exigência, na fase de habilitação, de apresentação de declaração de estabelecimentos credenciados. Tal exigência obrigaria os licitantes a custos adicionais sem a certeza de que seriam vencedores do certame e poderia inviabilizar a participação de empresas potencialmente capazes de prestar o serviço.

Nessa mesma linha de raciocínio, devem abster-se de excluir empresas sob a alegação de litígio judicial ou pendências judiciais com a entidade, no sentido amplo, haja vista a ausência de amparo legal para a adoção do citado procedimento.

Em nenhuma hipótese a discricionariedade dos gestores das entidades do Sistema "S" pode ser usada para a inclusão de cláusulas desarrazoadas nos editais que restrinjam a competitividade da licitação, sendo permitidas, nos termos do art. 37, inciso XXI, da CF/88, apenas exigências de qualificação técnica e econômica indispensáveis à garantia do cumprimento das obrigações.

Vale alertar, ainda, que a inclusão de cláusula editalícia prevendo que será excluído do certame o licitante que apresentar recurso que venha a ser considerado pela Comissão de Licitação como meramente protelatório fere os princípios da legalidade, do julgamento objetivo e da igualdade.

Por fim, as entidades devem abster-se de incluir nos editais de procedimentos licitatórios cláusula impedindo a participação de empresas com obrigações inadimplidas em outros contratos, antes do exaurimento do regular procedimento de apuração, por contrariar a jurisprudência do TCU (cf., por exemplo, o Acórdão nº 1.205/2010 - 2ª Câmara).

Decisões do TCU:
Acórdãos 2221/2009-2ª Câmara; 1757/2010-Plenário; 1884/2010-Plenário; 2581/2010-Plenário; 307/2011-Plenário; 528/2011; 533/2011-Plenário; 1067/2011-Plenário; 1194/2011-Plenário.

3.11. Solicitação de Novos Documentos

Comentário:
As entidades do Sistema "S" devem adotar procedimentos similares aos indicados por meio dos dispositivos transcritos abaixo *in verbis:*

Lei 8.666/93.

"Art. 43. A licitação será processada e julgada com observância dos seguintes procedimentos:

(...)

§ 3º É facultada à Comissão ou autoridade superior, em qualquer fase da licitação, a promoção de diligência destinada a esclarecer ou a complementar a instrução do processo, vedada a inclusão posterior de documento ou informação que deveria constar originariamente da proposta."

A orientação do egrégio Tribunal de Contas da União versa acerca da vedação à aceitação/solicitação de novos documentos ou informações que deveriam, necessariamente, compor a proposta originariamente apresentada, ou ainda a documentação exigida inicialmente para habilitação dos licitantes.

Neste diapasão, caberá à autoridade competente abster-se de incluir posteriormente, nos autos do processo, documentos estranhos à exigência inicialmente prevista no instrumento convocatório, mesmo que determinada documentação decorra da promoção de diligências destinadas a esclarecer ou complementar o processamento e o julgamento do certame, em conformidade com os princípios legalmente instituídos, bem como à jurisprudência firmada pelo TCU sobre o assunto.

2

Decisões do TCU:
Acórdão 1614/2009-1ª Câmara.

3.12. Subcontratação

Comentário:
É firme o entendimento de que o procedimento de subcontratação, quando previsto no instrumento convocatório das entidades paraestatais, deverá ocorrer em estrita consonância com os princípios da impessoalidade e da moralidade, de forma a garantir a lisura à boa e regular condução das contratações realizadas pelos Serviços Sociais Autônomos.

Neste ensejo, transcrevemos *in verbis* o dispositivo do Regulamento de Licitações e Contratos que versa sobre o assunto em comento, conforme segue:

> *"O contratado poderá subcontratar partes do objeto contratual, se admitido no instrumento convocatório e no respectivo contrato e desde que mantida sua responsabilidade perante o contratante, sendo vedada a subcontratação com licitante que tenha participado do procedimento licitatório."*

Decisões do TCU:

Acórdão 3619/2008-2ª Câmara.

3.13. Visita Técnica

Comentário:

Em relação aos procedimentos licitatórios adotados na condução dos certames diversos, as entidades do Sistema "S" devem abster-se de limitar a realização de vistoria técnica em um único dia e horário.

Decisões do TCU:

Acórdãos 534/2011-Plenário; 1948/2011-Plenário.

4. Contratação Direta

4.1. Formalização do Processo

4.1.1. Fundamentação Legal

Comentário:

As contratações diretas promovidas pelas entidades integrantes do Sistema "S" hão de ser devidamente formalizadas em processo administrativo próprio, os quais devem conter a solicitação e autorização formal da contratação, a fundamentação legal da dispensa ou inexigibilidade, pesquisa de preços realizada junto ao mercado e justificativas acerca do preço pactuado, dentre outros documentos que comprovem a boa e regular gestão dos recursos disponíveis às entidades que integram os Serviços Sociais Autônomos.

É obrigatória a formalização dos casos de dispensa e inexigibilidade, com a devida autuação e numeração, gerando a correta identificação e controle do total de recursos despendidos pela Entidade por modalidade de licitação.

Decisões do TCU:
Acórdãos 2216/2006-2ª Câmara; 3078/2006-1ª Câmara; 1099/2010-2ª Câmara; 204/2011-Plenário.

4.1.2. Justificativas de Preços

Comentário:
É necessária a observância ao princípio da economicidade. Os processos de contratações diretas das entidades integrantes do Sistema "S" deverão contar, pois, em seus autos, com documentos comprobatórios da realização de pesquisa de preços de mercado fundamentados em fontes fidedignas, em estrita conformidade com as condições contratuais pertinentes ao objeto a ser pactuado.

Nesse sentido, nos casos de contratação direta, deverá constar a devida justificativa do preço praticado, em consonância com o disposto no art. 11 do RLC próprio das entidades paraestatais do Sistema "S", transcrito abaixo:

> *"As dispensas, salvo os casos previstos nos incisos I e II do art. 9º, ou as situações de inexigibilidade, serão circunstanciadamente justificadas pela área técnica responsável, inclusive quanto ao preço, e ratificadas pela autoridade competente."*

Nessa linha, acerca da introdução de documentos nos autos, caberá à autoridade competente atender, ainda, o dispositivo contido na Lei nº 9.784/99 art. 22, § 4º, o qual rege que: *"o processo deverá ter suas páginas numeradas sequencialmente e rubricadas".*

Desse modo, cabe à Administração da entidade realizar estimativa de preços em processos de dispensa ou de inexigibilidade de licitação, a fim de dar cumprimento ao art. 11 de seu Regulamento de Licitações e Contratos.

Decisões do TCU:
Acórdãos 1180/2008-1ª Câmara; 1539/2008-2ª Câmara; 1826/2010-2ª Câmara; 944/2011-1ª Câmara; 2888/2011-2ª Câmara.

4.1.3. Motivação da Escolha do Fornecedor

Comentário:

No caso das contratações diretas, é necessário constar no processo da contratação a motivação da escolha do fornecedor, posto que tal procedimento licitatório se coadune com os princípios norteadores da atividade pública, aos quais as entidades do Sistema "S" se sujeitam. É questão que deve ser regulamentada caso não figure no Regulamento de Licitações e Contratos próprio.

Decisões do TCU:

Acórdão 2233/2010-Plenário.

4.1.4. Numeração

Comentário:

Os gestores das entidades dos Serviços Sociais Autônomos devem adotar procedimento de numerar sequencialmente as folhas dos processos de contratação direta, inserindo-os em ordem cronológica e com aposição de rubrica.

A orientação da Corte de Contas versa que essas medidas buscam garantir confiabilidade e fidedignidade das informações inseridas nos autos, evitar o extravio de documentos, bem como possibilitar o pleno exercício das atividades inerentes aos órgãos de controle, em atendimento ao preconizado no § 4º do art. 22 da Lei nº 9.784/99.

Decisões do TCU:

Acórdão 1908/2007-2ª Câmara.

4.1.5. Mecanismos de Controle

Comentário:

Alertar às entidades sobre a constatação de falhas e impropriedades a seguir relacionadas que, no caso de verificada reincidência, os responsáveis pelos atos praticados poderão sujeitar-se a sanções, inclusive apenação de multa, nos termos do art. 58, inciso II, da Lei 8.443/92, a saber: necessidade de implantação de mecanismos de controles internos eficientes nos processos de aquisição de bens e serviços mediante inexigibilidade ou dispensa de licitação, face terem sido observadas, em tais processos, contratação de empresas sem demonstração de notória especialização, deficiências na definição de objetos, ausência de solicitação formal da unidade destinatária, produtos não quantificados ou minimamente definidos, aquisições realizadas sem cotação de preços, produtos cotados com quantidade ou qualidade divergentes do solicitado, ou mesmo indeterminado e omissão quanto à existência de apresentação de regularidade fiscal pelos fornecedores.

Decisões do TCU:
Acórdão 6165/2011-1ª Câmara.

4.1.6. Regularidade Fiscal

Comentário:
As entidades dos Serviços Sociais Autônomos devem exigir, obrigatoriamente, em suas contratações de obras, serviços ou compras, toda documentação relativa à comprovação da regularidade fiscal, aplicável igualmente aos casos de contratação de obra, serviço ou fornecimento com dispensa ou inexigibilidade de licitação *ex vi* do disposto no § 3º do art. 195 da CF.

É preciso observar, pois, o entendimento prevalecente no TCU segundo o qual (cf. Decisão 705/1994-Plenário e Acórdão 457/2005-2ª Câmara), por força do disposto no art. 195, § 3º, da Constituição Federal, que torna sem efeito, em parte, o permissivo do art. 32, § 1º, da Lei 8.666/1993, a documentação relativa à regularidade fiscal e com a Seguridade Social, prevista no art. 29, inciso IV, da Lei 8.666/1993, é de exigência obrigatória nas licitações públicas, ainda que na modalidade convite, para contratação de obras, serviços ou fornecimento, e mesmo que se trate de fornecimento para pronta entrega.

Desse modo estará plenamente atendido o princípio constitucional da igualdade, consoante o disposto no art. 37, XXI, da Constituição Federal.

Com efeito, as condições de regularidade fiscal apresentadas devem ser mantidas durante toda a execução contratual e comprovada a cada pagamento efetuado, conforme previsto no art. 195, § 3º, da CF/1988, os princípios contidos no art. 29, inciso IV, da Lei nº 8.666, de 1993, assim como a jurisprudência do TCU sobre o tema (cf., por exemplo, o Acórdão nº 3.146/2010 - 1ª Câmara).

Por fim, convém registrar que o TCU emitiu alerta no sentido de que a possibilidade de dispensa de comprovação de regularidade fiscal nas hipóteses de dispensa e inexigibilidade de licitação, prevista no art. 11 do Regulamento de Licitações e Contratos próprio, está em desacordo com os princípios gerais da Administração Pública e a jurisprudência da Corte de Contas (Decisão 10/2002 - Primeira Câmara e Decisão 705/1994-Plenário).

Decisões do TCU:
Acórdãos 3620/2008-2ª Câmara; 1845/2009-2ª Câmara; 3146/2010-1ª Câmara; 966/2011-2ª Câmara; 1067/2011-Plenário; 6165/2011-1ª Câmara.

4.2. Dispensa de Licitação

4.2.1. Avaliação do Ramo de Atividade da Licitante

Comentário:
O TCU consolidou entendimento de que os procedimentos licitatórios destinados às contratações de obras, serviços e compras para as entidades do Sistema "S", bem como suas contratações diretas, fossem realizadas com a verificação quanto à pertinência entre o ramo das atividades desempenhadas pela licitante e o objeto contratual a ser pactuado.

Observa-se, portanto, que a verificação supracitada deverá ser efetuada por Comissão de Licitação formalmente designada para condução do certame, ou, nos casos de dispensas ou inexigibilidades, por meio do responsável pela contratação, mediante análise da documentação necessária à habilitação dos licitantes prevista no Regulamento de Licitações e Contratos da entidade, constatando, ainda, a autenticidade e a veracidade das informações apresentadas.

Decisões do TCU:
Acórdão 2506/2006-2ª Câmara.

4.2.2. Contratação Emergencial

Comentário:
As entidades dos Serviços Sociais Autônomos devem otimizar seu processo de contratação direta delineando planejamento adequado e fidedigno para as contratações de compras, bens e serviços a serem realizados ao longo do exercício financeiro.

2

Neste ensejo, a Corte de Contas orienta que caberá ao gestor observar rigorosamente o tempo hábil para formalização de procedimentos licitatórios nos casos de necessidades emergenciais previsíveis, motivadas por falta de planejamento.

Desse modo cabe à autoridade competente iniciar os procedimentos licitatórios em tempo hábil para a substituição tempestiva dos contratos vincendos, para evitar contratações emergenciais com dispensa de licitação.

Todavia, ressaltamos que a adoção desse procedimento permitirá à entidade somente dispensar o certame licitatório nos casos emergenciais previstos no Regulamento de Licitações e Contratos, ou seja, quando caracterizada necessidade de atendimento às situações que possam ocasionar prejuízos ou comprometer a segurança de pessoas, obras, serviços, equipamentos e outros bens.

Por oportuno, transcrevemos *in verbis* entendimento firmado pelo TCU acerca do assunto em comento, conforme segue:

> *Acórdão 771/2005 Segunda Câmara*
> *"Não proceda à contratação sem licitação, alegando situações emergenciais causadas pela falta de planejamento ou de desídia".*

Desse modo, nenhuma entidade realize contratação sob a alegação de emergência, quando a situação tenha se originado da falta de planejamento, desídia administrativa ou má gestão dos recursos disponíveis, ou que não esteja demonstrada a existência da urgência concreta e efetiva do atendimento à situação com vistas a afastar risco iminente e gravoso de danos a bens, à saúde ou à vida de pessoas, e quando haja outra forma de afastar o risco iminente detectado.

Decisões do TCU:
Acórdãos 771/2005-2ª Câmara; 2733/2009-2ª Câmara; 1172/2011-1ª Câmara.

4.2.3. Cotação de Preços

Comentário:
No caso dos processos de contratação direta em que a licitação poderá ser dispensada, as entidades do Sistema "S" deverão observar a obrigatoriedade da realização de pesquisa prévia de preços de mercado, exigindo-se no mínimo 3 (três) cotações de preços para cada item a ser adquirido por meio da contratação direta ou com as justificativas pertinentes na instrução processual.

De acordo com essa linha de procedimento, a Corte de Contas orienta o gestor do Sistema "S" para que adote medidas prudenciais com vista à contratação direta do licitante que oferecer a proposta mais vantajosa para a entidade, atendendo, dessa forma, aos princípios da legalidade e da economicidade.

Nessa perspectiva, as pesquisas de preços a serem realizadas pelas entidades paraestatais deverão observar estritamente a pertinência entre o ramo de atividade econômica desempenhada pela empresa e o objeto contratual a ser pactuado.

As recomendações do TCU são no sentido de que os Órgãos Nacionais insiram no seu Regulamento de Licitações e Contratos a exigência de que, em casos de dispensa de licitação, seja comprovada, no respectivo processo, a pesquisa de preços de mercado a, pelo menos, três potenciais fornecedores, com a justificativa de preço inclusive nos casos de dispensa de licitação pelo valor.

Por fim, é oportuno lembrar que deve ser observado o previsto no art. 11 do Regulamento de Licitações e Contratos próprio, atentando para o fato de que as dispensas de licitação, salvo as alienações e aquelas que envolvam valores abaixo do limite previsto no art. 6º da norma, devem ser circunstancialmente justificadas quanto ao preço praticado e ratificadas pela autoridade competente.

Decisões do TCU:
Acórdãos 2487/2006-2ª Câmara; 2764/2006-1ª Câmara; 369/2009-1ª Câmara; 1464/2009-1ª Câmara; 7821/2010-1ª Câmara; 554/2011-2ª Câmara; 1172/2011-1ª Câmara; 2790/2011-2ª Câmara.

4.2.4. Especificações do Valor Gasto

2

Comentário:
As entidades integrantes dos Serviços Sociais Autônomos devem orientar os responsáveis pela contratação direta acerca da adoção de procedimentos que busquem registrar a especificação de todos os valores gastos com a realização de despesas realizadas com obras, serviços, compras e alienações da entidade, em nota fiscal, fatura ou documento equivalente.

A Corte de Contas orienta, ainda, quanto à inserção de cópias desses documentos nos autos do processo, depois de atestadas pela autoridade competente.

Decisões do TCU:
Acórdão 4567/2008-2ª Câmara.

4.2.5. Fracionamento de Despesas

Comentário:
É importante o correto proceder quanto à previsão das necessidades de aquisições a serem realizadas durante o exercício financeiro, no sentido de aprimorar o processo de compras das entidades paraestatais, bem como evitar o sucessivo fracionamento de despesas que, somadas durante o exercício financeiro, excedam os limites definidos em Regulamento de Licitações e Contratos para contratação direta por meio da dispensa de licitação.

O fracionamento de obras, serviços e aquisições apenas ensejará a dispensa de licitação quando o somatório de suas respectivas parcelas não ultrapassar os limites fixados para a contratação direta.

Nessa linha, quando o limite for ultrapassado, fica o gestor vinculado à estrita observância das modalidades de licitações pertinentes.

É oportuno alertar às entidades do Sistema "S" que, por ocasião dos trabalhos de auditoria realizados pelos órgãos de controle, têm sido constatadas impropriedades que ensejam determinações posteriores de saneamento, a exemplo de fracionamentos de despesas realizadas por meio de dispensa de licitação, compra direta e pesquisa via fax, o que pode ser evitado com a adoção de ações preventivas.

Por fim, cabe esclarecer que configura falha/impropriedade a ocorrência de fracionamento de despesas, tendo em vista falha no planejamento de compras de materiais diversos, tais como limpeza e de expediente, provocado por dispensas de licitação indevidas, em desacordo com os arts. 1º e 6º, inciso II, alínea "a", do Regulamento de Licitações e Contratos próprio.

Decisões do TCU:
Acórdãos 2687/2006-1ª Câmara; 2818/2007-1ª Câmara; 5071/2008-1ª Câmara; 1099/2010-2ª Câmara; 4604/2010-2ª Câmara; 5341/2011-1ª Câmara.

4.2.6. Instrução do Processo

Comentário:
Os processos administrativos das dispensas de licitações realizadas pelas entidades do Sistema "S" deverão ser devidamente instruídos com a introdução de toda documentação comprobatória das cotações de preços efetuadas, a fim de fundamentar a escolha mais vantajosa à entidade, dentre outros documentos necessários à correta formalização do processo.

Cabe ressaltar, entretanto, que a Corte de Contas orienta aos gestores que adotem o procedimento de numerar, em ordem cronológica, toda documentação contida nos autos dos processos, com vistas a garantir confiabilidade e fidedignidade às informações, bem como evitar a ocorrência de extravio de documentos e informações capazes de possibilitar à entidade, e aos órgãos de controle, o pleno exercício de suas competências.

Conforme orientação do TCU, no caso de contratação direta de pessoas físicas ou jurídicas para ministrar cursos ou prestar serviços de instrutória vinculados às atividades finalísticas da entidade, cabe a cada unidade formalizar os processos de dispensa de licitação, evidenciando, de forma motivada, os casos que se enquadram no art. 9º, inciso XII, do Regulamento de Licitações e Contratos próprio, anexando pesquisa de preços, quando cabível (v.g. Acórdãos 2.094/2004, 1.705/2007 e 1.722/2008, todos do Plenário).

Decisões do TCU:
Acórdãos 1156/2007-1ª Câmara; 2178/2011-Plenário.

4.2.7. Justificativas de Adoção

Comentário:
As entidades paraestatais devem dispensar os certames licitatórios apenas quando fundamentados nos casos previamente estabelecidos em seus Regulamentos de Licitações e Contratos próprios, por falta de amparo legal e em observância à jurisprudência consolidada pela Corte de Contas.

Neste ensejo, cabe salientar que o procedimento licitatório é a regra para contratação de obras, compras, serviços e alienações dos Serviços Sociais Autônomos.

Ademais, os gestores devem observar os casos em que a licitação é cabível, por haver possibilidade de competição, mas não é obrigatória, conforme excepcionalidades expressamente previstas no Regulamento da entidade.

É necessário promover a justificativa circunstanciada, bem com a ratificação da autoridade competente, observando o disciplinado no art. 11 do Regulamento de Licitações e Contratos próprio, nos processos de dispensa previstos na norma regulamentar e de inexigibilidade de licitação da entidade.

Decisões do TCU:
Acórdãos 3809/2008-1ª Câmara; 636/2010-2ª Câmara.

4.2.8. Limite Normativo

Comentário:

A jurisprudência do TCU preconiza que as entidades que integram o Sistema "S" devem realizar a programação global ou anual dos gastos despendidos com o objeto de mesma natureza, com vistas a aprimorar o planejamento das despesas realizadas pela entidade. Nessa linha, determina a Corte de Contas que, a cada nova contratação, a autoridade competente observe rigorosamente o montante de gastos acumulados no decorrer do exercício financeiro com contratações similares à pretendida, a fim de não exceder os limites previamente estabelecidos no Regulamento de Licitações e Contratos próprios, para realização de procedimentos de dispensa de licitação, nos valores regulamentares. Portanto, os valores estabelecidos nos normativos internos do Sistema "S" não devem ser ultrapassados.

É preciso, pois, que cada entidade deixe de realizar aquisições e/ou contratações diretas mediante dispensa de licitação quando o montante dessas despesas consideradas anualmente extrapolarem o limite para dispensa de certame definido pela norma regulamentar, com vistas a coibir a prática da fuga ao procedimento licitatório.

Decisões do TCU:

Acórdãos 3809/2008-1ª Câmara; 736/2010-1ª Câmara; 3994/2010-1ª Câmara; 1604/2011-1ª Câmara; 4185/2011-1ª Câmara.

4.2.9. Manutenção das Condições de Habilitação

Comentário:

É preciso que as entidades exijam que as condições de habilitação oferecidas pela empresa contratada por meio de dispensa ou inexigibilidade de licitação sejam mantidas durante toda vigência contratual, principalmente no que concerne à regularidade quanto ao cumprimento das obrigações relativas à Seguridade Social e ao Fundo de Garantia por Tempo de Serviço.

Entende-se, entretanto, que tal exigência deverá ser expressamente prevista em cláusula contratual ou em instrumento convocatório.

Decisões do TCU:
Acórdão 243/2009-2ª Câmara.

4.2.10. Orçamento Detalhado

Comentário:
Tem sido determinado às Unidades do Serviço Social Autônomo, nos certames que promover, que exijam das licitantes, ou das empresas contratadas, no caso de inexigibilidade ou dispensa, a apresentação de orçamento detalhado em planilhas que expressem a composição de todos os seus custos unitários.

Desse modo, as entidades são alertadas quanto a impropriedades constatadas na gestão por ocasião das auditorias realizadas pelos órgãos de controle, a exemplo da ausência, nos processos de dispensa de licitação, do número mínimo de orçamentos ou da justificava da impossibilidade de obtê-los, descumprindo normas inerentes.

Decisões do TCU:
Acórdãos 197/2010-Plenário; 1293/2011-Plenário.

4.2.11. Sistema de Controle

Comentário:
Há entendimento no sentido de que as entidades devem proceder quanto ao desenvolvimento e implementação de registro e controle das aquisições de bens e serviços a serem realizadas durante o exercício financeiro por meio de dispensa de licitação.

Desta feita, o TCU orienta que caberá ao gestor a adoção de medidas que aperfeiçoem o controle do processo de aquisição das entidades paraestatais, realizadas por contratação direta, de forma a observar os limites definidos no Regulamento de Licitações e Contratos para as dispensas de licitação a serem realizadas pela entidade, evitando, assim, o fracionamento de despesas.

O fracionamento de obras, serviços e aquisições apenas ensejará a dispensa de licitação quando o somatório de suas respectivas parcelas não ultrapassar os limites fixados para a contratação direta.

Com efeito, quando o limite for ultrapassado, ficará o gestor vinculado à estrita observância das modalidades de licitações pertinentes.

Decisões do TCU:
Acórdão 3373/2007-1ª Câmara.

4.2.12. Subcontratação

Comentário:
As entidades que integram os Serviços Sociais Autônomos não devem permitir a subcontratação dos serviços pactuados por meio de dispensa de licitação, para "*contratação de entidade incumbida regimental ou estatutariamente da pesquisa, do ensino ou do desenvolvimento institucional, científico ou tecnológico, desde que sem fins lucrativos*" (RLC).

Todavia, em face de ausência de dispositivo nos Regulamentos de Licitações e Contratos das entidades paraestatais que discipline a subcontratação dos serviços contratados pela dispensa de licitação em tela, a determinação do TCU buscou aplicar a jurisprudência firmada para o assunto, consoante à vedação de subcontratação total ou parcial, de serviços personalíssimos a serem prestados pela entidade contratada.

Por oportuno, em função dos pressupostos legais exclusivos ao contratado, ressaltamos que em voto proferido pelo Ministro Raimundo Carreiro, temos que "*a Lei nº 8.958/94 dispõe que as fundações de apoio estão autorizadas a licitar bens e serviços necessários para a consecução dos seus objetivos, mas ela não possibilita a realização de licitação em substituição a outros órgãos. Portanto, de um lado afigura-se impossível a Fundação (...) substituir a Universidade (...), visto que o art. 24, XIII, da Lei de Licitações, não admite subcontratações*". (Acórdão 551/2010-Plenário)

Decisões do TCU:
Acórdão 1577/2009-1ª Câmara.

4.3. Inexigibilidade de Licitação

4.3.1. Exclusividade

Comentário:

A egrégia Corte de Contas firmou entendimento de que, diante da inviabilidade de competição entre os partícipes interessados no certame, as entidades do Sistema "S" deverão proceder à inexigibilidade da licitação em conformidade com os casos previstos em seus RLCs.

Destarte, quando o procedimento de inexigibilidade for consubstanciado por meio da *"aquisição de materiais, equipamentos ou gêneros diretamente de produtor ou fornecedor exclusivo"* (RLC), a autoridade competente deverá comprovar a exclusividade do contratado mediante a exigência contratual de certificados e atestados que comprovem ser este o único fornecedor do objeto a ser pactuado.

Os documentos apresentados devem ser fornecidos por órgãos de registro do comércio do local de realização do certame, de sindicato, de federação, de confederação patronal ou de entidades equivalentes aptas e isentas de interesses na realização do negócio.

Caberá ainda, à autoridade competente, a adoção de procedimentos cautelares com vistas a assegurar a veracidade e autenticidade das informações constantes na documentação apresentada pelo fornecedor, bem como das declarações prestadas pelos órgãos e entidades emitentes, conforme Súmula transcrita *in verbis*:

> *SÚMULA N.º 255*
>
> *Nas contratações em que o objeto só possa ser fornecido por produtor, empresa ou representante comercial exclusivo, é dever do agente público, responsável pela contratação, a adoção das providências necessárias para confirmar a veracidade da documentação comprobatória da condição de exclusividade.*

Decisões do TCU:

Acórdãos 1907/2007-2ª Câmara; 1180/2008-1ª Câmara.

2

4.3.2. Formalização de Processo e Termo Contratual

Comentário:
Para a devida formalização dos processos de inexigibilidade de licitação promovidos pelas entidades paraestatais, os órgãos responsáveis pela contratação devem inserir nos autos as justificativas que consubstanciam a contratação direta, incluindo demonstrativos da necessidade de contratação do objeto, fundamentação legal, vinculação da contratação com a atividade finalística da entidade, justificativas quanto ao preço praticado, bem como a ratificação da contratação pela autoridade competente.

Além disso, devem celebrar termo contratual detalhado, mesmo nos casos de inexigibilidade licitatória.

Decisões do TCU:
Acórdãos 2816/2007-1ª Câmara; 636/2010-2ª Câmara; 944/2011-1ª Câmara.

4.3.3. Inviabilidade de Competição

Comentário:
As entidades paraestatais devem recorrer ao instituto da inexigibilidade de licitação apenas quando circunstanciadamente justificada a impossibilidade de competição entre os interessados.

Com efeito, licitar é a regra aplicável para a contratação de obras, serviços, compras e alienações a serem realizadas pelas entidades do Sistema "S".

No entanto, o art. 10, do Regulamento de Licitações e Contratos disciplina que diante da inviabilidade de competição a licitação será inexigível, em especial:

> *I - na aquisição de materiais, equipamentos ou gêneros diretamente de produtor ou fornecedor exclusivo;*
>
> *II - na contratação de serviços com empresa ou profissional de notória especialização, assim entendido aqueles cujo conceito no campo de sua especialidade, decorrente de desempenho anterior, estudos, experiências, publicações, organização, aparelhamento, equipe técnica*

ou outros requisitos relacionados com sua atividade, permita inferir que o seu trabalho é o mais adequado à plena satisfação do objeto a ser contratado;

III – na contratação de profissional de qualquer setor artístico;

IV – na permuta ou dação em pagamento de bens, observada a avaliação atualizada;

V – na doação de bens.

Cabe à entidade promover o enquadramento legal adequado nos casos de inexigibilidade, quando se configurar situações de inviabilidade de competição, nos termos do art. 10 do Regulamento de Licitações e Contratos do Sistema "S", acima transcrito, sendo que, para os casos de dispensa de licitação por valor, o correto enquadramento deve ser feito com base no art. 9º, inciso I, do mesmo Regulamento.

No que concerne à contratação direta com amparo no art. 10, caput, e inciso II, do Regulamento de Licitações e Contratos do Sistema "S", cada entidade atente para o fato de que a inexigibilidade de licitação se sujeita à fundamentada demonstração de que a singularidade do objeto, aliada ao caráter técnico profissional especializado dos serviços e à condição de notória especialização do prestador, inviabilizam a competição no caso concreto, fazendo constar do processo correspondente os elementos necessários à comprovação dos referidos pressupostos, bem como a devida pesquisa prévia de preços, em observância ao disposto no art. 11 do citado Regulamento.

Cada entidade deve aprimorar seus controles internos e adotar outras medidas para que eventual contratação direta, por inexigibilidade de licitação, somente ocorra quando estiver demonstrada, inequivocamente, a inviabilidade de competição, em consonância com as recomendações e determinações exaradas pela Corte de Contas nas deliberações sobre as prestações de contas de cada entidade do Sistema "S".

Considerando, pois, as normas que disciplinam o assunto em pauta, bem como a firmada jurisprudência do TCU, é irregular a contratação de serviços técnicos especializados de qualquer natureza mediante inexigibilidade de licitação sem que esteja demonstrada a inviabilidade de competição, configurada pela comprovada singularidade do objeto e a notória especialização do prestador.

Nesse contexto, sobre a matéria abordada neste breve comentário vale transcrever Enunciado de Súmula do TCU e Orientação Normativa da AGU:

> *SÚMULA Nº 252/2010*
>
> *"A inviabilidade de competição para a contratação de serviços técnicos, a que alude o inciso II do art. 25 da Lei nº 8.666/1993, decorre da presença simultânea de três requisitos: serviço técnico especializado, entre os mencionados no art. 13 da referida lei, natureza singular do serviço e notória especialização do contratado."*
>
> *ORIENTAÇÃO NORMATIVA/AGU nº 15*
>
> *- Assuntos: AGU e INEXIGIBILIDADE DE LICITAÇÃO. Orientação Normativa/AGU nº 15, de 01.04.2009 (DOU de 07.04.2009, S. 1, p. 14) – "A contratação direta com fundamento na inexigibilidade prevista no art. 25, inc. I, da Lei nº 8.666, de 1993, é restrita aos casos de compras, não podendo abranger serviços".*
>
> *REFERÊNCIA: Art. 25, inc. I, da Lei nº 8.666, de 1993. Despacho do Consultor-Geral da União nº 343/2007. Acórdão TCU 1.796/2007-Plenário.*

Decisões do TCU:

Acórdãos 3286/2006-1ª Câmara; 3591/2007-1ª Câmara; 197/2010-Plenário; 636/2010-2ª Câmara; 1378/2010-2ª Câmara; 4604/2010-2ª Câmara; 498/2011-1ª Câmara; 4759/2011-1ª Câmara.

4.3.4. Notória Especialização

Comentário:

As entidades paraestatais devem fundamentar a notória especialização dos serviços a serem contratados de forma direta, por meio do instituto da inexigibilidade de licitação.

A Corte de Contas orienta que o gestor deverá promover a contratação apenas quando restar caracterizada a notória especialização do contratado, em conformidade com o entendimento pacificado de que *"a contratação de serviços com profissionais ou firmas de notória especialização, de acordo com (...), só tem lugar quando se trate de serviço inédito ou incomum, capaz de exigir, na seleção do executor de confiança, um grau de subjetividade, insuscetível de ser medido pelos critérios objetivos de qualificação inerentes ao processo de licitação"* (Súmula/TCU nº 039).

Com efeito, nos autos do processo deverão restar caracterizados os pressupostos necessários à *"contratação de serviços com empresa ou profissional de notória especialização, assim entendido aqueles cujo conceito no campo de sua especialidade, decorrente de desempenho anterior, estudos, experiências, publicações, organização, aparelhamento, equipe técnica ou outros requisitos relacionados com sua atividade, permita inferir que o seu trabalho é o mais adequado à plena satisfação do objeto a ser contratado"* (RLC).

2

Nessa linha, a Súmula/TCU nº 252 retrata a jurisprudência firmada pelo TCU quando descreve que *"a inviabilidade de competição para a contratação de serviços técnicos, a que alude o inciso II do art. 25 da Lei nº 8.666/1993, decorre da presença simultânea de três requisitos: serviço técnico especializado, entre os mencionados no art. 13 da referida lei, natureza singular do serviço e notória especialização do contratado".*

Neste ensejo, tendo em vista que os Regulamentos das entidades do Sistema "S" não elencam o rol de serviços técnicos profissionais especializados contidos no art. 13 da Lei nº 8.666/93, os Serviços Sociais Autônomos devem ater-se apenas à observância aos requisitos da singularidade e da notória especialização, abrangendo, assim, os serviços a serem contratados por meio de inexigibilidades promovidas pela entidade.

Para a contratação de objeto por inexigibilidade de licitação, é necessária a comprovação cabal de sua natureza singular e da notória especialização do executante dos serviços, em atenção à jurisprudência do Tribunal de Contas da União.

Desse modo, cabe às entidades cumprir o princípio da obrigatoriedade geral de licitar para adquirir, alienar ou locar bens, contratar execução de obras ou serviços, de acordo com o art. 37, inciso XXI, da Carta Política, e art. 2º do Regulamento de Licitações e Contratos próprio, abstendo-se de realizar contratações diretas, por meio de inexigibilidade de licitação, fundamentadas na existência de notória especialização, quando não restar devidamente comprovada a natureza singular do objeto licitado, a exigir, para plena satisfação do interesse público, a contratação de empresa com notória especialização.

Por oportuno, transcrevemos o Enunciado de Súmula do TCU sobre o tema:

> *SÚMULA Nº 264/2011*
>
> *"A inexigibilidade de licitação para a contratação de serviços técnicos com pessoas físicas ou jurídicas de notória especialização somente é cabível quando se tratar de serviço de natureza singular, capaz de exigir, na seleção do executor de confiança, grau de subjetividade insuscetível de ser medido pelos critérios objetivos de qualificação inerentes ao processo de licitação, nos termos do art. 25, inciso II, da Lei nº 8.666/1993."*

Decisões do TCU:

Acórdãos 3478/2007-2ª Câmara; 1826/2010-2ª Câmara; 3319/2010-1ª Câmara; 7054/2010-2ª Câmara; 1604/2011-1ª Câmara.

4.3.5. Orçamento Detalhado

Comentário:

Cabe às unidades do Serviço Social Autônomo, nos certames que promover, exigir das licitantes, ou das empresas contratadas, no caso de inexigibilidade ou dispensa, a apresentação de orçamento detalhado em planilhas que expressem a composição de todos os seus custos unitários.

Decisões do TCU:

Acórdão 197/2010-Plenário.

4.3.6. Parecer Técnico ou Jurídico

Comentário:

Consoante jurisprudência firmada no âmbito do TCU, há entendimento de que os autos dos processos de inexigibilidade das entidades integrantes do

Sistema "S" devem conter os pareceres jurídicos ou técnicos emitidos acerca dos pressupostos inerentes à fundamentação da contratação direta por inexigibilidade de licitação, além dos documentos que consubstanciam a contratação direta.

Decisões do TCU:
Acórdão 853/2008-2ª Câmara.

2

Capítulo III

Contratos

1. Introdução

No Capítulo III deste manual técnico foram selecionados diversos itens que tratam das relações contratuais entre unidades do Sistema "S" e terceiros, com os quais a Administração celebrou algum tipo de contrato administrativo, resultante de processo licitatório, ou mesmo pela contratação direta, utilizando o instituto da dispensa ou da inexigibilidade de licitação, nos termos legais e regulamentares.

Os comentários feitos em relação a cada item tomam como suporte as decisões do TCU decorrentes da apreciação e julgamento de processos diversos inerentes aos contratos celebrados por entidades do Serviço Social Autônomo com entes de direito público ou de direito privado.

Agregam-se, entrementes, aos comentários, vários aspectos da boa doutrina e da jurisprudência do TCU e dos Tribunais jurisdicionais, bem como entendimentos do controle interno federal sobre a gestão dos recursos das entidades do Sistema "S".

Neste ponto, convém registrar que o contrato administrativo é regido pela Lei n° 8.666/93, a qual se trata de norma geral sobre licitações e contratos, sendo abstrata, e de competência da União.

Por definição, Contrato Administrativo é todo e qualquer ajuste entre órgãos ou entidades da Administração Pública e particulares, em que há um acordo de vontade para a formação de vínculo e a estipulação de obrigações recíprocas.

Subordinam-se ao regime do contrato administrativo imposto pela Lei n° 8.666/93, além dos órgãos da Administração direta, os fundos especiais, as autarquias, as fundações públicas, as empresas públicas, as sociedades de economia mista e demais entidades controladas, direta ou indiretamente, pela União, pelos Estados, Distrito Federal e Municípios (artigo 1°, parágrafo único).

Ocorre que os Serviços Sociais Autônomos não estão sujeitos à observância dos estritos procedimentos da Lei nº 8.666/93, até porque a competência da União para legislar sobre licitações e contratos não se estende às entidades do Sistema "S". O Regulamento de Licitações e Contratos próprio das entidades do Sistema "S" constitui norma de caráter especial e prevalece sobre a lei federal, conforme jurisprudência exaustivamente firmada pelo TCU (Decisão 907/1997-Plenário; Decisão 211/1998-Plenário; Decisão 249/1998-Plenário; Decisão 43/1999-Plenário, dentre outras).

Com efeito, o Capítulo VII do Regulamento de Licitações e Contratos próprio das entidades do Sistema "S" contém as disposições sobre "Contratos", de modo que o Sistema "S" não pode se afastar dos padrões do regulamento e dos princípios licitatórios.

De acordo com a norma regulamentar, que guarda a consonância devida com a lei federal, os contratos devem estabelecer com clareza e precisão as condições para sua execução, expressas em cláusulas que definam os direitos, obrigações e responsabilidades das partes, em conformidade com os termos da licitação e da proposta a que se vinculam.

2. Acréscimos Contratuais

Comentário:

Conforme jurisprudência reinante no TCU, os Serviços Sociais Autônomos devem observar os limites estabelecidos em seus próprios regulamentos para os acréscimos/supressões contratuais.

Assim, de acordo com o art. 30 do Regulamento de Licitações e Contratos das unidades do Sistema "S", os contratos poderão ser aditados nas hipóteses de complementação ou acréscimo que se fizerem nas obras, serviços ou compras, até 25% do valor inicial e de até 50%, para reforma de edifício ou equipamento, ambos atualizados.

Decisões do TCU:

Acórdão 1180/2008-1ª Câmara.

3. Assinatura

Comentário:

As entidades do Serviço Social Autônomo devem abster-se de assinar contratos que tenham a mesma pessoa como representante do contratante e do contratado, em consonância com o seu próprio Regulamento de Licitações e Contratos.

A orientação do Tribunal de Contas da União é a de que toda e qualquer assinatura de contrato esteja pautada dentro dos princípios constitucionais, sobretudo o da legalidade, de tal forma a somente contratar empresas regularmente constituídas, possuidoras de CNPJ, e que apresentem a documentação necessária à habilitação em data anterior à assinatura do contrato.

Decisões do TCU:

Acórdãos 3380/2006-2ª Câmara; 3096/2008-2ª Câmara.

3

4. Cláusulas Contratuais

4.1. Alteração do Objeto

Comentário:

Cada unidade do Serviço Social Autônomo deve abster-se de incluir cláusula contratual permitindo a alteração do objeto acima dos limites estabelecidos no artigo 30 do Regulamento de Licitações e Contratos próprio.

Decisões do TCU:

Acórdão 3319/2010-1ª Câmara.

4.2. Obrigações da Contratada

Comentário:

No que tange aos contratos celebrados com terceiros, as unidades devem elaborar contrato ou documento similar, no qual constem as obrigações pactuadas com a contratada, de forma a permitir a fiscalização dos serviços prestados, nos termos do art. 25 do Regulamento de Licitações e Contratos próprio, além do que a inexistência de cláusulas contratuais prevendo obrigações e direitos das partes configura impropriedade a ser evitada pela Administração.

Decisões do TCU:
Acórdãos 3994/2010-1ª Câmara; 4604/2010-2ª Câmara.

4.3. Valores a ser Pago e Relatórios de Acompanhamento

Comentário:
As entidades do Serviço Social Autônomo devem fazer constar dos contratos celebrados, quando houver mais de um contratante, cláusula estabelecendo o valor a ser pago por contratante, em decorrência do objeto avençado, devendo, ainda, observar e cumprir rigorosamente o previsto nas cláusulas dos contratos firmados, especialmente no que se refere à apresentação de relatórios mensais de acompanhamento, decorrentes dos serviços de consultoria executados.

Decisões do TCU:
Acórdão 3749/2007-1ª Câmara.

5. Contratação Direta

5.1. Apuração de Responsabilidade, Histórico da Empresa, Qualidade dos Serviços, Custos e Preços, Organização da Documentação, Controle e Pesquisa Prévia de Preços

Comentário:
É pacífico o entendimento de que as entidades integrantes do Sistema "S" adotem, na execução de suas despesas, regulamentos próprios e uniformes, livres do excesso de procedimentos burocráticos, em que são preservados, todavia, os princípios gerais que norteiam a execução da despesa.

Com efeito, em atenção ao previsto no art. 37, inciso XXI, da Constituição Federal e aos comandos dos arts. 1º e 2º do Regulamento de Licitações e Contratos, a licitação é a regra para as unidades do Serviço Social Autônomo quando contratam obras, bens e serviços.

No entanto, a norma apresenta exceções a essa regra. São os casos em que a licitação é legalmente dispensada, dispensável ou inexigível, com enquadramento incontestável às exigências prescritas nos arts. 9º, 10º e 11º do Regulamento de Licitações e Contratos dessas entidades paraestatais.

Ocorre que a contratação direta, quando permitida, nos termos da norma supramencionada, deve ser precedida de pesquisa de preços, sem embargo de um efetivo planejamento das compras necessárias a fim de evitar o fracionamento ilegal da aquisição.

Na ocorrência de irregularidades na contratação direta, a entidade deverá adotar as providências necessárias para apurar a responsabilidade dos agentes que deram causa à contratação direta indevida.

Conforme jurisprudência firmada, nos casos de contratação direta de entidade incumbida regimental ou estatutariamente da pesquisa, do ensino ou do desenvolvimento institucional, científico ou tecnológico, desde que sem fins lucrativos, na forma do art. 9º, inciso VIII, do RLC, há determinação do TCU para que as entidades do sistema:

a) verifiquem o histórico da entidade contratada nos aspectos de capacidade técnica, força de trabalho e instalações físicas, fazendo constar do processo administrativo de contratação os documentos correspondentes;

b) acostem aos autos certidões emitidas por outros órgãos/entidades, de sorte a demonstrar a qualidade dos serviços prestados pela contratada;

c) elaborem e sigam cronograma físico-financeiro, utilizando-o como pressuposto necessário aos pagamentos pelos serviços executados, com anexação, em todo caso, de documentos comprobatórios das realizações físicas;

d) promovam estudos e pesquisas sobre custos e preços antes da celebração de seus acordos, fazendo-os parte integrante do processo de contratação.

Ainda sobre contratação direta têm-se as seguintes orientações do TCU para as entidades do Sistema "S":

a) organizar a documentação relativa a dispensas e inexigibilidades de licitação na forma de processos, atentando para a inclusão das justificativas mencionadas no art. 11 do Regulamento de Licitações e Contratos da entidade;

b) implantar controle eficiente para as contratações diretas de serviços e compras efetuadas por intermédio de dispensa de licitação e inexigibilidade;

c) nas contratações diretas, realizar pesquisa prévia de preços entre as empresas do ramo referente ao objeto do ajuste, buscando, com isso, a proposta mais vantajosa para a entidade.

Decisões do TCU:

Acórdãos 1909/2007-2ª Câmara; 1012/2008-1ª Câmara; 1539/2008-2ª Câmara; 3817/2008-1ª Câmara.

5.2. Contratações sem Licitação – Despesa sem Cobertura de Contrato

Comentário:

As entidades são alertadas acerca da necessidade de que observem, rigorosamente, o Regulamento de Licitações e Contratos próprio, elaborado com observância aos princípios constitucionais e aos princípios gerais que regem a execução da despesa pública, evitando-se a contratação sem o devido procedimento licitatório, bem como a realização de despesa sem cobertura de contrato vigente.

Ao mesmo tempo devem se abster de realizar despesas junto a fornecedores diversos do contratado, procedendo as devidas justificativas e a juntada dos correspondentes documentos, quando decorrer de contratações excepcionais.

Na mesma linha, abstenham-se de realizar despesas estranhas ao objeto dos contratos firmados, atentando para as cláusulas contratuais pactuadas, para o Regulamento de Licitações e Contratos próprio, e para o disposto no art. 37, inciso XXI, da Constituição Federal.

ORIENTAÇÃO NORMATIVA/AGU Nº 4

- Assuntos: AGU e PAGAMENTO. Orientação Normativa/AGU nº 4, de 01.04.2009 (DOU de 07.04.2009, S. 1, p. 13) – "A despesa sem cobertura contratual deverá ser objeto de reconhecimento da obrigação de indenizar nos termos do art. 59, parágrafo único, da Lei nº 8.666, de 1993, sem prejuízo da apuração da responsabilidade de quem lhe der causa".

REFERÊNCIA: arts. 59, parágrafo único, 60, parágrafo único, da Lei nº 8.666, de 1993; Art. 63, Lei nº 4.320, de 1964; Acórdão TCU 375/1999-Segunda Câmara

Decisões do TCU:

Acórdãos 399/2011-Plenário; 2178/2011-Plenário; 5485/2011-2ª Câmara.

6. Contratações Diversas

6.1. Contratação de Agências de Publicidade e Remuneração de Serviços de Publicidade

Comentário:

Há determinação do órgão de Controle Externo (TCU) para que as entidades do Sistema "S" adotem procedimento licitatório para a contratação de agências de publicidade, evitando-se dispensa de licitação, a não ser quando o valor total do ajuste não ultrapassar o limite previsto para dispensa de certame.

Ao contratar serviços para publicação de anúncios e informes, os Serviços Sociais Autônomos devem especificar adequadamente o objeto contratado de modo que a remuneração ocorra com base no serviço efetivamente realizado, abstendo-se de firmar contratos remunerados mediante valor mensal fixo independente da extensão e tipo de matéria a ser veiculada.

Decisões do TCU:

Acórdãos 2687/2006-1ª Câmara; 2864/2006-1ª Câmara; 743/2009-Plenário.

6.2. Contratação de Agência de Viagens

Comentário:

A contratação de agência de viagens importa a formalização de procedimento licitatório ou de contratação direta, conforme o caso e os valores envolvidos, mediante o registro das devidas justificativas quanto à necessidade de contratação, o preço contratado, a empresa escolhida, a regularidade fiscal da contratada e demais documentos pertinentes às contratações de serviço previstos no Regulamento de Licitações e Contratos próprio das entidades do Sistema "S", e, ainda, a celebração de instrumento contratual com a empresa contratada.

Decisões do TCU:

Acórdão 554/2011-2ª Câmara.

6.3. Contratação de Auditores

Comentário:

É preciso que as entidades do Sistema "S" adotem providências no sentido de garantir o respeito do interstício de dois anos na recontratação de auditores em auxílio à Comissão de Contas da entidade, nos termos da previsão regimental, a exemplo do § 1º, de art. 36, do Regimento Interno do SENAI.

Vale dizer que a contratação de auditores de que trata o art. 36 do Regimento Interno do SENAI permite subsidiar tecnicamente a Comissão de Contas para apreciação periódica da execução orçamentária.

Decisões do TCU:

Acórdãos 1908/2007-2ª Câmara; 2568/2010-1ª Câmara.

6.4. Contratação de Auditoria Independente

Comentário:

Há determinação do TCU para as entidades do Sistema "S" no sentido de que se abstenham de prorrogar contrato com empresa de auditores independentes e que, quando ocorrer licitações para contratação de empresa de auditoria independente, procedam à averiguação dos requisitos que assegurem a independência necessária à atuação do auditor.

Alertar às entidades para que, na contratação de auditorias, observem a prioridade do rodízio, consoante norma regulamentar, fazendo com que, em eventuais excepcionalidades, se ali permitidas, constem as justificativas que demonstrem, entre outros, a não caracterização de vínculo empregatício.

Além disso, devem observar o detalhamento correto das atividades realizadas no momento da entrega dos relatórios de consultoria.

Nesse mesmo sentido, a CGU, em publicação intitulada *Entendimentos do Controle Interno Federal sobre a Gestão dos Recursos das Entidades do Sistema "S"*, esclareceu sobre o assunto da seguinte forma:

> *21. As entidades do Sistema "S" que, por exigência regulamentar ou decisão gerencial, forem contratar serviços de auditoria independente devem exigir que os auditores sejam registrados no Cadastro Nacional de Auditores Independentes (CNAI)?*
>
> *Sim. Conforme as normas profissionais expedidas pelo Conselho Federal de Contabilidade (NBC P n° 1 e Resolução CFC nº 1.019/2005) para a atuação na área de Auditoria Independente, é imprescindível o registro, o qual somente pode ser efetuado após aprovação do contador em exame de qualificação técnica. Tal prática contribui para a contratação de auditores que possuam a atualização e o aprimoramento técnico necessários. Além disso, o parecer emitido por contador não registrado no CNAI não é reconhecido como Parecer dos Auditores Independentes.*

Decisões do TCU:

Acórdãos 6520/2009-2ª Câmara; 3752/2011-1ª Câmara.

6.5. Contratação de Serviços de Advocacia

6.5.1. Contratação Direta e Pré-qualificação

Comentário:

A contratação direta de escritório de advocacia contraria a jurisprudência firmada pelo TCU, portanto a contratação de serviços advocatícios pelos Serviços Sociais Autônomos deve ser feita através de procedimento licitatório, conforme dispõe o inc. XXI, do art. 37 da Constituição Federal e art. 1º do Regulamento de Licitações e Contratos das entidades.

No caso de a competição se revelar inviável, a entidade deverá realizar a pré-qualificação dos profissionais aptos a prestarem os serviços, adotando sistemática objetiva e imparcial de distribuição de causas entre os pré-qualificados, de forma a resguardar o respeito aos princípios da publicidade, da igualdade e da impessoalidade.

Ademais, as unidades abstenham-se de prorrogar contratos de prestação de serviços de assessoria especializada em áreas diversas da advocacia, firmados com escritórios de advocacia e/ou profissionais da área jurídica, nos casos em que não foram precedidos do regular procedimento licitatório. Certifiquem-se, previamente à contratação de serviços continuados de advocacia, se esse procedimento atende ao princípio constitucional da economicidade, considerando a possibilidade de os serviços serem suportados pelo setor jurídico da entidade.

Nesse mesmo sentido, a CGU, em publicação intitulada *Entendimentos do Controle Interno Federal sobre a Gestão dos Recursos das Entidades do Sistema "S"*, esclareceu sobre o assunto da seguinte forma:

> *22. As entidades do Sistema "S" podem contratar serviços de advocacia ou consultoria por inexigibilidade de licitação?*
>
> *Sim. Porém, com estrita observância da natureza singular e da notória especialização, indispensáveis para se justificar esse tipo de contratação.*
>
> *A contratação de serviços com empresa ou profissional de notória especialização enquadra-se em caso de inexigibilidade, conforme recepcionado pelo Regulamento de Licitações e Contratos (RLC) das entidades do Sistema "S". Tal Regulamento, todavia, define como de notória especialização o profissional cujo conceito em seu campo de atuação decorre de desempenho anterior, estudos, experiências, publicações, organização, aparelhamento, equipe técnica ou outros requisitos relacionados à sua atividade, permitindo inferir que o seu trabalho é o mais adequado à plena satisfação do objeto a ser contratado. Ademais, as situações de inexigibilidade, segundo aquele normativo, devem, também, ser circunstanciadas com justificativas pelo órgão responsável, inclusive quanto ao preço, e ratificadas pela autoridade competente.*

Assim, as contratações de serviços de advocacia ou consultoria sem licitação, mediante enquadramento por inexigibilidade previsto no Art. 10º do RLC, somente é possível desde que exaustivamente verificado o atendimento dos conceitos de serviço de natureza singular e de execução por profissional técnico especializado de notória especialização, concomitantemente.

Decisões do TCU:
Acórdãos 2337/2007-2ª Câmara; 2814/2007-1ª Câmara; 2798/2008-1ª Câmara; 7054/2010-2ª Câmara; 554/2011-2ª Câmara; 3871/2011-2ª Câmara.

6.5.2. Defesa de ex-Dirigente

Comentário:
As entidades do Sistema "S" devem abster-se de utilizar os serviços advocatícios de seu corpo técnico, ou mesmo de advogados contratados, para defender ex-dirigentes da entidade em processos administrativos ou judiciais, quando comprovado que os atos praticados foram manifestamente ilegais ou contrários ao interesse público, em consonância com decisões proferidas sobre a matéria.

Decisões do TCU:
Acórdãos 35/2000- Plenário; 1179/2008-1ª Câmara.

6.5.3. Processos Administrativos e Judiciais

Comentário:
Havendo necessidade de contratação de serviços advocatícios por parte dos Serviços Sociais Autônomos, as determinações do TCU são no sentido de que, configurada essa necessidade, a entidade cumpra o disposto na legislação própria, especialmente o seu Regulamento de Licitações e Contratos, providenciando a abertura de processo licitatório, mantendo possíveis contratos vigentes tão somente pelo prazo estritamente necessário à homologação da nova contratação.

Conforme jurisprudência da Corte de Contas sobre o assunto, a regra geral para a contratação desse tipo de serviço é a licitação, em observância ao art. 37, inciso XXI, da Constituição Federal e arts. 1º e 2º do Regulamento de Licitações e Contratos das entidades do Sistema "S".

No caso de possíveis contratações pretendidas como hipóteses de inviabilidade de competição previstas no art. 10 da norma regulamentar, devem ser adequadamente justificadas, nos termos do art. 11 da mesma norma regulamentar.

No entanto, caso a competição se revele inviável, a entidade deve realizar a pré-qualificação dos profissionais aptos a prestarem os serviços, adotando sistemática objetiva e imparcial de distribuição de causas entre os pré-qualificados, com vistas a preservar os princípios da publicidade, da igualdade e da impessoalidade, insculpidos no art. 37, "caput", e inc. XXI, da Constituição Federal.

Não se pode pretender que qualquer norma interna de entidade do Sistema "S" autorize a contratação de advogado "indicado pelo beneficiário" sem o devido procedimento licitatório, o que afronta a jurisprudência do TCU, a exemplo do subitem 9.1.4.5 do Acórdão 338/2003-Plenário, bem como os arts. 1º e 2º do Regulamento de Licitações e Contratos próprio, que exigem, como regra, o procedimento licitatório para a contratação de advogados.

Vale dizer que na edição do Acórdão 5338/2011-2ª Câmara verifica-se posicionamento do Ministro Raimundo Carreiro nos seguintes termos:

> *"13. Em segundo lugar, fundamental recordar que o entendimento hoje prevalecente nesta Egrégia Corte de Contas sobre a matéria em apreço [patrocínio ou defesa de causas judiciais] é de que: "1º) a circunstância de entidade pública ou órgão governamental contar com quadro próprio de advogados não constitui impedimento legal a contratar advogado particular para prestar-lhe serviços específicos, desde que a natureza e as características de singularidade e de complexidade desses serviços sejam de tal ordem que se evidencie não poderem ser normalmente executados pelos profissionais de seus próprios quadros, justificando-se portanto a contratação de pessoa cujo nível de especialização a recomende para a causa; 2º) o exame da oportunidade e da conveniência de efetuar tal contratação compete ao administrador, a quem cabe analisar e decidir, diante da*

situação concreta de cada caso, se deve promover a contratação de profissional cujos conhecimentos, renome ou grau de especialização sejam essenciais para a defesa do interesse público que lhe cabe resguardar, e que não encontrem paralelo entre os advogados do quadro de pessoal da entidade sob sua responsabilidade; 3º) a contratação deve ser feita entre advogados pré-qualificados como os mais aptos a prestar os serviços especializados que se pretende obter; 4º) a contratação deve ser celebrada estritamente para prestação de serviço específico e singular, não se justificando portanto firmar contratos da espécie visando à prestação de tais serviços de forma continuada." (Decisão nº 494/1994-Plenário, grifos nossos)

Decisões do TCU:

Decisão 324/94-2ª Câmara; Decisão 250/96-2ª Câmara; Decisão 1384/2002-Plenário; Acórdãos 244/94-1ª Câmara; 2843/2003-1ª Câmara; 512/2006-1ª Câmara; 2003/2006-2ª Câmara; 1155/2007-1ª Câmara; 2337/2007-2ª Câmara; 1539/2008-2ª Câmara; 5338/2011-2ª Câmara.

3

6.6. Contratação de Serviços de Assistência à Saúde

Comentário:

As entidades do Sistema "S" devem realizar o procedimento licitatório na contratação de empresa destinada a prestar assistência à saúde dos empregados, em obediência ao disposto no Regulamento de Licitações e Contratos próprio.

Decisões do TCU:

Acórdão 7821/2010-1ª Câmara.

6.7. Contratação de Serviços de Consultoria

Comentário:

Conforme entendimento do TCU lastreado em firme jurisprudência, as entidades do Serviço Social Autônomo devem aplicar os princípios básicos estabelecidos em seu Regulamento de Licitações e Contratos nas contratações de serviços de consultorias, explicitando nos instrumentos convocatórios, de forma clara, o objeto do certame, bem como o programa de trabalho detalhado dos serviços a serem demandados, adotando esta última providência inclusive nas contratações efetivadas por dispensa ou inexigibilidade de licitação, e, neste caso, documentando adequadamente a comprovação de notória especialização do profissional contratado, para fins de caracterização da inexigibilidade de licitação.

Na mesma linha de entendimento, os procedimentos de credenciamento e contratação de consultores devem ser ajustados de forma a sistematizar a gestão de consultores terceirizados, por meio de instrumentos de controle que contemplem informações atinentes à captação, seleção, contratação, cadastramento, capacitação e avaliação desses profissionais, visando assegurar padrões de alto desempenho e minimizar riscos de inconformidades jurídicas.

Na contratação de consultorias, cabe à Administração da entidade justificar a necessidade do serviço, a sua especificidade, a razão da escolha do profissional e do preço contratado, devendo estabelecer nos contratos prazos para a consecução das etapas dos serviços.

Em razão das determinações feitas pelo TCU a entidades do Serviço Social Autônomo, fica evidente que, quanto à contratação de serviços de consultoria, nos casos em que a competição se revelar inviável, deve ser realizada a pré-qualificação dos profissionais aptos a prestarem os serviços, adotando sistemática objetiva e imparcial da distribuição de causas (*sic*; serviços) entre os pré-qualificados, de forma a resguardar o respeito aos princípios da publicidade e da igualdade.

Ainda em relação à contratação de serviços com consultores e instrutores, há determinação do TCU no sentido de que as entidades contratantes formalizem instrumentos contratuais de prestação desses serviços, contendo os requisitos mínimos do objeto e os direitos e obrigações básicas das partes, como prescreve o parágrafo único do art. 25 do Regulamento de Licitações e Contratos próprio das entidades do Sistema "S".

À contratação direta de serviços de consultoria aplica-se o Regulamento de Licitações e Contratos, em consonância com a Lei nº 8.666/93 (art. 25, caput, e inciso II), pois é previsto que a inexigibilidade se sujeita à fundamentada demonstração de que a singularidade do objeto, aliada ao caráter técnico profissional especializado dos serviços e à condição de notória especialização do prestador, inviabilizam a competição no caso concreto.

Por fim, cabe alertar às entidades do Sistema que, na execução dos serviços de consultoria, devem ser efetivados os registros formais necessários à comprovação de sua boa execução, com registro da correta data de realização dos eventos nas folhas de frequência dos treinamentos ministrados, nas notas fiscais e nos "Relatórios de Serviços de Consultoria"; do completo preenchimento das folhas de frequência (inclusive com o nome da empresa que ministra os treinamentos/palestras, CPFs dos participantes e períodos de realização); da assinatura, no relatório de atividades de consultoria, do consultor especificado como prestador do serviço; e da precisa descrição dos serviços a serem realizados, evitando a utilização de termos genéricos como "implementação de ações de monitoramento técnico", "articulação" e "sensibilização" junto aos produtores.

Nesse mesmo sentido, a CGU, em publicação intitulada *Entendimentos do Controle Interno Federal sobre a Gestão dos Recursos das Entidades do Sistema "S",* esclareceu sobre o assunto da seguinte forma:

3

> *20. Como devem ser as contratações de pessoas físicas e jurídicas para prestação de serviços profissionais de consultoria?*
>
> *A contratação de pessoas físicas e jurídicas para prestação de serviços profissionais de consultoria deve ser amparada em norma editada pelas entidades do Sistema "S" que discipline o cadastramento e o credenciamento, o que evita expô-las aos riscos e fragilidades comuns nessas contratações. A norma objetiva sistematiza a gestão de consultores terceirizados, padronizando os procedimentos de acordo com os preceitos legais e exigências técnicas, assegurando padrões de desempenho e minimizando os riscos de inconformidades jurídicas. Ela deve discriminar as etapas de captação, seleção, contratação, cadastramento, capacitação e avaliação. Esses fatores são fundamentais para a definição do profissional a ser contratado, tendo em vista a expectativa de qualidade da prestação de serviços junto aos clientes.*
>
> *23. Os consultores contratados pelas entidades do Sistema "S" podem exercer atividades da área meio?*

Não. A contratação de consultoria tem por objetivo o desenvolvimento de produtos que demandam do executor, além da sua normal especialização técnica e profissional, conhecimentos profundos na área de atuação. Assim, a contratação de consultores para a execução de serviços de apoio administrativo descaracteriza o objetivo da contratação, tendo em vista que essas não se enquadram na modalidade de consultoria."

Decisões do TCU:

Acórdãos 1664/2004-1ª Câmara; 2609/2004-1ª Câmara; 3413/2006-1ª Câmara; 3466/2006-2ª Câmara; 2816/2007-1ª Câmara; 2077/2008-1ª Câmara; 3809/2008-1ª Câmara; 5264/2008-1ª Câmara; 370/2009-1ª Câmara; 1378/2010-2ª Câmara; 3760/2011-1ª Câmara.

6.8. Contratação de Serviços de Fornecimento de Vale Refeição

Comentário:

Em razão do princípio da isonomia previsto no inciso XXI do art. 37 da Constituição Federal, constitui dever das unidades do Serviço Social Autônomo, quando da contratação de serviço de fornecimento de vale-refeição para suas unidades, fazer constar a exigência de comprovação de rede credenciada próxima às unidades da entidade contratante apenas na fase de contratação, com estabelecimento de prazo para que a vencedora do certame credencie os estabelecimentos comerciais localizados nas imediações das unidades a serem atendidas.

Decisões do TCU:

Acórdão 2581/2010-Plenário.

6.9. Contratação de Serviços de Impressão Gráfica

Comentário:

É preciso que as unidades estabeleçam, nas licitações relativas à contratação de serviços de impressão gráfica de material institucional, orçamento detalhado contendo a estimativa da demanda e dos valores dos itens e utilize critérios de ponderação, com intuito de refletir a frequência de utilização dos serviços, tendo por base a estimativa da demanda dos serviços por item e quantidade, de forma a possibilitar a escolha da proposta mais vantajosa.

Decisões do TCU:
Acórdão 2233/2010-Plenário.

6.10. Contratação de Serviços de Telefonia

6.10.1. Controle de Despesas com Telefonia Celular

Comentário:
As entidades do Serviço Social Autônomo devem adotar mecanismos de controle quanto às despesas realizadas com a utilização dos telefones celulares, observando as determinações feitas pelo TCU por ocasião do julgamento das contas anuais da entidade, em cada exercício, especialmente aquelas no sentido de não incluir despesas com telefones celulares e fixos apresentadas pelas Federações profissionais em cada Estado, para fins de comprovação dos valores devidos do condomínio formado pelas entidades afins (exemplo: FIESP/SESI-SP/SENAI-SP; FIESP/SESI-PB/SENAI-PB), excetuando-se os aparelhos celulares do síndico e do encarregado do condomínio.

Decisões do TCU:
Acórdãos 1939/2006-2ª Câmara; 2183/2008-1ª Câmara.

6.10.2. Telefonia Celular - Utilização

Comentário:
Tendo em vista os princípios da moralidade e da transparência, na boa e regular gestão dos recursos das entidades do Serviço Social Autônomo, as orientações do TCU quanto às despesas com telefonia celular são no sen-

tido de que as entidades aprimorem o controle e a normatização sobre o uso de telefonia celular, de forma a afastar interpretações imprecisas sobre os limites de uso e a garantir o ressarcimento da parte daqueles que ultrapassarem o limite estabelecido.

Decisões do TCU:
Acórdão 554/2011-2ª Câmara.

6.10.3. Telefonia Fixa

Comentário:
As unidades do Sistema "S" devem efetuar a contratação de serviços de telefonia observando os princípios constitucionais gerais relativos à Administração Pública e as disposições de seus regulamentos próprios, sob pena de incorrerem nas situações previstas na norma legal, em que poderá o TCU julgar irregulares as contas dos gestores da entidade no caso de reincidência no descumprimento de determinação de que o responsável tenha tido ciência, feita em processo de tomada ou prestação de contas, sem prejuízo da aplicação de multa aos responsáveis por contas julgadas irregulares de que não resulte débito, e ainda nos casos de reincidência no descumprimento de determinação proferida pelo TCU, nos termos do previsto nos artigos 16, § 1º e 58, incisos I e VII, da Lei nº 8.443/92.

Decisões do TCU:
Acórdãos 1857/2007-1ª Câmara; 2068/2009-1ª Câmara; 5068/200-1ª Câmara; 2782/2011-2ª Câmara.

6.11. Contratação de Serviços de Transporte de Carga

Comentário:
Os órgãos nacionais são alertados, a exemplo dos Departamentos Nacionais do Serviço Nacional de Aprendizagem Industrial - SENAI/DN - e do Serviço Social da Indústria - SESI/DN - quanto à necessidade de, nas licitações para

contratação de serviços de transporte de carga aéreo e terrestre, utilizar critérios de ponderação para quantificar a frequência de utilização de cada tipo de serviço, com base nas estimativas de demanda, de forma a possibilitar a escolha da proposta mais vantajosa.

Decisões do TCU:
Acórdão 2805/2010-Plenário.

6.12. Contratação de Serviços de Vigilância

Comentário:
Na contratação dos serviços de vigilância, é necessário que as entidades adotem providências no sentido de regularizar a escala e a jornada de trabalho dos vigias, de maneira que somente realizem serviços extraordinários eventualmente, tendo em vista que a habitualidade da realização de horas extras descaracterizaria o serviço extraordinário.

Há também recomendação do Órgão de Controle Externo feita em caráter preventivo, no sentido de que, em eventuais contratações de empresas especializadas na prestação de serviços de segurança e vigilância armada, sejam adotados como limites máximos de preços aqueles definidos pela Portaria SLTI/MP nº 04 de 18 de maio de 2009 (Secretaria de Logística e Tecnologia da Informação do Ministério do Planejamento), e suas posteriores alterações, enquanto não estabelecidos limites normativos próprios, cuidando ainda para que haja justificativas para quaisquer necessidades excepcionais na execução dos serviços que importem em majoração dos custos.

A título ilustrativo, em razão do princípio da analogia, torna-se salutar observar, no que couber, as orientações estabelecidas no Decreto nº 2.031, de 11/10/1996, que dispõe sobre a contratação dos serviços de vigilância e de limpeza e conservação no âmbito da Administração Pública Federal direta, autárquica e fundacional, conforme descritos abaixo:

Decreto nº 2.031/1996

Art. 2º Os órgãos e entidades contratantes deverão dimensionar suas necessidades, adotando como referência posto de vigilância e área físi-

ca, bem como fixar nos respectivos editais o preço máximo que se dispõem a pagar pela realização dos serviços.

Parágrafo único. É vedada a qualquer título a indexação de preços por índices gerais, setoriais ou que reflitam variação de custos.

Art. 3º Os contratos com vigência superior a um ano ou com cláusula de prorrogação poderão, desde que previsto no edital, admitir repactuação, observados o interregno mínimo de um ano e o preço máximo estabelecido no ato convocatório na forma do art. 2º.

Art. 4º As eventuais solicitações do contratado, com vistas à manutenção do equilíbrio econômico-financeiro do contrato, deverão ser acompanhadas de comprovação da superveniência de fato imprevisível ou previsível, porém de consequências incalculáveis, bem como de demonstração analítica de seu impacto nos custos do contrato.

Decisões do TCU:

Acórdãos 1914/2008-2ª Câmara; 4887/2009-1ª Câmara; 4888/2009-1ª Câmara; 4889/2009-1ª Câmara.

6.13. Contratação de Serviços Terceirizados

Comentário:

Sobre a contratação de serviços terceirizados, as entidades, em eventuais contratações de empresas especializadas na prestação de serviços terceirizados, devem utilizar como parâmetro, no caso de não haver regulamento específico para sua natureza jurídica, as diretrizes contidas na Instrução Normativa/SLTI-MP nº 2, de 30.04.2008 (Secretaria de Logística e Tecnologia da Informação do Ministério do Planejamento), assim como os limites referenciais de preços definidos pelas Portarias SLTI/MP para determinadas atividades, como os serviços de limpeza e conservação, devendo justificar quaisquer necessidades excepcionais na execução dos serviços que importem em majoração dos custos.

A regra para esse tipo de contratação é a licitação. Nessa linha, as determinações do TCU indicam que as entidades do Sistema "S" utilizem os procedimentos licitatórios nos processos de contratação de serviços terceirizados, observando as modalidades permitidas pelos normativos internos da entidade.

Sobre a realização de vistoria obrigatória, temos que a obrigatoriedade da vistoria prévia prejudica a competitividade e a impessoalidade do certame, sendo reprovada pela jurisprudência do Tribunal.

Sobre o assunto as unidades são alertadas para a necessidade de abster-se de permitir a coexistência, no mesmo local de trabalho, de empregado terceirizado exercendo as mesmas funções realizadas por servidores contratados por meio de processo seletivo de admissão, em observância às disposições normativas internas da entidade.

Por fim, nos contratos de prestação de serviços, é importante observar as cláusulas que preveem a manutenção dos recursos deles advindos em conta corrente específica, de forma a segregar as receitas e viabilizar o controle do próprio ente e das instituições de controle.

Nesse mesmo sentido, a CGU, em publicação intitulada *Entendimentos do Controle Interno Federal sobre a Gestão dos Recursos das Entidades do Sistema "S"*, esclareceu sobre o assunto da seguinte forma:

> *17. As entidades do Sistema "S" podem contratar empresas para prestação de serviços terceirizados na área fim?*
>
> *Não. A terceirização deve se restringir à execução apenas das atividades meio. As contratações de terceirizados para a área fim geralmente levam à prática de subordinação, habitualidade, horário e salário, e podem gerar vínculos empregatícios, salvo no caso de trabalho temporário, acarretando ações trabalhistas. A seguir, são apresentados alguns exemplos de situações que configuram o vínculo empregatício:*
>
> •• *se o serviço é prestado nas dependências da entidade do Sistema "S" e a empresa locadora não possui preposto no local para dirigir e fiscalizar o trabalho, deixando essas tarefas para os gerentes dessa entidade, haverá pessoalidade e subordinação direta entre os trabalhadores e essa entidade;*
>
> •• *quando o trabalhador terceirizado desenvolve suas atividades utilizando equipamentos e materiais de entidade do Sistema "S".*
>
> *Cabe ressaltar que, em qualquer forma de contratação de terceiros, não poderá haver a subordinação direta (hierárquica), isto é, o tomador de serviços não poderá dar ordens aos empregados da contratada ou autônomo profissional. Além disso, o tomador de serviços, antes de realizar*

a contratação de empresa para prestação de serviços, deve exigir da contratada a comprovação de regularidade fiscal e encargos trabalhistas e previdenciários, com vistas a evitar que esse instrumento contratual seja considerado irregular. Não forma vínculo de emprego com o tomador a contratação de serviços de vigilância, de conservação e limpeza, bem como a de serviços especializados ligados à atividade meio do tomador, desde que inexistente a pessoalidade e a subordinação direta.

Decisões do TCU:

Acórdãos 1906/2007-2ª Câmara; 304/2010-2ª Câmara; 2990/2010-Plenário; 3319/2010-1ª Câmara; 1171/2011-1ª Câmara.

7. Contrato de Execução de Obras

Comentário:

No que tange aos contratos de execução de obras, as unidades devem adotar medidas concretas de modo a exigir os relatórios de medição de serviços nos contratos de execução de obras e, quando houver necessidade de acrescentar serviços a uma obra em execução, observar as seguintes orientações:

a) se houver interesse da entidade em que a mesma empresa faça esses novos serviços nas mesmas condições do contrato vigente, providencie o seu aditamento, observando os limites estabelecidos pelo Regulamento de Licitações e Contratos próprio.

b) se não houver interesse da entidade no aditamento ou se for ultrapassado o limite regulamentar, providencie nova contratação, precedida de procedimento licitatório na modalidade prevista para o total da obra (valor das contratações anteriores somado ao valor dos novos serviços).

Quando for o caso, devem adotar as medidas necessárias com vistas ao saneamento das pendências ainda existentes na execução da obra de construção, de forma propiciar a emissão do Termo de Recebimento Definitivo da Obra.

Decisões do TCU:

Acórdãos 7054/2010-2ª Câmara; 7821/2010-1ª Câmara; 944/2011-1ª Câmara.

8. Contrato de Locação de Imóveis

8.1. *Avaliação de Imóveis*

Comentário:

As entidades do Sistema "S" devem proceder à avaliação de imóvel, segundo metodologia da Caixa Econômica Federal, com vistas a verificar o real valor do bem patrimonial ou o valor da locação.

Desse modo, não é permitido às entidades assumir Compromisso de Compra e Venda de imóvel, nem ainda aquisição com base neste instrumento, do qual consta ajuste de preço a ser pago ao alienante sem a realização de prévia avaliação, em meios apropriados, para comprovar o valor da transação aos parâmetros de mercado, bem como ajustar pagamento de comissão de corretagem imobiliária de forma indevida e em percentual superior àqueles referenciados pelo respectivo CRECI, caracterizando-se atos de gestão ilegítima e antieconômica.

Não é possível a aplicação de recursos da entidade em despesas com benfeitorias em imóveis de propriedade de outras entidades (a exemplo das Federações afins) sem amparo legal ou contratual. Configurada essa situação, o TCU tem determinado a adoção de medidas com vistas ao ressarcimento dos valores aplicados indevidamente, instaurando, se necessário, a devida tomada de contas especial, na forma do art. 8º, da Lei nº 8.443, de 1992, e da IN/TCU nº 56/2007.

Quando há permuta de imóveis envolvendo as entidades do Sistema "S", o TCU, por meio de suas unidades técnicas, tem acompanhado a conclusão do contrato atinente à transação e analisado toda a documentação alusiva à permuta examinada, incluindo os laudos de avaliação imobiliária pertinentes e os efetivos registros dos imóveis transacionados.

É preciso que as entidades adotem providências a fim de evitar a ocorrência de impropriedades constatadas pelos órgãos de controle durante fiscalizações realizadas, a saber: locação de imóveis com falhas como a ausência de avaliação prévia do imóvel; exigência intempestiva de certidões de regularidade fiscal e com a seguridade social; e análise inadequada do parecer jurídico quanto ao objeto do contrato e ao procedimento licitatório a ser utilizado (por falta de tempo hábil para análise acurada).

Nesse mesmo sentido, a CGU, em publicação intitulada *Entendimentos do Controle Interno Federal sobre a Gestão dos Recursos das Entidades do Sistema "S",* esclareceu sobre o assunto da seguinte forma:

> *18. Nas aquisições, locações e arrendamentos de imóveis pelas entidades do Sistema "S", o que deve ser observado em relação aos preços?*
>
> *A aquisição, a locação ou o arrendamento de imóveis pelas entidades do Sistema "S" devem sempre ser precedidos de, no mínimo, duas avaliações (sendo uma feita por órgão oficial da administração pública, como exemplo a Caixa), não obstante, conforme o Regulamento de Licitações e Contratos das entidades do Sistema "S", a licitação seja dispensável nesses casos. Assim, entende-se que os preços dos aluguéis, aquisições de imóveis e alienações devem ser compatíveis com os cobrados no mercado local. Nas locações de imóveis, independentemente de quem seja o locador, inclusive quando se tratar de áreas em imóveis pertencentes às respectivas federações/confederações, deve-se realizar avaliação em atendimento ao princípio da economicidade. Portanto, as locações de imóveis deverão ser precedidas de verificações consistentes e documentadas, observando, em especial, a oportunidade e interesse da entidade, a compatibilidade dos preços cobrados no mercado local e os reajustes de preços definidos por índices públicos.*

Decisão do TCU:

Acórdãos 1155/2007-1ª Câmara; 340/2010-Plenário; 4029/2010-2ª Câmara; 5892/2010-2ª Câmara; 5341/2011-1ª Câmara

8.2. Necessidade de Utilização

Comentário:

No que tange à necessidade de utilização de imóvel, na área de contratos, caso a entidade decida por dar continuidade ao aluguel de imóvel situado em edifício sede da entidade patronal, justifique no processo referente ao contrato a efetiva necessidade de utilização dos espaços a serem locados, considerando que as entidades, via de regra, são proprietárias de algumas áreas do mesmo edifício de localização da patronal.

Decisões do TCU:
Acórdãos 736/2010-1ª Câmara; 3994/2010-1ª Câmara.

8.3. Rateio de Despesas

Comentário:
O rateio de despesas, a exemplo de água, luz, impostos e demais encargos previstos em cláusula contratual, entre entidades afins do Sistema "S", na condição de locador e locatário, deve ser proporcional, quando o locador ocupa salas nos imóveis locados.

O TCU tem feito determinações nessa linha de entendimento para que as entidades envolvidas adotem providências no sentido de que, em relação aos contratos de locação firmados entre as entidades locais e as Federações estaduais, a exemplo do SENAR/PI e a Federação da Agricultura do Estado do Piauí (FAEPI), sejam rateadas proporcionalmente as despesas entre o locador e o locatário.

Nessa mesma direção estão as determinações do TCU feitas a entidades do Sistema "S" para que se abstenham de realizar o pagamento de despesas efetuadas pelo Condomínio constituído para o rateio das despesas comuns existentes, que não guardem correlação com a administração, manutenção e conservação da propriedade da entidade.

Decisões do TCU:
Acórdãos 3380/2006-2ª Câmara; 3088/2008-2ª Câmara; 373/2009-1ª Câmara.

8.4. Prorrogação

Comentário:
É preciso evitar a ocorrência de falhas formais na área dos contratos, esclarecendo, no que tange à celebração/manutenção de contratos de alu-

guel contendo cláusula de prorrogação indefinida de vigência, que não há amparo legal para a inclusão, nesses contratos, de cláusula estabelecendo prorrogação indefinida de vigência.

ORIENTAÇÃO NORMATIVA/AGU Nº 6

- Assuntos: AGU, IMÓVEIS e LOCAÇÃO. Orientação Normativa/ AGU nº 6, de 01.04.2009 (DOU de 07.04.2009, S. 1, p. 13) - "A vigência do contrato de locação de imóveis, no qual a Administração Pública é locatária, rege-se pelo art. 51 da Lei nº 8.245, de 1991, não estando sujeita ao limite máximo de sessenta meses, estipulado pelo inc. II do art. 57, da Lei nº 8.666, de 1993".

REFERÊNCIA: art. 62, § 3º e art. 57 da Lei nº 8.666, de 1993; arts. 51 a 57 da Lei nº 8.245, de 1991; Decisão TCU 828/2000-Plenário.

Decisões do TCU:

Acórdãos 3140/2010-1ª Câmara; 4752/2010-1ª Câmara.

8.5. Doação de Imóveis

Comentário:

Nos termos dos Regimento/Regulamentos das entidades do Sistema "S", em consonância com o disposto no art. 17, inciso I, da Lei nº 8666/93, a doação de bens imóveis dependerá de avaliação prévia e de licitação na modalidade concorrência, dispensada esta no caso de doação, cujos requisitos serão estabelecidos pelos órgãos diretivos em âmbito nacional e regional. Por ser pertinente, a título exemplificativo, mencionamos os seguintes dispositivos do Regimento do SENAI:

Art. 19. Compete ao Conselho Nacional:

(...)

e)Autorizar a alienação ou gravame dos imóveis do SENAI;

Art. 34. Compete a cada Conselho Regional:

(...)

h) dar parecer sobre a alienação ou gravame de bens imóveis e encaminhá-la à decisão do Conselho Nacional;

É preciso então que a entidade doadora avalie se a entidade beneficiária atende aos requisitos estabelecidos pelo conselho da entidade para a doação do imóvel, adotando, em caso negativo, medidas com vistas à anulação de ato que tenha sido praticado com ilicitude, e reintegração do imóvel ao patrimônio da entidade, instaurando, se necessário, a devida tomada de contas especial, nos termos do artigo 8º da Lei 8.443, de 1992.

Decisões do TCU:
Acórdão 4029/2010-2ª Câmara.

9. Contrato tipo "Guarda-chuva"

Comentário:
Consoante entendimento firmado pelo TCU, as entidades do Serviço Social Autônomo devem abster-se de firmar contrato com objeto amplo e indefinido do tipo "guarda-chuva", em observância ao art. 26 do Regulamento de Licitações e Contratos próprio e à Sumula TCU nº 177.

3

TCU - SÚMULA nº 177

"Abstenha-se de firmar contrato com objeto amplo e indefinido, do tipo guarda-chuva, em observância aos termos do art. 54, § 1º, d Lei nº 8.666/1993."

Decisões do TCU:
Acórdão 2888/2011-2ª Câmara.

10. Declaração de Inidoneidade

Comentário:

Ao analisar os autos do processo de representação TC 003.861/2009-7, contra entidade do Sistema "S", o TCU determinou a declaração de inidoneidade de empresas licitantes com fulcro no art. 46 da Lei 8.443/92, c/c o art. 271 do RI/TCU, para participarem, pelo prazo de um ano, de licitações na administração pública federal, bem como em licitações realizadas pela administração pública de estados e municípios, mas que contem com aporte de recursos federais, a exemplo do que ocorre em convênios, acordos, ajustes, termos de parceria e outros instrumentos congêneres de que a União seja parte. Tendo solicitado ao Ministério do Planejamento, Orçamento e Gestão que providencie junto à Secretaria de Logística e Tecnologia da Informação a inserção, no portal de compras "Comprasnet", da declaração de inidoneidade das respectivas empresas.

Decisões do TCU:

Acórdão 397/2011-Plenário

11. Fiscalização da Execução dos Contratos

Comentário:

No que tange à fiscalização da execução dos contratos e convênios firmados pelas entidades do Sistema "S", o TCU tem determinado que as entidades estabeleçam rotinas para acompanhamento da execução física dos convênios e contratos relacionados às atividades finalísticas da instituição, bem como para aferição e registro dos resultados alcançados.

Cabe à Administração designar formalmente fiscal para acompanhar a execução de cada um dos contratos celebrados pela entidade com terceiros.

O TCU tem determinado às entidades do Serviço Social Autônomo que cumpram a exigência contida no art. 67, caput, da Lei nº 8.666/1993.

Neste sentido, há determinação da Corte de Contas para que essas entidades promovam, tendo em vista o princípio da eficiência insculpido no art. 37 da Constituição Federal, adequação do seu regulamento próprio de licitações e contratos de modo a fazer constar nele a obrigatoriedade de designação formal de um representante da Administração para fiscalização da execução dos contratos, nos moldes do art. 67 da Lei nº 8.666/1993.

Nessa linha de entendimento, as entidades são orientadas para que efetuem o recebimento de compras ou de prestações de serviços realizando criteriosa verificação da qualidade e quantidade do material ou serviço e a consequente aceitação, fazendo constar dos processos de pagamentos as respectivas portarias e designando empregado ou comissão para proceder ao recebimento provisório ou definitivo das aquisições de bens e serviços contratados pelas entidades do sistema, emitindo termo circunstanciado, assinado pelas partes, demonstrando que as compras ou serviços foram recebidos integralmente de acordo com as exigências contratuais.

Destaque-se, ainda, que as unidades do Sistema "S" devem elaborar contrato ou documento similar, no qual constem as obrigações pactuadas com a contratada, de forma a permitir a fiscalização dos serviços prestados, nos termos do art. 25 do Regulamento de Licitações e Contratos da entidade.

3

Decisões do TCU:
Acórdãos 2481/2006-2ª Câmara; 2487/2006-2ª Câmara; 5069/2008-1ª Câmara; 2732/2009-2ª Câmara; 6521/2009-2ª Câmara; 736/2010-1ª Câmara; 3319/2010-1ª Câmara.

12. Formalização do Instrumento Contratual

Comentário:
Cabe a cada unidade do Sistema formalizar o instrumento contratual, em conformidade com o disposto no art. 25 do Regulamento de Licitações e Contratos próprio, fazendo constar de todos os termos de contrato da entidade a descrição detalhada do objeto, do quantitativo, dos valores pactuados, dos preços ajustados e da forma de pagamento.

As unidades devem abster-se de contratar prestadores de serviços sem a devida formalização contratual.

Decisões do TCU:

Acórdãos 348/2010-Plenário; 636/2010-2ª Câmara; 3146/2010-1ª Câmara.

13. Gestão Compartilhada

Comentário:

Nos ajustes celebrados com terceiros em que as Federações sejam cobeneficiadas, direta ou indiretamente, cabe à Administração da entidade estipular no instrumento contratual o valor devido pela Federação.

Decisões do TCU:

Acórdãos 736/2010-1ª Câmara; 3994/2010-1ª Câmara.

14. Gestão de Contratos

Comentário:

Quanto à gestão de contratos no âmbito das unidades do Serviço Social Autônomo, o TCU tem determinado que as entidades adotem providências necessárias no sentido de aperfeiçoar a sistemática de gestão de contratos, de modo a obter maior clareza e controle do acompanhamento da execução física e financeira.

Decisões do TCU:

Acórdão 3749/2007-1ª Câmara.

15. Índices de Reajuste

Comentário:

As entidades do Serviço Social Autônomo nas contratações de obras, serviços, compras e alienações estão sujeitas à observância das disposições de seu próprio Regulamento de Licitações e Contratos, bem como dos princípios constitucionais aplicáveis, observando ainda a jurisprudência do TCU.

Assim, em razão dessa perfeita sintonia, as orientações gerais do TCU, no que tange à elaboração e execução dos contratos, são no sentido de que as entidades paraestatais observem a necessidade de que os índices de reajuste contratuais sejam estipulados no edital e no contrato, conforme dispõe o art. 40, inciso XI, da Lei 8.666/1993.

Devem, ainda, estabelecer nos editais e respectivos contratos cláusula específica acerca do critério a ser utilizado quando do reajuste do preço pactuado na contratação, fazendo constar, nos respectivos processos administrativos, memória de cálculo e demais esclarecimentos pertinentes, de maneira a demonstrar como se deram os devidos reajustes, com base no art. 13 c/c o art. 26, ambos do Regulamento de Licitações e Contratos das Entidades do Serviço Social Autônomo.

Decisões do TCU:

Acórdãos 5069/2008-1ª Câmara; 5071/2008-1ª Câmara; 197/2010-Plenário.

16. Pessoal

3

Considerando a importância e a pertinência do posicionamento pacífico adotado pelo Tribunal de Contas da União no Acórdão nº 779/2010-TCU-Plenário, quando julgou improcedente representação feita por unidade técnica contra entidade do Sistema "S", nos autos do processo de Representação TC 014.417/2007-9, e por se tratar de assunto inerente a pessoal, mas com abrangência a outras áreas de suma importância para o Sistema "S", reproduzimos informações sumárias que incluem o Voto do Ministro-Relator, a Declaração de Voto de Ministro que propôs o acolhimento da proposta vencedora, e a Proposta de Deliberação que redundou no Acórdão 779/2010-TCU-Plenário, editado na Sessão Ordinária do Plenário de 14/04/2010, conforme se segue:

Identificação

Acórdão 779/2010-Plenário

Processo

014.417/2007-9

Natureza

Representação

Sumário

REPRESENTAÇÃO. ACUMULAÇÃO DE MANDATO ELETIVO FEDERAL COM O CARGO DE PRESIDENTE DA ADMINISTRAÇÃO REGIONAL DO MATO GROSSO DO SERVIÇO NACIONAL DE APRENDIZAGEM RURAL - SENAR-AR/MT. AUDIÊNCIA. ACOLHIMENTO DAS RAZÕES DE JUSTIFICATIVA. ENTIDADE NÃO ENQUADRADA NA VEDAÇÃO CONSTITUCIONAL PARA A ACUMULAÇÃO DOS CARGOS, EMPREGOS OU FUNÇÕES PÚBLICAS. CONHECIMENTO. IMPROCEDÊNCIA.

1. As entidades integrantes do Sistema "S" encontram-se abrangidas pela jurisdição de controle financeiro própria e privativa do Tribunal de Contas da União, porquanto custeadas com recursos financeiros oriundos de contribuições tributárias parafiscais, de natureza compulsória.

2. O mandato de presidente de entidade do Sistema "S" não se confunde com cargo ou emprego público, ainda que em sentido amplo, mesmo porque a escolha para esse mandato é promovida por representantes da sociedade civil, e não por órgãos do Estado.

3. A vedação expressa no art. 37, incisos XVI e XVII, da Constituição Federal de 1988, não se aplica ao caso de acumulação de mandato eletivo federal com o cargo de presidente ou dirigente de entidade integrante do Sistema "S", principalmente quando não há percepção de salários na entidade paraestatal ou quando há apenas a percepção de valores de natureza indenizatória por despesas pessoais incorridas no exercício da direção da paraestatal.

Assunto

Representação

Voto do Ministro Relator

PROPOSTA DE DELIBERAÇÃO

A presente representação, formulada pela Secex/MT na forma prevista pelo art. 86, inciso II, da Lei nº 8.443, de 16 de julho de 1992, atende aos pressupostos de admissibilidade insertos no art. 235, c/c o art. 237, do Regimento Interno, devendo, portanto, ser conhecida pelo TCU.

2. Mediante inspeção realizada no Senar-AR/MT, a unidade técnica verificou que o responsável chegou a ocupar, simultaneamente, o cargo eletivo

federal de deputado com o cargo de presidente do Conselho Administrativo do Senar-AR/MT, em suposta afronta aos arts. 37, incisos XVI e XVII, e 38, inciso I, da Constituição Federal de 1988.

3. Ouvido em audiência, o Sr. Homero Alves Pereira apresentou, em síntese, as seguintes razões justificativas:

3.1. o Senar-AR/MT tem personalidade jurídica de direito privado e, por isso, os dirigentes e funcionários da entidade não são ocupantes de cargos públicos.

3.2. a incompatibilidade de horários alegada pela unidade técnica não existe, uma vez que a titularidade da presidência do Senar-AR/MT é de natureza representativa e, dessa maneira, estende-se também a localidades distintas da sede daquela entidade, inclusive em outras cidades.

4. A meu ver, as justificativas acima merecem ser acolhidas, e esta representação, no mérito, deve ser considerada improcedente. Porém, antes de discorrer acerca da defesa do responsável, convém trazer à tona o entendimento desta Corte de Contas acerca da natureza jurídica das entidades integrantes do Sistema "S", a exemplo do Senar-AR/MT.

5. A jurisprudência do Tribunal em torno da matéria é pacífica no sentido de que se tratam de entidades paraestatais de cooperação, estranhas à Administração Pública direta ou indireta, porém subordinadas aos princípios gerais que regem a gestão de recursos públicos, uma vez que seu funcionamento é mantido por intermédio da arrecadação de contribuições compulsórias parafiscais, de recolhimento compulsório por parte dos contribuintes do Sistema "S".

6. No voto condutor da Decisão 907/1997-TCU-Plenário, o Relator, Ministro-Substituto Lincoln Magalhães da Rocha, valeu-se da interpretação dada à questão pela 6ª Secex, no exame dos autos do TC 010.655/1997-2, conforme transcrição a seguir:

"3.8. Assim, tanto o parágrafo único do art. 1º quanto o art. 119 da Lei nº 8.666/93 não podem abranger os serviços sociais autônomos porque eles não se inserem entre as entidades que compõem Administração Pública e tampouco são entidades controladas direta ou indiretamente pela União, nos termos definidos na Lei das Sociedades por Ações. Além do mais, a competência atribuída à União para legislar em matéria de licitações e contratos não abrange os serviços sociais autônomos porque, embora sendo beneficiários de recursos oriundos de contribuições parafiscais, não se incluem entre aquelas unidades e entidades classificadas nos dois grupos da Administração Pública indicados no art. 22, inciso XXVII, da Constituição Federal. Se a Lei nº 8.666/93, em perfeita consonância com a Constituição, não enumerou essas instituições entre aquelas a que se destina, é defeso ao intérprete fazê-lo.

3.9. Como disse o Exmo. Sr. Ministro Adhemar Paladini Ghisi em palestra proferida em maio do ano em curso na Reunião do Conselho Fiscal do SEBRAE, Presidentes e Membros dos Conselhos Fiscais da Região Sul, em Santa Catarina, "o que tipifica o gênero 'serviço social autônomo' é sua relativa independência, uma vez que, no entender de diversos doutrinadores, não integram as denominadas 'Administração Direta' e 'Administração Indireta' mas trabalham ao lado do Estado, e como desempenham tarefas consideradas de relevante interesse, recebem a oficialização do Poder Público, que lhes fornece a autorização legal para que arrecadem de forma compulsória recursos de parcela da sociedade e deles se utilizem para a manutenção de suas atividades: as denominadas contribuições parafiscais. São seus exemplos típicos, além do próprio SEBRAE, o SESI, o SESC, o SENAC e o SENAI, cujos atos constitutivos denotam o caráter de parceria entre o Estado e as entidades privadas patronais para o desempenho de serviços de caráter social (Informativo União de 27.05.97)." (grifei)

7. Mais recentemente, o Tribunal proferiu o Acórdão 2.328/2006-TCU-Plenário, em cujo voto condutor, de lavra do Exmo. Ministro Ubiratan Aguiar, constou a seguinte inferência:

"9. Como se vê, a nova redação dada ao inciso XI do art. 37 da Carta Magna enumera as entidades que devem obedecer ao limite remuneratório ali fixado. Considerados entes paraestatais, os serviços sociais autônomos, como o Sebrae/CE, não se incluem nem no universo da administração pública direta nem no da administração indireta. Da mesma forma, por não serem empresas públicas nem sociedades de economia mista, a eles não se aplica o contido no § 9º do mesmo artigo." (grifei)

8. Logo em seguida, o Exmo. Ministro Marcos Vilaça, ao fundamentar o Acórdão 2.788/2006-TCU-1ª Câmara, asseverou que:

"12. Passando ao exame específico dos serviços sociais autônomos, como o Sebrae, observo não estarem tais entes incluídos nem no universo da administração pública direta nem no da administração indireta, não sendo, portanto, destinatários explícitos das normas constitucionais destinadas a estabelecer limitações à remuneração no setor público. Trata-se, na verdade, de entes paraestatais, de cooperação com o Poder Público, criados para a realização de atividades privadas de interesse público.

13. Conforme já tive oportunidade de mencionar, até a promulgação da EC nº 19/98, os limites de remuneração incidiam, de forma genérica, sobre os servidores públicos. Eventual interpretação ampla que incluísse os dirigentes e empregados de serviços sociais autônomos no rol dos servidores públicos poderia sujeitá-los aos limites remuneratórios previstos no inciso XI do art. 37. Com a EC nº 19/98, o texto constitucional passou a enumerar, de forma explícita, quem estaria sujeito aos limites em comento. De se notar que o inciso XI do art. 37 excluiu as entidades da administração indireta, estabelecendo limitações expressas à remuneração percebida na administração direta, nas autarquias e fundações.

14. Dessa forma, os serviços sociais autônomos não integram o rol de entidades enumeradas no inciso XI do art. 37. Assim, por não serem empresas públicas nem sociedades de economia mista, tampouco se lhes aplica o disposto no § 9º do art. 37. Como a Constituição, desde a EC nº 19, não mais confere ao legislador ordinário competência para dispor sobre limites de remuneração, deve ser tornado insubsistente o item 8.3b do Acórdão recorrido." (grifei)

9. No voto condutor do Acórdão 2.244/2008-TCU-Plenário, de minha relatoria, manifestei o seguinte ponto de vista:

"7. Os serviços sociais autônomos, dos quais o Senat é espécie, constituem-se como Entidades paraestatais de cooperação."

8. Na lição de Hely Lopes Meireles:

"serviços sociais autônomos são todos aqueles instituídos por lei, com personalidade de Direito Privado, para ministrar assistência ou ensino a certas categorias sociais ou Grupos profissionais, sem fins lucrativos, sendo mantidos por dotações orçamentárias ou contribuições parafiscais. São entes paraestatais, de cooperação com o Poder Público, com administração e patrimônio próprios, revestindo a forma de instituições particulares convencionais (fundações, sociedades civis ou associações) ou peculiares ao desempenho de suas incumbências estatutárias."

9. Como exemplo, cita o SENAI, SENAC, SESC, SESI, "com estrutura e organização especiais, genuinamente brasileira". Essas Entidades compõem o chamado sistema "S"." (grifei)

10. Nesse contexto, considero pertinente esclarecer que o Tribunal, ao proferir o já citado Acórdão 2.328/2006-TCU-Plenário, acolheu a tese defendida no voto do Exmo. Sr. Ministro Ubiratan Aguiar, no sentido de que as entidades integrantes do Sistema "S" não se sujeitam aos limites de remuneração estabelecidos no art. 37, inciso XI, da Constituição Federal, *in verbis*:

"Art. 37. A administração pública direta e indireta de qualquer dos Poderes da União, dos Estados, do Distrito Federal e dos Municípios obedecerá aos princípios de legalidade, impessoalidade, moralidade, publicidade e eficiência e, também, ao seguinte: *(Redação dada pela Emenda Constitucional nº 19, de 1998)*

(...)

XI - a remuneração e o subsídio dos ocupantes de cargos, funções e empregos públicos da administração direta, autárquica e fundacional, dos membros de qualquer dos Poderes da União, dos Estados, do Distrito Federal e dos Municípios, dos detentores de mandato eletivo e dos demais agentes políticos e os proventos, pensões ou outra espécie remuneratória, percebidos cumulativamente ou não, incluídas as vantagens pessoais ou de qualquer outra natureza, não poderão exceder o subsídio mensal, em espécie, dos Ministros do Supremo Tribunal Federal, aplicando-se como limite, nos Municípios, o subsídio do Prefeito, e nos Estados e no Distrito Federal, o subsídio mensal do Governador no âmbito do Poder Executivo, o subsídio dos Deputados Estaduais e Distritais no âmbito do Poder Legislativo e o subsídio dos Desembargadores do Tribunal de Justiça, limitado a noventa inteiros e vinte e cinco centésimos por cento do subsídio mensal, em espécie, dos Ministros do Supremo Tribunal Federal, no âmbito do Poder Judiciário, aplicável este limite aos membros do Ministério Público, aos Procuradores e aos Defensores Públicos; *(Redação dada pela Emenda Constitucional nº 41, 19.12.2003)* (grifei)

11. Com efeito, a interpretação daquele dispositivo constitucional não poderia ser diferente, porquanto, a teor da remansosa jurisprudência desta Corte de Contas acerca da natureza jurídica das entidades do Sistema "S", seus empregados e dirigentes, por óbvio, não se confundem com os ocu-

pantes de cargos, funções e empregos públicos no âmbito da administração pública direta, autárquica e fundacional, ou mesmo com os dos demais empregos públicos.

12. Diante dos precedentes jurisprudenciais retrocitados acerca do tema, passo a examinar a hipótese de inacumulabilidade dos cargos aventada pela Secex/MT.

13. Para tanto, permito-me destacar os comandos constitucionais que a unidade técnica considerou violados pelo responsável, a saber, o art. 37, incisos XVI e XVII, e o art. 38, inciso I, da Carta Magna, a seguir reproduzidos:

"XVI - é vedada a acumulação remunerada de cargos públicos, exceto, quando houver compatibilidade de horários, observado em qualquer caso o disposto no inciso XI. *(Redação dada pela Emenda Constitucional nº 19, de 1998)*

a) a de dois cargos de professor; *(Incluída pela Emenda Constitucional nº 19, de 1998)*

b) a de um cargo de professor com outro técnico ou científico; *(Incluída pela Emenda Constitucional nº 19, de 1998)*

c) a de dois cargos privativos de médico; *(Incluída pela Emenda Constitucional nº 19, de 1998)*

c) a de dois cargos ou empregos privativos de profissionais de saúde, com profissões regulamentadas; *(Redação dada pela Emenda Constitucional nº 34, de 2001)*

XVII - a proibição de acumular estende-se a empregos e funções e abrange autarquias, fundações, empresas públicas, sociedades de economia mista, suas subsidiárias, e sociedades controladas, direta ou indiretamente, pelo poder público; *(Redação dada pela Emenda Constitucional nº 19, de 1998)*

(...)

Art. 38. Ao servidor público da administração direta, autárquica e fundacional, no exercício de mandato eletivo, aplicam-se as seguintes disposições: *(Redação dada pela Emenda Constitucional nº 19, de 1998)*

I - tratando-se de mandato eletivo federal, estadual ou distrital, ficará afastado de seu cargo, emprego ou função;" (grifei)

14. Observo que, a prevalecer a tese de inacumulabilidade dos cargos em tela, na linha de argumentação esposada na instrução técnica, cairia por

terra a interpretação atualmente conferida pelo Tribunal ao art. 37, inciso XI, no sentido da não sujeição das entidades do Sistema "S" ao teto remuneratório inserto naquele comando constitucional.

15. Isso porque, para admitir que a regra da não cumulação de cargos inclui os serviços sociais autônomos, seria obrigatório admitir que tais entidades estariam inseridas no contexto da administração pública indireta, sob a forma de autarquias, fundações, empresas públicas, sociedades de economia mista, ou, pior, que estariam contidas na definição de subsidiárias ou de empresas controladas, direta ou indiretamente, pelo poder público.

16. Far-se-ia necessário, no mínimo, que seus empregados fossem indevidamente tratados como empregados públicos ou, pior, que fossem tratados como ocupantes de cargos públicos, ou, ainda, como servidores públicos da administração direta, autárquica e fundacional, conforme estabelece a mesma norma constitucional.

17. Não é esse o presente caso.

18. Dessa maneira, diante dos precedentes jurisprudenciais ora colacionados e dos referidos dispositivos da Carta Magna, é incabível, em minha leitura, a interpretação tendente a inserir os empregados e dirigentes das entidades do Sistema "S" no conjunto dos servidores públicos, ainda que em sentido amplo.

19. Por essas razões, entendo que a vedação expressa no art. 37, incisos XVI e XVII, da Constituição Federal de 1988, não é aplicável ao caso em estudo.

20. Convém, ainda na esteira dos referidos julgados, destacar que as entidades do Sistema "S" não estão posicionadas à margem dos princípios gerais de administração pública, pois, como visto, são custeadas com recursos oriundos de contribuições compulsórias tributárias parafiscais.

21. Nesse sentido, é preciso discutir, também, a questão da compatibilidade de horários entre o cargo de Presidente do Senar-AR/MT e o de Deputado Federal pelo Sr. Homero Alves Pereira, uma vez que, em se confirmando a tese de incompatibilidade, restaria configurada a ocorrência de enriquecimento sem causa por parte do responsável e, ato contínuo, de prejuízo aos cofres daquela entidade, em vista do pagamento de sua remuneração sem a devida contraprestação do serviço.

22. Essa inferência, contudo, também não merece prosperar.

23. Isso porque o cargo de Presidente do Senar-AR/MT não é regido por contrato de trabalho efetuado nos moldes convencionais, em que se exige do seu ocupante o cumprimento de uma jornada específica, que, conforme consta da Consolidação das Leis do Trabalho, poderia chegar a 44 horas semanais.

24. O posto ocupado pelo Sr. Homero Alves Pereira no Senar-AR/MT demanda, isso sim, sua atuação como legítimo representante da entidade, incumbindo-lhe, portanto, a tomada de decisões administrativas inerentes ao seu funcionamento, conforme as prerrogativas definidas para o cargo no respectivo regimento interno, e, ainda, a responsabilidade inerente aos atos administrativos praticados como tal.

25. De toda maneira, é importante observar que não há, nestes autos, elementos que indiquem insuficiência ou deficiência na atuação do responsável como Presidente do Senar-AR/MT, o que, mesmo considerando afastada a discussão acerca da compatibilidade de horários, poderia ensejar a ocorrência de prejuízos a esse serviço social autônomo.

26. Desse modo, concluo ser impertinente, também, o questionamento acerca da compatibilidade de horários.

27. Outra irregularidade que chegou a ser aventada pela unidade técnica diz respeito à possível desobediência ao art. 54 da Constituição Federal, *in verbis*:

"Art. 54. Os Deputados e Senadores não poderão:

I - desde a expedição do diploma:

a) firmar ou manter contrato com pessoa jurídica de direito público, autarquia, empresa pública, sociedade de economia mista ou empresa concessionária de serviço público, salvo quando o contrato obedecer a cláusulas uniformes;

b) aceitar ou exercer cargo, função ou emprego remunerado, inclusive os de que sejam demissíveis "ad nutum", nas entidades constantes da alínea anterior;

II - desde a posse:

a) ser proprietários, controladores ou diretores de empresa que goze de favor decorrente de contrato com pessoa jurídica de direito público, ou nela exercer função remunerada;

b) ocupar cargo ou função de que sejam demissíveis "ad nutum", nas entidades referidas no inciso I, "a";

c) patrocinar causa em que seja interessada qualquer das entidades a que se refere o inciso I, "a";

d) ser titulares de mais de um cargo ou mandato público eletivo." (grifei)

28. A mesma fundamentação utilizada para afastar, no presente caso, a aplicabilidade do teto remuneratório e da vedação constitucional de acumulação de cargos públicos pode ser estendida para o questionamento da Secex/MT quanto às proibições do art. 54 da Carta Magna.

29. Observo que o Senar-AR/MT não se encaixa em nenhuma das entidades relacionadas no inciso I, alínea "a", do referido comando constitucional, tampouco é empresa que goza de favor decorrente de contrato com pessoa jurídica de direito público, como prevê o inciso II, alínea "a", do mesmo artigo.

30. Ademais, tendo em vista a natureza jurídica da entidade em tela, a teor da jurisprudência do Tribunal sobre a questão, não há que se falar em acumulação de cargo ou mandato público eletivo, conforme reza o inciso II, alínea "b", do aludido dispositivo.

31. Nada obstante esse entendimento, cabem aqui algumas considerações acerca da competência do TCU para tratar da questão, haja vista a disposição contida no art. 55 do diploma constitucional, *in verbis*:

"Art. 55. Perderá o mandato o Deputado ou Senador:

I - que infringir qualquer das proibições estabelecidas no artigo anterior;

II - cujo procedimento for declarado incompatível com o decoro parlamentar;

III - que deixar de comparecer, em cada sessão legislativa, à terça parte das sessões ordinárias da Casa a que pertencer, salvo licença ou missão por esta autorizada;

IV - que perder ou tiver suspensos os direitos políticos;

V - quando o decretar a Justiça Eleitoral, nos casos previstos nesta Constituição;

VI - que sofrer condenação criminal em sentença transitada em julgado.

§ 1º - É incompatível com o decoro parlamentar, além dos casos definidos no regimento interno, o abuso das prerrogativas asseguradas a membro do Congresso Nacional ou a percepção de vantagens indevidas.

§ 2º - Nos casos dos incisos I, II e VI, a perda do mandato será decidida pela Câmara dos Deputados ou pelo Senado Federal, por voto secreto e maioria absoluta, mediante provocação da respectiva Mesa ou de partido político representado no Congresso Nacional, assegurada ampla defesa." (grifei)

32. Pela leitura do § 2º acima transcrito, depreende-se que o processo de perda do cargo decorrente de suposta infringência à regra do art. 54 transita, exclusivamente, na respectiva Casa legislativa onde se der a irregularidade, e tem início mediante a provocação dos legitimados, conforme o caso.

33. Portanto a avaliação desta Corte de Contas sobre o tema, caso fosse detectada alguma ilegalidade, ficaria adstrita, no máximo, a uma comunicação à Casa legislativa pertinente, para que ali fossem adotadas as medidas entendidas cabíveis. Todavia vejo que, não havendo no caso concreto desrespeito às normas constitucionais precitadas, dispensa-se, inclusive, tal comunicação no presente momento.

34. Devo destacar que, se ficasse efetivamente comprovada, no caso concreto, a incompatibilidade de horários entre o exercício de direção na entidade paraestatal e o exercício do mandato eletivo, aí sim a situação mereceria maiores preocupações por parte do TCU, já que, nesse caso hipotético (não verificado nestes autos), haveria prejuízo para o Erário, decorrente do recebimento de salários sem a devida contraprestação de serviços no âmbito da entidade paraestatal.

35. E, a despeito de não ser este o objeto ora em estudo, devo destacar, apenas em tese, para efeito de elucidação de possíveis dúvidas, que eventual uso da máquina do Sistema "S" por parlamentar dirigente da entidade, observando todas as disposições legais, mas com fins meramente "eleitoreiros" (no sentido ruim da palavra), não configuraria matéria inserida necessariamente na competência do TCU, cabendo muito mais à Justiça federal especializada eleitoral, nos termos da CF/88 e da legislação aplicável.

36. Destaco que, quando se trata de regras para administração de pessoal no âmbito de entidades do Sistema "S", entende-se que a paraestatal deve observar os princípios da administração pública e os seus regulamentos próprios. E, neste ponto, ressalto que o acúmulo ora examinado não se mostra contrário aos princípios da administração pública, nem mesmo ao da moralidade administrativa, já que, não percebendo salários pela direção na entidade paraestatal ou percebendo apenas valores de natureza indenizatória pelas despesas pessoais com o exercício dessa direção, não há que se falar em enriquecimento sem causa ou em ofensa à moralidade admi-

nistrativa por parte do interessado, que ao lado disso percebe subsídios na respectiva Casa legislativa.

37. Por fim, ressalto que a legislação federal permite que até mesmo servidores públicos federais exerçam cumulativamente atribuições na direção de entidades paraestatais.

38. Noto que a Lei nº 9.637/1998, quando trata das organizações sociais, permite tal acumulação no seu artigo 3º, I, "a", ao estabelecer:

"Art. 3º O conselho de administração deve estar estruturado nos termos que dispuser o respectivo estatuto, observados, para os fins de atendimento dos requisitos de qualificação, os seguintes critérios básicos:

I - ser composto por:

a) 20 a 40% (vinte a quarenta por cento) de membros natos representantes do Poder Público, definidos pelo estatuto da entidade;

b) 20 a 30% (vinte a trinta por cento) de membros natos representantes de entidades da sociedade civil, definidos pelo estatuto;

c) até 10% (dez por cento), no caso de associação civil, de membros eleitos dentre os membros ou os associados;

d) 10 a 30% (dez a trinta por cento) de membros eleitos pelos demais integrantes do conselho, dentre pessoas de notória capacidade profissional e reconhecida idoneidade moral;

e) até 10% (dez por cento) de membros indicados ou eleitos na forma estabelecida pelo estatuto;"

39. Noto ainda que a Lei nº 9.790/1999, quando trata das organizações da sociedade civil de interesse público, também passou a permitir, em 2002, tal acumulação no seu artigo 4º, parágrafo único, ao determinar:

"Art. 4º Atendido o disposto no art. 3º, exige-se ainda, para qualificarem-se como Organizações da Sociedade Civil de Interesse Público, que as pessoas jurídicas interessadas sejam regidas por estatutos cujas normas expressamente disponham sobre:

I - a observância dos princípios da legalidade, impessoalidade, moralidade, publicidade, economicidade e da eficiência;

II - a adoção de práticas de gestão administrativa, necessárias e suficientes a coibir a obtenção, de forma individual ou coletiva, de benefícios ou vantagens pessoais, em decorrência da participação no respectivo processo decisório;

(...) VI - a possibilidade de se instituir remuneração para os dirigentes da entidade que atuem efetivamente na gestão executiva e para aqueles que a ela prestam serviços específicos, respeitados, em ambos os casos, os valores praticados pelo mercado, na região correspondente a sua área de atuação;

(...) Parágrafo único. É permitida a participação de servidores públicos na composição de conselho de Organização da Sociedade Civil de Interesse Público, vedada a percepção de remuneração ou subsídio, a qualquer título. (Incluído pela Lei nº 10.539, de 2002)"

40. Não vejo, pois, razão para que o tratamento, no âmbito das entidades do Sistema "S", seja diferente, mesmo porque, em se tratando também de entidade paraestatal e diante da omissão legal, deve-se buscar a aplicação analógica no âmbito dos serviços sociais autônomos das leis aplicáveis às OS e às OSCIP, seguindo o brocardo: "mesma razão, mesmo direito".

41. Diante das considerações ora expendidas, reafirmo que as razões de justificativas apresentadas pelo Sr. Homero Alves Pereira merecem ser acolhidas, e que a presente representação, no mérito, deve ser considerada improcedente.

Pelo exposto, pugno por que seja adotado o acórdão que ora submeto a este Colegiado.

TCU, Sala das Sessões, em 14 de abril de 2010.

ANDRÉ LUÍS DE CARVALHO

Relator

Declaração de Voto

Inicialmente quero parabenizar o Ministro-Substituto André Luís de Carvalho pela brilhante e bem elaborada Proposta de Deliberação no sentido de considerar improcedente a representação da unidade técnica.

2. De fato, dado o inegável caráter paraestatal das entidades do Sistema "S" como órgãos de colaboração com o Estado, tornou-se pacífico neste Tribunal o entendimento de que a elas não se aplicam todas as vedações constitucionais previstas para os órgãos e entidades da administração pública direta, autárquica e fundacional, inclusive para seus servidores e dirigentes, por não exercerem cargos, funções ou empregos públicos.

3. Nesse sentido, como bem lembrou o nobre relator, para efeitos de controle do teto remuneratório previsto no art. 37, inciso XI, da Constituição

Federal, este colegiado acolheu voto condutor do Acórdão 2.328/2006-TCU-Plenário, da lavra do nobre Ministro Ubiratan Aguiar, onde restou assente que o Sebrae não se incluiria no universo dos entes da administração pública direta ou indireta. No mesmo sentido, o Acórdão 2.788/2006-TCU-1ª Câmara, de relatoria do Ministro Marcos Vilaça.

4. Noutro giro, no voto condutor do Acórdão 2.244/2008-TCU-Plenário proferido pelo nobre relator, também ficou claro por este Colegiado de que aos dirigentes das entidades do Sistema "S" não se aplicariam as vedações de acumulação de cargos previstas no art. 37, incisos XVI e XVII, da Constituição Federal, simplesmente porque eles não exercem cargo, emprego ou função pública.

5. Finalizando, louvo a iniciativa do Ministro André Luís em reconhecer que o TCU não tem competência para determinar a um Deputado Federal que faça opção entre o cargo eletivo e o de dirigente de uma entidade do Sistema "S", pois isso poderia equivaler a uma declaração indireta de perda de cargo, com usurpação de competências do Congresso Nacional, a teor do art. 55 e § 2º da Constituição Federal.

Com essas considerações, voto pelo acolhimento da proposta de deliberação apresentada pelo Relator, eminente Ministro-Substituto André Luís de Carvalho.

TCU, Sala das Sessões, em 14 de abril de 2010.

AUGUSTO NARDES

Ministro

Acórdão

VISTOS, relatados e discutidos estes autos de Representação formulada pela Secex/MT, em vista da constatação, mediante inspeção no Senar-AR/MT, de possível irregularidade concernente à acumulação, pelo Sr. Homero Alves Pereira, de mandato eletivo de deputado federal com o cargo de Presidente do Conselho Administrativo do Senar-AR/MT.

ACORDAM os Ministros do Tribunal de Contas da União, reunidos em Sessão do Plenário, ante as razões expostas pelo Relator, em:

9.1. com fundamento no art. 235, c/c o art. 237, inciso V e parágrafo único, ambos do Regimento Interno do TCU, conhecer da presente representação, para, no mérito, considerá-la improcedente;

9.2. acolher as razões de justificativas apresentadas pelo Sr. Homero Alves Pereira;

9.3. arquivar o presente processo, dando-se ciência ao interessado.

16.1. Admissão de Empregados - Processo Seletivo Externo/Interno

Comentário:

Os assuntos que envolvem as entidades integrantes do Sistema "S", inclusive aqueles atinentes à admissão de pessoal, tem sido objeto de apreciação por parte do Tribunal de Contas da União, fruindo entendimento, nas diversas assentadas, que as unidades, em razão de sua peculiar natureza jurídica, devem editar regulamentos próprios, até mesmo para disciplinar os procedimentos de seleção de seu pessoal.

Com a edição do Acórdão 369/2009-TCU-Plenário, o TCU firmou entendimento em que admite que os Serviços Sociais Autônomos, por não serem parte da Administração Pública e terem independência para a criação de seus cargos, de natureza privada, possam promover, à sua discricionariedade, processos seletivos externos e internos para o recrutamento de pessoal, resguardados os princípios de ordem constitucional que objetivam impedir favorecimentos e outras ilicitudes do gênero e preservado o processo seletivo público externo para o ingresso de funcionários em seus quadros.

Desse modo, os procedimentos de seleção e recrutamento de pessoal admitido nos quadros das entidades do Sistema "S" devem observar os critérios enunciados no Acórdão 2305/2007-Plenário em conjunto com as determinações do TCU contidas no Acórdão 369/2009-Plenário.

Há determinações de caráter geral quanto à admissão de pessoal nas entidades do Sistema "S", no sentido de que se abstenham de admitir empregados para prover cargos inexistentes na estrutura das entidades, e ainda observem os princípios norteadores da Administração Pública previstos no art. 37 da Constituição Federal, bem como os entendimentos da Corte de Contas sobre a matéria consubstanciados em suas decisões, o que constitui jurisprudência pacífica.

Em breve síntese, mencionamos várias orientações do TCU sobre a matéria em comento:

a) ao realizarem processo seletivo simplificado para recrutamento e seleção de pessoal, utilizem critérios objetivos de seleção de pessoal, assegurando a isonomia entre os interessados, a impessoalidade, a transparência e a publicidade dos procedimentos, abstendo-se de adotar critérios subjetivos, tais como análise curricular, avaliação comportamental, entrevistas e avaliação psicológica.

Desse modo, as unidades devem abster-se de utilizar instrumentos de aferição de conhecimentos e habilidades como provas subjetivas ou discursivas, entrevistas ou similares sem a prévia estipulação de critérios objetivos de avaliação, de modo a afastar os riscos de que a subjetividade da avaliação possa macular a impessoalidade do certame, bem assim permitir a possibilidade de interposição de recursos por parte dos candidatos irresignados com a sua avaliação;

b) em relação aos processos de recrutamento de pessoal, utilizar, nos processos administrativos da entidade, inclusive nos instrumentos convocatórios, algum meio que permita identificar a assinatura dos responsáveis por atos processuais e o respectivo setor; sendo, pois, vedada a aposição, pelo candidato, nas provas discursivas, de assinatura, rubrica, palavra ou marca que o identifique, sob pena de desclassificação do certame;

c) em relação aos processos de recrutamento de pessoal, juntar aos autos dos processos seletivos documentos que comprovem a data da realização da seleção, de modo a favorecer o princípio da transparência administrativa, a comprovação da realização de provas, bem como fichas de entrevistas, quando sua finalidade for avaliar os conhecimentos dos candidatos por critérios objetivos pré-fixados e com conteúdo programático previamente divulgado em edital, relativamente a todos os empossados, atentando para as disposições das normas regulamentares de pessoal das administrações regionais, quanto a comprovar a habilitação exigida para o emprego, estar de pleno gozo dos direitos políticos e estar quites com as obrigações militares, se do sexo masculino, e demais exigências legais e profissionais, quando for o caso.

Ademais, façam constar previamente em edital: 1. os critérios de correção e pontuação dos instrumentos mencionados no item anterior, bem como o detalhamento do conteúdo programático da prova de conhecimento geral e específicos; 2. o conteúdo programático detalhado, de modo a disponibilizar aos candidatos todas as informações necessárias para que se preparem adequadamente para os exames; 3. a identidade e qualificação dos membros que integrarão a banca examinadora, nos casos em que a realização de entrevistas seja imprescindível para a seleção dos candidatos, para que, em atenção ao princípio da impessoalidade, sejam afastadas quaisquer suspeitas de favorecimento e subjetivismos; 4. os pesos a serem atribuídos a cada uma das etapas para a obtenção da nota final dos candidatos; 5. o quantitativo de vagas para cada cargo; 6. os critérios para desempate;

d) em relação aos processos de seleção e contratação de pessoal, formalizem os atos relativos à seleção, mantendo-os registrados sob a forma de processo, atentando para a ordem formal das etapas do procedimento e para o devido preenchimento de datas e campos de assinatura nos documentos referentes ao processo seletivo e observem o limite mínimo de candidatos estabelecido no Regimento Interno da entidade no âmbito dos processos de seleção de pessoal e, quando não for possível atingi-lo, juntem aos autos do processo as justificativas pertinentes. Justifiquem, ainda, nos autos do processo, a adoção de cláusulas que limitem o universo de participantes da seleção;

e) O descumprimento ou a reincidência no descumprimento de determinação do Tribunal de Contas da União poderá ensejar a irregularidade das contas anuais da entidade faltosa e a aplicação da multa cominada no art. 58, inciso VII, da Lei nº 8.443/1992;

f) Nos casos de adoção de processo seletivo interno, promovido à discricionariedade dos Serviços Sociais Autônomos, no âmbito da própria entidade, devem ser resguardados os princípios de ordem constitucional que objetivam impedir favorecimentos e outras ilicitudes do gênero, nos termos da decisão do TCU prolatada no Acórdão 369/2009-Plenário. Nesta decisão foi ainda recomendado às entidades integrantes do Sistema "S" que, em conjunto, elaborassem um regulamento que disciplinasse a utilização dos processos de recrutamento interno para o preenchimento de cargos de seus quadros, fixando regras claras e objetivas que resguardem o atendimento dos princípios constitucionais da legalidade, impessoalidade, moralidade, eficiência e publicidade, em conformidade com o art. 37 da Constituição Federal e com a jurisprudência da Corte de Contas;

g) No caso da Agência Brasileira de Desenvolvimento Industrial - ABDI, instituída como Serviço Social Autônomo pela Lei nº 11080, de 30/12/2004, regulamentada pelo Decreto 5352, de 24/01/2005, somente deveria publicar processo seletivo de pessoal após a celebração do Contrato de Gestão a ser firmado com o Ministério do Desenvolvimento, Indústria e Comércio Exterior, nos termos do previsto nos arts. 11, § 1º, da Lei nº 11.080/2004 e 11, § 4º, do Decreto n. 5.352/2005;

h) As contratações de empregados no âmbito das unidades do Sistema "S" devem ser realizadas com a efetivação de processo seletivo que observe os princípios constitucionais vigentes. Frise-se que, consoante à consolidada jurisprudência, tem o Tribunal considerado irregulares as contas de entidades do Sistema "S" em que restou injustificada a contratação de pessoal sem a adoção de processo seletivo, e determinado, inclusive, a anulação dos respectivos contratos de trabalho;

i) Abstenham-se, os Serviços Sociais Autônomos, de promover processos seletivos para contratação de pessoal sem a elaboração de instrumento convocatório (edital ou documento equivalente) que esclareça, de forma detalhada, quais são as fases do concurso, os procedimentos que serão utilizados dentre os arrolados em norma própria, as fórmulas utilizadas para pontuação, os critérios de desempate, o conteúdo programático das provas, os prazos para interposição de recurso e outras informações necessárias para garantir a transparência e a impessoalidade do certame, além da igualdade entre os candidatos;

j) Promovam a contratação de pessoal da entidade, mediante a realização de processo seletivo, atentando para a necessidade de autorização do Colegiado competente, observando as disposições das Normas de Pessoal da Entidade, bem como a sólida jurisprudência decorrente das deliberações da egrégia Corte de Contas, a exemplo daquelas mencionadas neste comentário;

k) Observem que, através do Acórdão 498/2011-1ª Câmara, o Colegiado considerou a excepcionalidade do procedimento de recrutamento interno, o qual somente poderá ser levado a cabo se estiverem devidamente demonstradas as razões que levam a entidade a considerar inviável, indesejável ou ineficiente a realização de processo seletivo externo e amplo e que justificam a promoção do recrutamento interno, cabendo-lhe, se entender necessário, normatizar os procedimentos internos requeridos para que essa condição seja observada em eventual e excepcional provimento de posição funcional permanente mediante recrutamento interno;

l) Nessa mesma linha, o Acórdão 1172/2011-1ª Câmara estabeleceu entendimento de que as entidades do Serviço Social Autônomo devem observar, ainda, nas seleções de pessoal, os princípios constitucionais aplicáveis à Administração Pública, bem como as diretrizes constantes do Acórdão nº 2.305/2007-Plenário alterado pelo de nº 369/2009-Plenário, assim devem elaborar estudo conjunto para fins de regulamentação dos processos de recrutamento interno para o preenchimento de cargos da entidade, fixando regras claras e objetivas que resguardem o atendimento dos princípios constitucionais da legalidade, impessoalidade, moralidade, eficiência e publicidade;

m) Observem, ainda, que o TCU tem determinado prazo para que as entidades adotem providências para exonerar de cargo em comissão ocupado, com a respectiva rescisão de seu contrato de trabalho, quando a nomeação do interessado for considerada irregular por contrariar os princípios constitucionais da moralidade, da impessoalidade e da legalidade insculpidos no art. 37, caput, da CF;

n) Estejam alertas para a necessidade de passar a estabelecer, em consonância com a jurisprudência do TCU (v.g Acórdão 2.427/2005-2ª Câmara, Acórdão 119/2006-Plenário, Acórdão 969/2006-Plenário, Acórdão 2.305/2007-Plenário), critérios objetivos de avaliação no tocante à fase de entrevistas (análise de dados ou fatos), constando dos seus futuros editais de recrutamento o conteúdo que será objeto da entrevista, o qual deverá estar relacionado com pré-requisitos do cargo e os critérios de atribuição de notas, dentre outros dados relevantes, em ordem a minimizar o subjetivismo natural que permeia esse instrumento e a ocorrência de interferências pessoais na escolha do profissional;

o) Observem, na contratação de pessoal, os pré-requisitos de escolaridade e experiência contidos no Plano de Cargos e Salários da entidade, observando, ainda, quanto aos cargos a serem ocupados em razão de processos seletivos de admissão de empregados, que a caracterização da natureza técnica do cargo não guarda relação apenas com a exigência de curso superior único, mas sim com as especificidades das atividades exercidas, evitando situações como a que descrevemos de forma exemplificativa: exigência da graduação no curso de engenharia civil, quando se deseja a aptidão em raciocínio lógico, inerente a vários cursos da área de ciências exatas.

Nesse mesmo sentido, a CGU, em publicação intitulada *Entendimentos do Controle Interno Federal sobre a Gestão dos Recursos das Entidades do Sistema "S"*, esclareceu sobre o assunto da seguinte forma:

> *25. O que deve ser observado na contratação de pessoal pelas entidades do Sistema "S"?*
>
> *A contratação de pessoal pelas entidades do Sistema "S" deve obedecer aos princípios constitucionais, elencados no artigo 37, em especial os da isonomia, impessoalidade, legalidade e publicidade. Além disso, deve adotar como regra o recrutamento externo, baseado em critérios objetivos. O recrutamento interno deve ser evitado, porém pode ser aceito, desde que devidamente justificado.*

Decisões do TCU:

Acórdãos 741/2005-Plenário; 2017/2005-2ª Câmara; 2481/2006-2ª Câmara; 2483/2006-2ª Câmara; 2684/2006-1ª Câmara; 2686/2006-1ª Câmara; 3380/2006-2ª Câmara; 513/2007-1ª Câmara; 1906/2007-2ª Câmara; 1908/2007-2ª Câmara; 1155/2007-1ª Câmara; 1156/2007-1ª Câmara; 1157/2007-1ª Câmara; 2815/2007-1ª Câmara; 2817/2007-1ª Câmara; 3001/2007-1ª Câmara; 3373/2007-1ª Câmara; 3374/2007-1ª Câmara; 3745/2007-1ª Câmara; 3749/2007-1ª Câmara; 2305/2007-Plenário; 1180/2008-1ª Câmara; 1513/2008-1ª Câmara; 2116/2008-1ª Câmara; 2183/2008-1ª Câmara; 2799/2008-1ª

Câmara; 3813/2008-1ª Câmara; 5068/2008-1ª Câmara; 5069/2008-1ª Câmara; 5071/2008-1ª Câmara; 369/2009-Plenário; 922/2009-Plenário; 1842/2009-2ª Câmara; 2066/2009-1ª Câmara; 204/2010-Plenário; 500/2010-Plenário; 588/2010-1ª Câmara; 636/2010-2ª Câmara; 871/2010-Plenário; 1826/2010-2ª Câmara; 2063/2010-Plenário; 3287/2010-2ª Câmara; 4604/2010-2ª Câmara; 305/2011-Plenário; 386/2011-Plenário; 498/2011-1ª Câmara; 554/2011-2ª Câmara; 944/2011-1ª Câmara; 966/2011-2ª Câmara; 1741/2011-Plenário; 2785/2011-2ª Câmara; 2790/2011-2ª Câmara; 3871/2011-2ª Câmara; 4185/2011-1ª Câmara; 5341/2011-1ª Câmara.

16.2. Atividade Fim e Atividade Meio

Comentário:

Cabe às entidades do Sistema "S" observar o limite estabelecido nos normativos internos para a realização de despesas com as atividades meio.

Convém lembrar que há determinação do TCU no sentido de que as entidades do Sistema "S" procedam a estudos com o objetivo de definir a distribuição ideal de pessoal, de modo a atender suas necessidades específicas, priorizando a alocação de servidores na área fim.

Decisões do TCU:

Acórdãos 3594/2007-1ª Câmara; 1825/2010-2ª Câmara.

16.3. Banca Examinadora

Comentário:

O TCU tem determinado às entidades do Serviço Social Autônomo que as avaliações, por meio de entrevista, sejam realizadas por banca examinadora, cuja formação deverá ser previamente estabelecida e divulgada em edital, de forma a assegurar a observância aos princípios constitucionais da impessoalidade, moralidade, isonomia e publicidade.

As entidades devem ajustar o processo seletivo para provimento de vagas no seu quadro de pessoal, de modo a assegurar a isonomia entre os interessados e a impessoalidade, a transparência e a publicidade dos procedimentos, adotando as seguintes providências:

a) suprimir a fase de entrevista ou banca examinadora;

b) fazer constar o detalhamento do conteúdo programático da prova de conhecimentos específicos;

c) definir critérios objetivos de avaliação, correção e pontuação das provas de conhecimentos específicos, de redação e de habilidades;

d) estabelecer maior prazo de inscrição, de forma a assegurar o caráter competitivo do processo de seleção;

e) fazer constar a data de realização das provas de todas as etapas do processo seletivo;

f) garantir a ampla defesa aos candidatos por meio da possibilidade de requerer revisão das notas/avaliações obtidas em todas as fases do processo seletivo, estabelecendo prazo para eventual interposição de recursos;

g) indicar os critérios de desempate e de ordenação dos candidatos, assim como o número de vagas oferecidas;

h) restringir a avaliação de habilidades dos candidatos àquelas que sejam indispensáveis ao desempenho das funções a serem executadas.

Decisões do TCU:
Acórdãos 2017/2005-2ª Câmara; 2310/2007-1ª Câmara.

16.4. Banco de Horas – Sistema de Compensação

Comentário:
As entidades do Serviço Social Autônomo devem abster-se de realizar pagamentos de horas extras a funcionários, substituindo esse procedimento pela implantação do banco de horas, alertando que tal procedimento deve ser encaminhado à Delegacia Regional do Trabalho para registro, em conformidade com os arts. 611 e 625 da CLT.

O TCU tem determinado que as entidades promovam a implantação de sistema de compensação de horas, de tal modo a permitir o ajuste das horas extras trabalhadas por seus colaboradores sem necessidade de acréscimos salariais, evitando, também, a geração de passivos trabalhistas previsíveis.

A implantação de um sistema de banco de horas permitirá um controle mais eficaz sobre horas extras e sobre os eventuais gastos administrativos e judiciais decorrentes.

Nesse mesmo sentido, a CGU, em publicação intitulada *Entendimentos do Controle Interno Federal sobre a Gestão dos Recursos das Entidades do Sistema "S"*, esclareceu sobre o assunto da seguinte forma:

> *27. Como funciona o banco de horas?*
>
> *Tal instituto consiste na dispensa do acréscimo de salário se, por força de acordo ou convenção coletiva de trabalho, o excesso de horas em um dia for compensado pela correspondente diminuição em outro dia, de maneira que não exceda, no período máximo de cento e vinte dias, à soma das jornadas semanais de trabalho previstas, nem seja ultrapassado o limite máximo de dez horas diárias.*

Decisões do TCU:
Acórdãos 323/2008-2ª Câmara; 3807/2008-1ª Câmara; 3871/2011-2ª Câmara.

3

16.5. Bolsa de Estudo - Concessão

Comentário:
No que tange à política de bolsa de estudo no âmbito das entidades de ensino do Sistema "S", é preciso que a entidade estabeleça, mediante normativo próprio, critérios claros e objetivos para a concessão de bolsas de estudo, de modo que a distribuição se faça de forma motivada, e em plena atenção aos princípios da legalidade, impessoalidade, moralidade, razoabilidade e demais princípios constitucionais, cuidando para que fatores pessoais e subjetivos não interfiram nas decisões e atos ocorridos na entidade.

Decisões do TCU:
Acórdão 2785/2011-2ª Câmara.

16.6. Comissão de Análise

Comentário:

Nos processos para seleção e contratação de pessoal, as entidades do Sistema "S" devem instituir, para cada processo seletivo, uma comissão de análise e avaliação de candidatos, consoante determinações emanadas do TCU.

Decisões do TCU:

Acórdãos 3373/2007-1ª Câmara; 3374/2007-1ª Câmara.

16.7. Concurso Público

Comentário:

Conforme comentado no item 10.1 que trata da Admissão de Pessoal, o TCU tem feito várias determinações às entidades do Sistema "S", dentre elas que essas entidades abstenham-se de realizar entrevista como etapa de processo seletivo de pessoal.

A utilização dessa etapa de entrevista deve ser feita somente nas hipóteses em que sua finalidade seja avaliar os conhecimentos dos candidatos por meio de critérios objetivos prefixados e com conteúdo programático previamente divulgado em edital.

É necessário, pois, nos casos em que se aplica, que as entidades promovam a adequação do seu Manual de Normas e Procedimentos Administrativos, de modo que o processo seletivo para provimento de vagas no quadro de pessoal da entidade venha a assegurar a isonomia entre os interessados e a impessoalidade, a transparência e a publicidade dos procedimentos, adotando as seguintes providências:

a) abstenham-se de utilizar instrumentos de aferição de conhecimentos e habilidades como provas subjetivas ou discursivas, entrevistas ou similares sem a prévia estipulação de critérios objetivos de avaliação, de modo a afastar os riscos de que a subjetividade da avaliação possa macular a impessoalidade do certame, bem assim permitir a possibilidade de interposição de recursos por parte dos candidatos irresignados com a sua avaliação;

b) façam constar previamente em edital os critérios de correção e pontuação dos instrumentos mencionados no item anterior, bem como o detalhamento do conteúdo programático da prova de conhecimento geral e específicos.

É preciso que as entidades do Sistema "S" adotem medidas no sentido de proceder à publicação de seus processos seletivos de pessoal em jornal de grande circulação local, bem como que evitem fazer distinção em razão do sexo, quando da contratação de pessoal, em observância aos princípios constitucionais da publicidade, impessoalidade, moralidade, finalidade e igualdade, nos termos do art. 37, "caput" e inc. I, da CF/ 1988.

Decisões do TCU:
Acórdãos 1174/2005-1ª Câmara; 1837/2007-2ª Câmara; 427/2008-1ª Câmara; 2550/2009-2ª Câmara.

16.8. Demissão de Empregados - Verbas Indenizatórias e Multa sobre o FGTS

3

Comentário:
Consoante a firme jurisprudência resultante das deliberações do TCU, as Entidades do Sistema "S" são orientadas a somente dispensar funcionários de seus quadros após a tramitação dos processos no âmbito interno, mormente com a emissão de parecer definitivo sobre o desligamento, evitando possíveis questionamentos judiciais, atentando para o princípio constitucional do contraditório e da ampla defesa inscritos no art. 5º, LV, da CF/88.

Nesse mesmo sentido, a CGU, em publicação intitulada *Entendimentos do Controle Interno Federal sobre a Gestão dos Recursos das Entidades do Sistema "S"*, esclareceu sobre o assunto da seguinte forma:

> *29. Em caso de demissão de empregados, em que situação é devido o pagamento de verbas indenizatórias referentes a aviso prévio e multa de 40% sobre o FGTS?*
>
> *O pagamento dessas verbas indenizatórias é devido apenas nos casos de demissão sem justa causa. Caso o desligamento seja por justa causa*

ou por iniciativa do empregado, fica descaracterizada a obrigatoriedade do pagamento dessas verbas indenizatórias. Portanto, é importante verificar se a demissão sem justa causa é de interesse da entidade, sendo motivada, por exemplo, por revisões e melhorias de processos de trabalho, com vistas à redução de custos. Realização de acordos "informais" para a efetivação de demissões "sem justa causa" pode constituir-se em prática ilícita e antieconômica, pois sujeita a entidade aos pagamentos comandados pela legislação trabalhista.

Decisões do TCU:

Acórdão 636/2010-2ª Câmara.

16.9. Dimensionamento

Comentário:

Cabe às entidades realizarem estudos com vistas a redimensionar a proporção entre os cargos integrantes da estrutura básica, providos conforme seu Plano de Cargos, Salários e Benefícios, independentemente da realização de processo seletivo, e os cargos integrantes do quadro efetivo, de forma que aqueles se limitem ao percentual necessário ao assessoramento direto da administração, em observância aos princípios da impessoalidade, legalidade, moralidade, finalidade, isonomia, publicidade e eficiência.

Decisões do TCU:

Acórdão 2481/2006-2ª Câmara.

16.10. Estagiários

Comentário:

As entidades do Sistema "S" façam constar nos processos de contratação de estagiários todos os documentos exigidos em normas internas, a exemplo da Norma Interna PO-022, no caso da ABDI.

Nessa mesma linha de entendimento, o TCU determinou que as entidades se abstenham de admitir, como estagiários, parentes dos empregados da unidade e de outras entidades do Sistema, cujas atividades estejam vinculadas aos respectivos parentes, em observância ao princípio da impessoalidade.

Decisões do TCU:
Acórdãos 288/2007-Plenário; 1011/2008-1ª Câmara.

16.11. Funções de Confiança - Exigências Técnicas e Vedações

Comentário:
Para o exercício de funções de confiança, de livre nomeação e exoneração, previstas na estrutura administrativa das entidades do Serviço Social Autônomo, deve ser observada e exigida a necessária qualificação técnica dos profissionais indicados, adequando o nível salarial e a carga horária semanal dessas funções ao plano de cargos e salários da entidade. 3

Cabe à Administração abster-se de nomear para exercer função de confiança pessoas que mantêm ou mantiveram relacionamento comercial com a entidade, tendo em vista os princípios constitucionais da moralidade e da impessoalidade.

Decisões do TCU:
Acórdãos 2391/2006-2ª Câmara; 2336/2008-1ª Câmara.

16.12. Hora-Aula - Valores

Comentário:
Sobre esse assunto é importante que sejam revistos por meio de levantamentos periódicos os valores da hora/aula, de maneira que os valores passem a refletir efetivamente o preço praticado no mercado para remunerar os serviços de capacitação a serem contratados.

Decisões do TCU:

Acórdão 1369/2005-1ª Câmara.

16.13. Jornada de Trabalho - Limite e Incompatibilidade

Comentário:

Sobre os limites da jornada de trabalho, as orientações às entidades do Sistema "S" são no sentido de que respeitem o limite máximo de duração da jornada de trabalho do seu quadro funcional, em observância ao disposto nos arts. 59 e 61, § 1°, da CLT.

Nesse mesmo sentido, foi determinado que as unidades adotassem providências no sentido de regularizar a escala e jornada de trabalho dos servidores, de maneira que somente realizassem serviços extraordinários eventualmente, tendo em vista que a habitualidade da realização de horas-extras descaracterizaria o serviço extraordinário, a exemplo do que ocorre com o emprego de vigia.

Em relação à incompatibilidade da jornada de trabalho, em conformidade com a jurisprudência firmada pelo TCU em suas deliberações, devem as unidades do Sistema "S" adotar as providências cabíveis, no caso de constatar incompatibilidade da jornada de trabalho de servidores de outras entidades/órgãos, com a do cargo exercido nas entidades do Serviço Social Autônomo. Caso confirmada a incompatibilidade, deve ser promovida a cobrança dos salários pagos a maior, sem a devida contraprestação laboral.

Decisões do TCU:

Acórdão 1914/2008-2ª Câmara; 3624/2008-1ª Câmara; 1093/2010-1ª Câmara.

16.14. Pagamento de Horas-Extras

Comentário:

O TCU determinou que as entidades adotassem providências no sentido de regularizar a escala e jornada de trabalho dos vigias, de maneira que somente realizassem serviços extraordinários eventualmente, tendo em vista que a habitualidade da realização de horas-extras descaracterizaria o serviço extraordinário, evitando, assim, o pagamento de horas extras com habitualidade.

No bojo das determinações ficou evidente que as entidades devem programar mecanismos gerenciais e administrativos com vistas a eliminar a realização de horas-extras com habitualidade, a fim de se evitar futuras ações trabalhistas indenizatórias.

Desse modo, é preciso observar as disposições do art. 59 da Consolidação das Leis do Trabalho (CLT), de modo a evitar demandas trabalhistas relativas a horas extraordinárias prestadas por seus empregados.

As entidades do Sistema "S" devem abster-se do pagamento excessivo de horas extras, com habitualidade, por representar dano potencial aos cofres das unidades, expondo-as a eventuais demandas trabalhistas, bem como por afrontar os arts. 59 e 61 da CLT, quando ocorrem em quantitativos superiores a 50 (cinquenta) horas mensais (duas horas/dia), em face da jurisprudência da Justiça do Trabalho, no sentido de que a realização habitual de horas extras integra as demais verbas contratuais, tais como: 13º salário, descanso semanal remunerado, férias, FGTS etc.

Quando são constatadas pelos órgãos de controle divergências entre as horas extras registradas na folha de ponto de empregados e as quantias que lhes foram efetivamente pagas a título de serviço extraordinário, é solicitado que a entidade informe nas próximas contas as providências adotadas em virtude das divergências constatadas, o que pode gerar julgamento pela irregularidade das contas, maculando a gestão da entidade.

Nesse mesmo sentido, a CGU, em publicação intitulada *Entendimentos do Controle Interno Federal sobre a Gestão dos Recursos das Entidades do Sistema "S"*, esclareceu sobre o assunto da seguinte forma:

> *26. As entidades do Sistema "S" podem se utilizar do pagamento de horas extras com habitualidade?*
>
> *Não. Os empregados das entidades do Sistema "S" são regidos pela Consolidação das Leis Trabalhistas (CLT - Decreto-Lei nº 5.452/43). Esta, em seus artigos 59 e 61, estabelece que a duração máxima da jornada de trabalho poderá ser acrescida somente em duas horas, as quais*

3

poderão ser excedidas somente por necessidade imperiosa, ou seja, para atender à realização ou conclusão de serviços inadiáveis ou cuja execução possa acarretar prejuízo manifesto. As horas extras pagas com habitualidade podem gerar futuras ações trabalhistas contra as unidades do Sistema "S", uma vez que o adicional de hora extra, se pago com habitualidade, integra a remuneração base para os cálculos que são feitos sobre o salário, como FGTS, férias, 13º salário, indenização, aviso prévio, aviso prévio indenizado, descanso semanal remunerado. Assim, a unidade deve implementar mecanismos gerenciais e/ou administrativos com o objetivo de evitar o pagamento de horas extraordinárias quando verificar que as horas extras estão sendo utilizadas para aumentar salário. Providências como implantação de banco de horas e rotinas de controle diário de horas trabalhadas podem evitar despesas desnecessárias para as entidades, como pagamento de valores resultantes de ações judiciais.

Decisões do TCU:

Acórdãos 505/2007-2ª Câmara; 1914/2008-2ª Câmara; 3813/2008-1ª Câmara; 2568/2010-1ª Câmara; 4746/2010-1ª Câmara; 2785/2011-2ª Câmara; 3871/2011-2ª Câmara.

16.15. Pastas Funcionais e Processos de Seleção de Pessoal

Comentário:

Cabe às entidades do Sistema "S" fazer constar das pastas funcionais todos os documentos probatórios da situação do empregado, alertando-as para a necessidade de proceder à numeração das folhas e apor as rubricas dos empregados que sejam responsáveis pelos autos dos procedimentos de seleção de pessoal, de modo a dificultar a inserção, a retirada ou a substituição de peças processuais.

E ainda adotem medidas para manter adequado arquivamento de toda a documentação relativa aos processos seletivos para admissão de pessoal, anexando, desse modo, junto aos processos de seleção, toda a documentação relacionada ao histórico das contratações.

Decisões do TCU:

Acórdãos 1908/2007-2ª Câmara; 305/2011-Plenário; 944/2011-1ª Câmara; 3871/2011-2ª Câmara.

16.16. Plano de Cargos e Salários - Regulamento de Pessoal

Comentário:

No que tange ao Plano de Cargos e Salários no âmbito das entidades do Serviço Social Autônomo, as determinações do TCU são no sentido de que programem, se ainda não o fizeram, medidas administrativas visando à implantação de Plano de Cargos e Salários que contemple, entre outros aspectos, a quantidade de cargos efetivos e de confiança, a forma de ingresso, a atribuição de cada cargo, a remuneração, a jornada de trabalho, os direitos e deveres do regime disciplinar.

Nesse diapasão, devem ser mantidas compatibilidade e adequação de seu Regimento Interno e de seu Plano de Cargos e Salários à legislação aplicável, em particular, aos Regulamentos/Regimentos de cada área, de modo a proibir nomeações irregulares (sem o prévio processo seletivo) de empregados para cargos que não são de chefia ou livre provimento e promoções funcionais entre cargos diversos, observada a jurisprudência do TCU sobre a questão.

Desse modo, ao promover o ingresso de novos empregados em seus quadros, cabe à entidade obedecer às regras previstas no plano de cargos e salários vigente, devendo observar, na contratação de pessoal, o pré-requisito de escolaridade e a experiência contidos no Plano de Cargos e Salários, bem como o Princípio da Publicidade nos processos de recrutamento e seleção.

Se não houver compatibilidade entre o regulamento de pessoal da entidade e a legislação aplicável, a exemplo de Resoluções dos órgãos superiores de cada área, tais regulamentos devem ser reformulados alinhando-os às normas superiores, bem como aos princípios constitucionais da legalidade, moralidade, impessoalidade, isonomia e publicidade.

As determinações do TCU são ainda no sentido de que procedam à adequação da remuneração dos cargos em geral ao Plano de Cargos e Salários da entidade, tendo em vista a possibilidade de estar sendo paga em valor superior ao fixado no plano respectivo.

Assim, consoante a orientação geral do TCU sobre o assunto em comento, é importante que cada unidade providencie, se ainda não o fez, a atualização do Plano de Cargos e Salários com o objetivo de estabelecer critérios que contemplem as variações de salários no desempenho das funções congêneres exercidas pelos seus empregados.

É importante dar andamento, com celeridade, ao processo de integração entre as entidades de cada sistema, uma vez que essa falta de integração tem sido apontada, em alguns casos, como fator de atraso em providências como a relativa à aprovação do plano de carreira.

Decisões do TCU:
Acórdãos 2140/2006-2ª Câmara; 2183/2008-1ª Câmara; 5071/2008-1ª Câmara; 4069/2009-2ª Câmara; 3163/2010-Plenário; 7513/2010-2ª Câmara; 2782/2011-2ª Câmara.

16.17. *Prazo de Inscrição em Processo Seletivo de Pessoal*

Comentário:
No que tange a prazo de inscrição em processo seletivo de pessoal, no âmbito das entidades do Serviço Social Autônomo, a orientação do TCU é no sentido de que essas entidades, ao realizarem processo seletivo para recrutamento e seleção de pessoal, estabeleçam período de inscrição de forma a possibilitar maior tempo para os candidatos se inscreverem, assegurando a isonomia e o caráter competitivo do certame, de forma a evitar prazo reduzido de inscrições.

Decisões do TCU:
Acórdão 741/2005-Plenário.

16.18. Previdência Complementar

Comentário:

Em relação ao aporte de recursos a entidade de previdência privada complementar pela patrocinadora, o TCU determina que as entidades do Sistema "S" não realizem pagamentos/contribuições superiores aos do respectivo beneficiário, em obediência ao disposto no § 3º do art. 202, da Constituição Federal (paridade de contribuições), sob pena de responsabilidade solidária e instauração, se necessário, da tomada de contas especial, tendo em vista o ressarcimento aos cofres da entidade dos valores pagos que superaram a contribuição do beneficiário.

Por outro lado, sempre que houver reenquadramento ou mesmo movimentação do quadro de pessoal das entidades do Sistema "S", seja observado o que dispõe o item 9.2, do Acórdão 2305-Plenário, de 31/10/2007, abaixo transcrito:

> *9.2. determinar à Secretaria Geral de Controle Externo que as Unidades Técnicas do Tribunal sejam orientadas a observar, na análise de processos de contas e de fiscalização das entidades do Sistema "S", no tocante aos procedimentos de seleção e recrutamento dos seus empregados, os critérios a seguir enunciados:*

O TCU tem determinado que cada entidade do Sistema "S" cumpra, na condição de patrocinador de entidades fechadas de previdência privada, o limite à paridade imposto pelo art. 202, § 3º, da Constituição Federal, e pelo art. 6º, § 1º, da Lei Complementar nº 108/2001.

Convém salientar que as determinações específicas sobre previdência complementar, inclusive quanto à realização de estudos de viabilidade de transformação de Previdência Privada Complementar Aberta para Previdência Privada Complementar Fechada, feitas pelo TCU às entidades do Sistema "S", devem ter seu fiel cumprimento verificado pela CGU quando dos trabalhos fiscalizatórios referentes às contas anuais da entidade do exercício seguinte.

As unidades técnicas do TCU estão alertadas, em especial aquelas sediadas nas Unidades da Federação, acerca da possibilidade de contratação

3

pelos diversos Serviços Sociais Autônomos em todo o País, de Plano de Previdência Privada Complementar, de caráter "aberto", com contribuições mensais superiores às dos beneficiários, em oposição ao disposto no § 3º do art. 202 da Constituição Federal.

Por oportuno, registre-se que cabe a cada entidade realizar levantamento dos valores pagos a maior a seu plano de previdência complementar, quando for o caso, verificando-se o impacto financeiro e atuarial de eventual devolução das referidas quantias desde sua criação, bem assim desde o ano em que a jurisprudência sobre o tema se consolidou no TCU.

Assim, as entidades do Sistema "S", no tocante ao plano de previdência de seus funcionários e dirigentes, devem cumprir, na condição de patrocinador de entidade de previdência privada, o limite à paridade imposto pelo art. 202, § 3º, da Constituição Federal, e pelo art. 6º, § 1º, da Lei Complementar nº 108, de 29 de maio de 2001. Devem, ainda, efetuar o cálculo, considerando a correção monetária e/ou outros acréscimos legais pertinentes, dos valores dos repasses que excederam o limite da paridade contributiva desde a data de instituição do referido plano de previdência ou, se for o caso, conforme a regra prevista nos arts. 5º e 6º da Emenda Constitucional nº 20, de 1998.

Cabe, ainda, elaborar um cronograma para o completo ressarcimento às entidades no Estado de todos os valores apurados. Neste caso, o TCU deve ser informado sobre o resultado dos cálculos efetuados, as providências efetivas adotadas e o calendário previsto para o ressarcimento.

Nos termos do decidido pelo Acórdão 1.719/2004-Plenário, as entidades devem adotar as providências necessárias ao exato cumprimento da Lei, a fim de se ajustar ao disposto no art. 202, § 3º, da Constituição Federal, e às disposições constantes do art. 5º da Lei Complementar 108/2001, os quais vedam o aporte de recursos a entidades de previdência privada de caráter complementar, salvo na condição de patrocinador às entidades fechadas de previdência complementar, abstendo-se, assim, em definitivo, de aportar recursos ao plano de previdência complementar celebrado com a Brasilprev Previdência Privada S.A., bem assim de celebrar outros contratos dessa natureza com entidades de previdência privada aberta.

Nesse mesmo sentido, a CGU, em publicação intitulada *Entendimentos do Controle Interno Federal sobre a Gestão dos Recursos das Entidades do Sistema "S"*, esclareceu sobre o assunto da seguinte forma:

30. Caso as entidades do Sistema "S" possuam um sistema de previdência complementar, como deverá ser a contribuição do patrocinador?

A Lei Complementar nº 108, de 29/05/2001, limitou a contribuição normal do patrocinador para plano de benefícios em valor que não exceda a contribuição do participante. É inquestionável que os entes do Sistema "S", como entidades jurídicas de direito privado, geridas com recursos públicos, por analogia, estão sob a égide dos citados dispositivos legais, e, portanto, obrigados a adequar as suas contribuições, às entidades de previdência privada, aos limites de paridade fixados em lei, ou seja, de 1/1 (um por um). A entidade de previdência complementar não pode, em hipótese alguma, assumir o ônus total da contribuição nem exceder a parcela de contribuição do participante.

Decisões do TCU:

Acórdãos 2305/2007-Plenário; 1748/2010-1ª Câmara; 2569/2010-1ª Câmara; 2958/2010-1ª Câmara; 887/2011-Plenário; 2790/2011-2ª Câmara; 3871/2011-2ª Câmara; 5162/2011-2ª Câmara.

3

16.19. Programa de Demissão Voluntária - PDV

Comentário:

Conforme a jurisprudência firmada pelo TCU, no que tange à realização de PDV no âmbito das unidades do Sistema "S", antes de implantarem qualquer programa de demissão voluntária, demonstrem em processo específico a economicidade do programa para a entidade, levando em consideração, especialmente, as indenizações pagas para possíveis adeptos que já tenham direito à aposentadoria ou que estejam próximo de alcançar tal direito.

Decisões do TCU:

Acórdão 1825/2010-2ª Câmara.

16.20. Promoção e Reclassificação

Comentário:

Os atos de promoção e reclassificação de empregados dos quadros de pessoal dos Serviços Sociais Autônomos devem pautar-se nos critérios e formas de enquadramento que estipulem o nível da promoção dos empregados por meio da quantidade de graus concedidos no Plano de Cargos e Salários ou previstos no Regulamento de Pessoal ou Ato Resolutório específico.

As entidades devem abster-se de efetuar atos de promoção e de reclassificação de empregados quando a matéria não esteja devidamente disciplinada nos instrumentos normativos mencionados.

Decisões do TCU:

Acórdãos 1908/2007-2ª Câmara; 3594/2007-1ª Câmara.

16.21. Publicação dos Processos Seletivos

Comentário:

O TCU tem feito algumas determinações e recomendações relativas à publicação dos processos seletivos no âmbito dos Serviços Sociais Autônomos, o que integra a jurisprudência da Corte de Contas sobre a matéria, sendo oportuno o registro deste breve comentário em relação ao tema.

Em relação à publicidade dos processos de seleção de pessoal de interesse da entidade, ao dar início aos processos correspondentes, as entidades devem publicar no Diário Oficial da União, em jornal de circulação nacional e local, os editais de recrutamento, ou pelo menos seus resumos, contendo informações sobre os requisitos necessários ao cargo, descrição sucinta das tarefas e funções a serem desempenhadas, data de recebimento, local e forma de avaliação, complementando essa providência com a comunicação do concurso ou processo seletivo na internet atendendo-se, assim, ao princípio da publicidade inserto no caput do art. 37 da Constituição Federal.

Além disso, ao realizarem processo seletivo para recrutamento e seleção de pessoal, façam constar do Edital do processo seletivo, em cumprimento ao princípio constitucional da publicidade, os valores da remuneração correspondentes aos cargos que se pretende prover, o conteúdo programático das provas, os critérios objetivos de avaliação dos candidatos e os de correção das provas a serem aplicadas.

É importante divulgar expressamente, nos processos de recrutamento e seleção de pessoal e em cumprimento ao princípio da publicidade previsto no art. 37, caput, da Constituição, o nome da entidade promotora do mesmo, de modo que não pairem dúvidas entre eventuais interessados acerca da pessoa jurídica em cujo quadro pretendem ingressar.

Cabe a cada entidade aprimorar o sistema de registro de comunicação dos resultados das fases dos processos seletivos aos candidatos, podendo-se utilizar da internet para a publicação das relações de aprovados/reprovados e dos avisos de convocação para as próximas fases, a fim de consagrar o princípio da publicidade, bem como de possibilitar a interposição de recursos por parte dos candidatos irresignados com a sua desclassificação ou avaliação.

As entidades devem, pois, realizar, sob pena de responsabilidade e de nulidade das relações de emprego formadas, procedimentos seletivos para a contratação de pessoal permanente, os quais devem observar o princípio da publicidade, de forma a incrementar a competitividade dos certames, bem assim conter, nos respectivos editais, regras aptas a garantir a objetividade, a impessoalidade e a isonomia do procedimento.

Decisões do TCU:

Acórdãos 741/2005-Plenário; 1906/2007-2ª Câmara; 2305/2007-Plenário; 3146/2010-1ª Câmara; 3163/2010-Plenário; 3287/2010-2ª Câmara; 4604/2010-2ª Câmara; 305/2011-Plenário; 554/2011-2ª Câmara; 3871/2011-2ª Câmara.

16.22. Seleção por Prazo Determinado

Comentário:

Quanto à seleção de pessoal por prazo determinado, cabe às entidades do Serviço Social Autônomo promover, se não houver alinhamento, a adequação do Procedimento Organizacional de Recrutamento e Seleção, relativamente aos critérios para seleção por prazo determinado, de modo a assegurar a avaliação objetiva, isonômica e imparcial dos candidatos, em observância aos princípios da impessoalidade, moralidade e publicidade dispostos na legislação infraconstitucional, a exemplo do disposto no § 2º do art. 11 da Lei nº 11.080/2004 e no art. 20 do Estatuto da entidade referida na norma legal, bem como aos princípios insculpidos no caput do art. 37 da Constituição Federal, com vistas a definir, claramente, a forma de comprovação dos pré-requisitos exigidos na realização do processo seletivo.

Decisões do TCU:
Acórdão 1837/2007-2ª Câmara.

16.23. Transferência de Pessoal

Comentário:
Tem sido alertado o Sistema "S" no sentido de que suas unidades abstenham-se de efetivar a admissão de empregados nos quadros das entidades de profissionais previamente requisitados de outros entes do mesmo Sistema, já que o procedimento configura-se como nova admissão, a qual deve ser precedida de processo seletivo, com observância rigorosa às disposições do Acórdão 2305/2007-Plenário.

O empregado de uma entidade do Sistema "S" pode ser transferido para a mesma entidade localizada em outra Unidade da Federação, desde que seja incorporado no mesmo cargo que exercia na unidade de origem, mantendo-se o contrato de trabalho do empregado na unidade de origem, para não configurar uma rescisão contratual na origem e uma nova admissão na outra unidade, pois esse procedimento ensejaria a necessidade de processo seletivo para ingresso no quadro de pessoal da unidade de destino.

As entidades, por sua vez, devem abster-se de proceder à rescisão dos contratos de trabalho por iniciativa da Administração, com o objetivo de movimentação de servidores dentro do próprio Sistema daquela atividade (a exemplo da microempresa, indústria, comércio, transporte etc.), sem que esteja evidenciada a conveniência e oportunidade da entidade local, uma vez que onera os cofres da entidade sem interesse público que o ampare.

Esse entendimento defendido pela CGU pode ser observado na publicação intitulada *Entendimentos do Controle Interno Federal sobre a Gestão dos*

Recursos das Entidades do Sistema "S", na qual esclarece sobre o assunto da seguinte forma:

> *28. Empregados de uma entidade do Sistema "S" podem ser transferidos definitivamente para a mesma entidade localizada em outra Unidade Federativa?*
>
> *Sim. Porém, as transferências definitivas só são aceitas se o empregado requisitado for incorporado no mesmo cargo e para exercer as mesmas atividades para as quais foi submetido a processo seletivo em sua unidade de origem, uma vez que não é razoável submetê-lo a novo processo para o exercício do mesmo cargo e atividades dentro do mesmo Sistema. A incorporação em cargo diverso daquele para o qual o empregado foi selecionado na origem configura nova contratação sem amparo nos normativos vigentes, violando-se, assim, os princípios da legalidade, moralidade, publicidade e isonomia a que estão submetidos os Serviços Sociais Autônomos. Portanto, nessa hipótese, haveria necessidade de que os requisitados se submetessem a um novo processo seletivo. São consideradas regulares as transferências, desde que para o mesmo cargo e sem a extinção do vínculo empregatício, ou seja, sem a cessação no contrato de trabalho do empregado na unidade de origem. A transferência deverá ocorrer em cargo de atribuições equivalentes, sem que ocorra ascensão funcional imediata e desde que não haja rescisão contratual na origem. A demissão na entidade de origem configura desvinculação empregatícia e uma nova admissão, devendo, pois, ser aplicado processo de seleção de pessoal.*

Decisões do TCU:
Acórdãos 1670/2008-2ª Câmara; 922/2009-Plenário; 1573/2009-Plenário.

16.24. Utilização de Pessoal de Outra Entidade

Comentário:
Cabe às unidades do Sistema "S" evitar a utilização de pessoal de outra entidade para realização de atividades próprias da entidade não concedendo, igualmente, recursos para o pessoal referido, com vistas ao pagamento de

despesas com fundo fixo, tendo em vista a possibilidade de gerar passivo trabalhista contra a entidade, atentando para o princípio constitucional da economicidade - art. 70, caput, da CF/88, em consonância com o decisum nº 1384/2002-TCU-Plenário-Ata 38/02, bem como não realizando pagamento de despesas alheias aos objetivos da entidade.

Decisões do TCU:
Acórdãos 1384/2002-Plenário; 636/2010-2ª Câmara.

16.25. Verificação de Cumprimento do Expediente

Comentário:
As entidades do Serviço Social Autônomo devem adotar medidas administrativas no sentido do aperfeiçoamento do mecanismo de entrada e saída dos seus empregados em exercício de funções comissionadas e chefia, de forma a permitir a aferição do efetivo cumprimento do expediente pelos órgãos de controle interno e externo.

Decisões do TCU:
Acórdão 386/2011-Plenário.

16.26. Vínculo de Exclusividade

Comentário:
As entidades do Sistema "S" devem exigir, quando da contratação de pessoa física, declaração de inexistência de vínculo de exclusividade, na qual os profissionais atestam que não exercem cargo, função ou emprego público ou privado, que, pela sua natureza, exija exclusividade no exercício da atividade, ou, caso contrário, declaração autorizativa do órgão a que o profissional está vinculado, na qual conste informado que não há objeção à sua contratação pela entidade contratante.

Diante de indícios de práticas inadequadas envolvendo órgão da Administração Pública e entidade do Sistema "S", o TCU tem determinado ao órgão envolvido que apure a ocorrência de eventuais prejuízos ao normal desempenho das atividades atribuídas a determinado servidor no exercício do cargo de docência, em regime de 40 horas semanais, exercendo ao mesmo tempo a função comissionada de Diretor Regional de entidade do Sistema "S", também em regime de 40 horas semanais.

Decisões do TCU:
Acórdãos 3809/2008-1ª Câmara; 1745/2010-1ª Câmara.

17. Publicação dos Contratos

Comentário:
Em razão do princípio da publicidade, os extratos dos contratos celebrados pela entidade devem ser publicados em meio acessível ao público externo.

Decisões do TCU:
Acórdão 4759/2011-1ª Câmara.

3

18. Repactuações, Reajustes e Reequilíbrio Econômico-Financeiro

Comentário:
As alterações contratuais previstas em lei, inserido no contexto o Regulamento de Licitações e Contratos das entidades do Sistema "S", devem ser formalizadas por meio de aditamento, o qual deverá ser antecedido de procedimento administrativo no qual fique adequadamente consignada a motivação das alterações tidas por necessárias, que devem ser embasadas em pareceres e estudos técnicos pertinentes, bem como caracterizar a natureza superveniente, em relação ao momento da licitação, dos fatos ensejadores das alterações, além da publicação resumida como condição indispensável para sua eficácia.

Assim, eventuais repactuações de preços nos contratos firmados devem ser devidamente formalizadas pelas entidades, nos termos da jurisprudência da Corte de Contas.

Em relação ao aspecto temporal nas repactuações, há pacífica jurisprudência do TCU em que se estabelece aplicação de regra fundamental para que, por ocasião dos reajustamentos subsequentes à primeira repactuação de contratos administrativos para a prestação de serviços de natureza contínua, as entidades observem o interregno de um ano da data da última repactuação, nos termos do art. 5º do Decreto 2271/97, do Acórdão 1563/2004-TCU - Plenário e da Decisão 457/1995-TCU-Plenário.

É importante destacar neste breve comentário três pontos importantes que integram as determinações do TCU às entidades do Sistema "S" sobre a matéria, a saber:

a) Atentar, por ocasião das repactuações de contratos administrativos destinados à prestação de serviços de natureza contínua, para que os reajustes salariais concedidos às categorias de trabalhadores diretamente relacionadas à prestação de serviço pertinente, em decorrência de acordo, convenção ou dissídio coletivo ou equivalente, incidam apenas sobre a parcela dos custos ligados diretamente à mão de obra e não sobre todo o valor contratual;

b) Abster-se de incluir nos instrumentos contratuais disposições que permitam a incidência de reajustes utilizando índices gerais de preços, setoriais ou que reflitam a variação de custos, ante a vedação expressa constante dos artigos 4º e 5º do Decreto nº 2.271/1997;

c) Observar as orientações de caráter normativo expedidas pelo TCU, por ocasião da prolação do Acórdão nº 1.563/2004-TCU-Plenário, com relação à existência de problemas administrativos no processamento das solicitações de reequilíbrio econômico-financeiro dos contratos de prestação de serviços de natureza contínua, em decorrência do incremento dos custos de mão de obra ocasionados pela data-base de cada categoria, ante o disposto no entendimento firmado pela Decisão nº 458/1995-TCU-Plenário;

d) Estabelecer nos editais, e respectivos contratos, cláusula específica acerca do critério a ser utilizado, quando do reajuste do preço pactuado na contratação, fazendo constar, nos respectivos processos administrativos, memória de cálculo e demais esclarecimentos pertinentes, de maneira a demonstrar como se deram os devidos reajustes, com base no art. 13 c/c o art. 26, ambos do Regulamento de Licitações e Contratos próprio.

Decisões do TCU:

Acórdãos 393/2007-1ª Câmara; 2225/2008-1ª Câmara; 2989/2009-2ª Câmara; 197/2010-Plenário; 4185/2011-1ª Câmara.

19. Responsabilidade pelo Recolhimento de Tributos

Comentário:

A responsabilidade pelo recolhimento de tributos recai exclusivamente sobre a empresa contratada, nos termos da Lei Geral de Licitações e Contratos (art. 71, caput, Lei nº 8.666/93), devendo a entidade do Serviço Social Autônomo como contratante ater-se às cláusulas contratuais firmadas com prestadores de serviços, especialmente as que dizem respeito à comprovação do recolhimento de tributos decorrentes da execução do contrato, exigindo da contratada, em caso de questionamento quanto ao valor do tributo devido, a apresentação dos devidos esclarecimentos sobre a pendência, e desde que a contratada não incorra na situação de irregularidade fiscal junto ao fisco, na forma da lei. 3

Decisões do TCU:

Acórdãos 2487/2006-2ª Câmara; 5069/2008-1ª Câmara; 2732/2009-2ª Câmara; 6521/2009-2ª Câmara; 6055/2010-1ª Câmara.

20. Termo Aditivo - Aditamento de Contrato

Comentário:

Quanto ao aditamento de contrato, é oportuno verificar que uma vez presentes as hipóteses de complementação ou acréscimo previstas no art. 30 do Regulamento de Licitações e Contratos das entidades, não se vislumbra outro meio de alteração contratual a não ser através do termo de aditamento.

Não se pode efetivar aditamento de contratos em percentual superior ao permitido na legislação.

Entrementes, a variação do valor contratual decorrente de reajuste previsto no contrato; atualizações, compensações ou penalizações financeiras decorrentes das condições de pagamento; empenho de dotações orçamentárias suplementares até o limite do seu valor corrigido; está dispensado de termo de aditamento, podendo ser registrado por simples apostila.

Há, no entanto, determinações do TCU para que as entidades do Sistema "S" abstenham-se de aditar contratos sempre que o valor a ser aditado, somado ao valor inicialmente pactuado, ultrapasse o limite fixado para a modalidade de licitação que tenha dado origem à contratação.

Pode ser celebrado termo aditivo no caso de necessidade de prorrogação do prazo de execução do objeto contratado, bem como deve constar em termo aditivo as alterações contratuais realizadas por acordo entre as partes, em consonância com o seu Regulamento de Licitações e Contratos.

Conforme a jurisprudência do TCU, as entidades devem abster-se de proceder ao aditamento de contrato em cujo objeto não seja continuidade lógica da avença principal, o que configura fuga à obrigatoriedade de licitar, especialmente em obras de engenharia e reformas.

As entidades do Sistema "S" devem formalizar termos aditivos sempre que ocorrerem alterações contratuais por acordo entre as partes, que não aquelas previstas no art. 65, § 8º, da Lei 8666/93, observando as disposições de seu próprio Regulamento de Licitações e Contratos quanto à formalização dos contratos, em consonância com o igualmente previsto no art. 60 da mesma Lei, conforme orientação do TCU.

É determinado que as entidades observem atentamente, em seus certames licitatórios, os ditames de seu Regulamento de Licitações e Contratos, em especial quanto ao limite de valor estabelecido para os aditivos contratuais, bem como ao envio das minutas de editais e contratos ao setor jurídico da entidade, não sendo permitido à Administração autorizar a assinatura de termos aditivos extemporâneos lavrando-se prorrogação contratual com prazo de vigência expirado.

Desse modo, firmado em ampla jurisprudência decorrente das deliberações do TCU, cabe ao gestor das unidades do Serviço Social Autônomo formalizar o termo de aditamento contratual, nas situações em que envolver acréscimos de obras, serviços ou compras, observando os limites regulamentares, conforme preconizado nos arts. 29 e 30 do Regulamento de Licitações e Contratos do Sistema "S", fazendo os pagamentos de acordo com o que for disposto no contrato aditado.

É de se ressaltar, portanto, a necessidade de observância das seguintes disposições:

a) prever a existência de termo aditivo para as alterações no contrato;

b) providenciar a análise acerca da necessidade de inclusão de serviços adicionais em contrato e de formalização tempestiva dos respectivos termos aditivos, em atenção ao disposto nos artigos 26 e 30 do regulamento próprio;

c) abster-se de realizar acréscimos aos serviços contratados sem que estejam respaldados por meio de termos aditivos;

d) abster-se de realizar aditamentos contratuais que não estejam previstos em seu Regulamento de Licitações e Contratos, principalmente aqueles que acresçam custos não previstos no contrato original;

e) abster-se de firmar termos aditivos a contratos em que reste caracterizado o inadimplemento de obrigações pela contratada.

Decisões do TCU:
Acórdãos 2140/2006-2ª Câmara; 2479/2006-2ª Câmara; 2480/2006-2ª Câmara; 2485/2006-2ª Câmara; 3747/2007-1ª Câmara; 5670/2009-1ª Câmara; 636/2010-2ª Câmara; 3319/2010-1ª Câmara; 7054/2010-2ª Câmara; 2888/2011-2ª Câmara; 3048/2011-2ª Câmara.

21. Vigência, Prorrogação e Regularização dos Contratos

Comentário:
Constitui princípio regulamentar: As contratações de obras, serviços, compras e alienações das entidades do Serviço Social Autônomo serão necessariamente precedidas de licitação, obedecidas as disposições do Regulamento de Licitações e Contratos dessas entidades.

Em conformidade com as disposições regulamentares, os contratos terão prazo determinado, não podendo ultrapassar, inclusive com suas eventuais prorrogações, o limite máximo de 60 (sessenta) meses.

O TCU tem determinado que as entidades atendam às disposições de seus regulamentos próprios, observando inclusive os limites para dispensa de licitação, levando-se em conta o valor cumulativo do contrato durante o prazo total de sua vigência, abstendo-se de efetuar prorrogações cujo instrumento contratual não preveja tal possibilidade, e ainda de prorrogar contratos originados de contratações diretas indevidas, devendo adotar providências com vistas à regularização de suas contratações mediante prévio procedimento licitatório, mantendo os atuais contratos firmados por inexigibilidade somente até a assinatura dos novos ajustes.

Na esteira deste tema, há determinação para que, quando da prorrogação de contratos de prestação de serviços de publicidade, de fornecimento de passagens aéreas e outros de natureza não contínua, promovam a prévia pesquisa de preços que demonstre a economicidade da referida medida frente à realização de eventual procedimento licitatório.

Na mesma linha, quanto às prorrogações contratuais, as entidades do Serviço Social Autônomo devem promover a assinatura dos respectivos termos de aditamento até o término da vigência contratual, uma vez que, transposta a data final de sua vigência, o contrato é considerado extinto, não sendo juridicamente cabível a prorrogação ou a continuidade da execução do mesmo, não sendo mais permitida a celebração de qualquer tipo de aditivo.

É prática administrativa salutar que cada entidade do Sistema "S" observe a necessidade de que o período de vigência definido no instrumento contratual abranja o efetivo período de execução dos serviços contratados, adotando providências administrativas para que, nas prorrogações contratuais, subscreva os pertinentes termos de aditamento até o término da vigência do acordo, uma vez que transposta a data final de sua duração o contrato é considerado extinto, sendo incabível a respectiva prorrogação ou continuidade de execução.

Assim, em relação aos processos de contratação de fornecimento de bens ou serviços, e os de duração continuada, as entidades devem proceder à adequação dos contratos vigentes aos limites permitidos em seus Regulamentos de Licitações e Contratos, em especial quanto ao prazo máximo de 60 (sessenta) meses para a vigência dos contratos celebrados de natureza continuada.

Nos termos da legislação vigente, não se admite a celebração de contratos com vigência indeterminada ou com renovação automática. No caso de haver contratos vigentes nessa condição, cabe a cada entidade adotar as providências necessárias com vistas a rever seus contratos vigentes, para adequá-los à legislação, ao Acórdão nº 740/2005-TCU-1ª Câmara e à Decisão nº 458/1995-Plenário.

As entidades não podem prorrogar os contratos que não priorizem o interesse público, dando cumprimento aos arts. 1º e 2º do próprio Regulamento de Licitações da instituição, que pregam a obrigatoriedade da instauração de procedimento licitatório em todas as aquisições de bens e serviços, no intuito de obter a proposta mais vantajosa, efetivando pesquisa de mercado para justificar os preços praticados, nos casos de eventuais prorrogações, a teor do parágrafo único do art. 25 e do art. 28 do mesmo Regulamento.

ORIENTAÇÃO NORMATIVA/AGU Nº 3

- Assuntos: AGU e CONTRATOS. Orientação Normativa/AGU nº 3, de 01.04.2009 (DOU de 07.04.2009, S. 1, p. 13) - "Na análise dos processos relativos à prorrogação de prazo, cumpre aos órgãos jurídicos verificar se não há extrapolação do atual prazo de vigência, bem como eventual ocorrência de solução de continuidade nos aditivos precedentes, hipóteses que configuram a extinção do ajuste, impedindo a sua prorrogação".

REFERÊNCIA: art. 57, inc. II, Lei nº 8.666, de 1993; Nota DECOR nº 57/2004-MMV; Acórdãos TCU 211/2008-Plenário e 100/2008-Plenário.

ORIENTAÇÃO NORMATIVA/AGU Nº 1

- Assuntos: AGU e SERVIÇO CONTÍNUO. Orientação Normativa/AGU nº 1, de 01.04.2009 (DOU de 07.04.2009, S. 1, p. 13) - "A vigência do contrato de serviço contínuo não está adstrita ao exercício financeiro".

REFERÊNCIA: Art. 57, inc. II, Lei nº 8.666, de 1993; art. 60, Lei nº 4.320, de 1964; art. 30, Decreto nº 93.872, de 1986; NOTA/DECOR/CGU/AGU nº 298/2006-ACMG; Informativo NAJ/RJ, ANO 1, Nº 1, jun/07, Orientação 02. Decisões TCU 586/2002-Segunda Câmara e 25/2000-Plenário

Decisões do TCU:

Decisão 458/1995-Plenário; Acórdãos 740/2005-1ª Câmara; 1155/2007-1ª Câmara; 3749/2007-1ª Câmara; 523/2010-1ª Câmara; 990/2010-Plenário; 2569/2010-1ª Câmara; 2958/2010-1ª Câmara; 7054/2010-2ª Câmara; 1172/2011-1ª Câmara.

Capítulo IV
Convênios

1. Introdução

Segundo ensina o legislador do Decreto nº 6.170/07, Convênio é todo *"acordo, ajuste ou qualquer outro instrumento que discipline a transferência de recursos financeiros de dotações consignadas nos Orçamentos Fiscal e da Seguridade Social da União e tenha como partícipe, de um lado, órgão ou entidade da administração pública federal, direta ou indireta, e, de outro lado, órgão ou entidade da administração pública estadual, distrital ou municipal, direta ou indireta, ou ainda, entidades privadas sem fins lucrativos, visando a execução de programa de governo envolvendo a realização de projeto, atividade, serviço, aquisição de bens ou evento de interesse recíproco, em regime de mútua cooperação".*

Neste contexto, considera-se **concedente** o *"órgão (...), responsável pela transferência dos recursos financeiros ou pela descentralização dos créditos orçamentários destinados à execução do objeto do convênio".* Sendo **convenente** o *"órgão ou entidade da administração pública direta e indireta, de qualquer esfera de governo, bem como entidade privada sem fins lucrativos, com o qual a administração federal pactua a execução de programa, projeto/atividade ou evento mediante a celebração de convênio".*

Com efeito, o instrumento "convênio" difere de mecanismos como "contrato de repasse" e "termo de cooperação". Conceitualmente, Contrato de Repasse simplesmente é o *"instrumento administrativo por meio do qual a transferência dos recursos financeiros se processa por intermédio de instituição ou agente financeiro público federal, atuando como mandatário da União, os quais respectivamente, são usualmente confundidos"*. O Termo de Cooperação, por sua vez, diz respeito ao *"instrumento por meio do qual é ajustada a transferência de crédito de órgão da administração pública federal direta, autarquia, fundação pública, ou empresa estatal dependente, para outro órgão ou entidade federal da mesma natureza".*

Os conceitos descritos acima decorrem das definições elencadas no Decreto supracitado, o qual dispõe sobre as normas relativas às transferências de recursos da União mediante convênios e contratos de repasse.

Neste ensejo, a jurisprudência consolidada pelo Tribunal de Contas da União determina às entidades integrantes do Sistema "S" que, no tocante à transferência de recursos, sejam observados os princípios gerais relativos à Administração Pública, e, como referencial normativo, na falta de norma própria, os dispositivos insculpidos na IN/STN 01/1997, na Portaria Interministerial 127/2008 e no Decreto nº 6.170/07, atualizado pelo Decreto nº 7.568, de 16/09/2011.

A observância dos princípios e das normas mencionados têm o condão, em especial, para que os instrumentos de convênio contenham objeto específico, com seus elementos característicos e descrição detalhada, objetiva, clara e precisa do que se pretende realizar ou obter, e que, comprovadamente, seja de interesse recíproco (comum) das partes convenentes.

Assim, ante a inexistência de norma específica, ao firmar convênios com outras entidades, atentem as entidades do Sistema "S" para que esses instrumentos estabeleçam regras similares às disposições dos normativos supramencionados.

Com efeito, salientamos que a Agência Brasileira de Promoção de Exportações e Investimentos - Apex-Brasil aprovou, por meio da Resolução da Diretoria Executiva nº 23-30/2008, seu Regulamento próprio de Convênios a ser observado na formalização de objetos a serem conveniados. A Agência versa em seu Regulamento que articulará ações e firmará convênios e/ou outros instrumentos com entidades públicas e/ou privadas, com ou sem fins lucrativos, desde que fique demonstrado que tal execução poderá contribuir de forma relevante para a consecução dos objetivos da Agência e da política nacional de desenvolvimento e comércio exterior, destacando o vínculo que cada ação da entidade deverá correlacionar à finalidade institucional da entidade.

Por ser pertinente, transcrevemos abaixo itens constantes de publicação da CGU intitulada *Entendimentos do Controle Interno Federal sobre a Gestão dos Recursos das Entidades do Sistema "S"* que esclarecem sobre o assunto da seguinte forma:

> *32. As entidades do Sistema "S" podem firmar convênios, acordos, ajustes ou outros instrumentos congêneres para execução de atividades fora da finalidade da entidade?*
>
> *Não. Ao firmarem convênios, acordos, ajustes ou outros instrumentos congêneres, inclusive com as Federações e Confederações, as entidades do Sistema "S" devem definir objetos que guardem correlação com suas funções regimentais de forma a evitar o desvio de finalidade. As despesas decorrentes desses instrumentos realizadas de forma conjunta com outras entidades devem ser executadas exclusivamente quando ficar demonstrado o atendimento relativo à comprovação do enquadramento do objeto entre os objetivos da entidade.*
>
> *33. O que deve ser observado na celebração de convênios, acordos, e/ou ajustes entre as entidades do Sistema "S" e as Federações?*
>
> *Os objetivos previstos nesses instrumentos devem ser comuns às partes envolvidas e não privilegiar os interesses de um partícipe em detrimento dos interesses dos demais. Nesse sentido, o rateio dos custos de convênios e acordos deve respeitar o critério da proporcionalidade entre os dispêndios e os benefícios de cada entidade. Devem ser avaliados, também, os objetos dos instrumentos e os possíveis resultados a serem atingidos, de forma a apresentar elementos que atendam aos objetivos da entidade.*
>
> *Quanto à normatização de convênios, acordos e/ou ajustes celebrados entre as entidades do Sistema "S" e as Federações ou outros entes, é necessário observar a linha orientativa e as normas vigentes na Administração Pública Federal que regulamentam o objeto, o plano de trabalho, os percentuais de participação, a abertura de conta específica e a prestação de contas, entre outros assuntos.*

2. Assistência Alimentar

Comentários:

Em relação à assistência alimentar de empregados, é importante a adoção de medidas para que seja excluída do rol dos serviços assistenciais passíveis de custeio com os valores retidos pelas empresas, nos convênios de arrecadação direta, a assistência alimentar aos empregados, em razão de constatação de duplicidade de incentivo fiscal, tendo em vista a possibilidade de dedução do dobro do valor das despesas realizadas em programas de alimentação ao trabalhador, prevista na Lei nº 6.321/1976, para fins do imposto sobre a renda.

Decisões do TCU:

Acórdão 2819/2007-1ª Câmara

3. Autorização Formal

Comentários:

Na realização de transferências financeiras às entidades patronais, as entidades devem observar os requisitos relativos à autorização prévia e formal do Conselho Regional e ao repasse mediante convênio, visando às finalidades institucionais ou aos interesses recíprocos das duas entidades, consoante disposto nos regimentos internos, a exemplo do previsto no art. 4º, alínea "o", do Regimento Interno do SESI.

Decisões do TCU:

Acórdão 4746/2010-1ª Câmara.

4. Conflito de Interesses

Comentários:

Na seara dos interesses conflitantes, o entendimento firmado pelo TCU versa que, para preservar a licitude dos convênios celebrados pelas entidades paraestatais, devem ser adotados procedimentos que venham a coibir a celebração de convênios, ou termos de cooperação, com entidades administradas por seus dirigentes ou servidores.

Desta forma, evita-se a ocorrência de interesses pessoais diretos, ou indiretos, na celebração de convênios que porventura possuam participação societária e/ou administrativa de seus dirigentes e servidores nas entidades conveniadas.

Ressalta-se, todavia, que a orientação da Corte de Contas busca atender os princípios da moralidade e da impessoalidade devendo, portanto, restar caracterizada a verificação de interesses pessoais indevidos, preferencialmente de forma prévia à celebração dos instrumentos de convênio.

Decisões do TCU:
Acórdão 2707/2006-2ª Câmara.

5. Contrapartida

Comentários:
Os convênios celebrados pelas entidades integrantes dos Serviços Sociais Autônomos são regidos pelos regramentos insculpidos na IN/STN 01/1997, a qual prevê a apresentação de Plano de Trabalho que contenha, dentre os requisitos exigíveis para a celebração de convênios, informações acerca da contrapartida financeira do proponente do convênio (art. 2º).

Neste contexto, o TCU consolidou entendimento de que as entidades paraestatais devem se abster de celebrar convênios admitindo como contrapartida a execução de metas estabelecidas em outro convênio, admitindo a contrapartida somente quando consubstanciada em estrita conformidade com os dispositivos transcritos abaixo:

> *IN/STN 01/1997*
> *Art. 2º*
> *(...)§ 2º A contrapartida dos Estados, do Distrito Federal, dos Municípios e das entidades de direito privado, que poderá ser atendida através de recursos financeiros, de bens ou de serviços, desde que economicamen-*

te mensuráveis, e estabelecida de modo compatível com a capacidade financeira da respectiva unidade beneficiada, tendo por limites os percentuais estabelecidos na Lei de Diretrizes Orçamentárias.
§ 3º Exigir-se-á comprovação de que os recursos referentes à contrapartida para complementar a execução do objeto, quando previsto, estão devidamente assegurados, salvo se o custo total do empreendimento recair sobre a entidade ou órgão descentralizador;

...

Art. 7º O convênio conterá, expressa e obrigatoriamente, cláusulas estabelecendo:
(...)II – a obrigação de cada um dos partícipes, inclusive a contrapartida.

...

Art. 20.
(...)§ 3º As receitas oriundas dos rendimentos da aplicação no mercado financeiro não poderão ser computadas como contrapartida, devida pelo convenente.

...

Art. 28.
(...)§ 4º A contrapartida do executor e/ou do convenente será demonstrada no Relatório de Execução Físico-Financeira, bem como na prestação de contas.

...

Art. 38. Será instaurada a competente Tomada de Contas Especial, visando a apuração dos fatos, identificação dos responsáveis e quantificação do dano, pelos órgãos encarregados da contabilidade analítica do concedente, por solicitação do respectivo ordenador de despesas ou, na sua omissão, por determinação do Controle Interno ou TCU, quando:
(...)II – não for aprovada a prestação de contas, apesar de eventuais justificativas apresentadas pelo convenente, em decorrência de:
(...)e) não cumprimento dos recursos da contrapartida;

Com efeito, depreende-se da orientação exarada pela Corte de Contas que as metas, etapas ou fases a serem executadas por meio de convênios firmados pelas entidades paraestatais devem restringir-se, exclusivamente, ao objeto pactuado.

Decisões do TCU:
Acórdão 980/2009-Plenário.

6. Finalidades

Comentário:
As entidades paraestatais devem proceder de forma a garantir o atendimento das finalidades pactuadas por meio da celebração de convênios.

Dessa forma, as autoridades responsáveis pela gestão dos convênios firmados no âmbito das entidades que integram o Sistema "S" devem adotar todas as medidas necessárias e suficientes ao alcance do objeto conveniado.

Decisões do TCU:
Acórdão 3813/2008-1ª Câmara.

7. Fiscalização de Convênios

Comentário:
O entendimento prevalecente estabelece que a fiscalização dos contratos e convênios celebrados pelas entidades paraestatais deve ser efetuada de forma a garantir a lisura e a comprovação da fiel execução dos serviços pactuados.

Nessa linha, cabe destacar que a execução do objeto conveniado deverá ser acompanhada por servidores devidamente designados para atestar e documentar que o objeto pactuado realizou-se, ou está sendo realizado, em estrita conformidade com o previsto contratualmente.

Destacamos, entretanto, que tal documentação deverá ser formalmente inserida em processo administrativo específico, numerado sequencialmente e em ordem cronológica. Por oportuno, cabe ressaltar que a comprovação e a regularidade da execução do objeto conveniado apenas poderão restar caracterizadas quando toda documentação probante for inserida no processo administrativo respectivo a cada convênio.

No exercício da fiscalização, é preciso acompanhar e supervisionar as atividades desenvolvidas pelas empresas com o fito de garantir que as firmas efetivamente desenvolvam os programas a que se obrigam, certificando-se de que o façam com qualidade, tendo em vista a previsão de supervisão prevista em normas internas de procedimentos, bem como adotar medidas com vistas à devolução de eventuais recursos retidos e não utilizados pelas empresas, quando constante em cláusula nos Termos de Cooperação e instrumentos congêneres, ao final do exercício.

Decisões do TCU:
Acórdãos 3749/2007-1ª Câmara; 2568/2010-1ª Câmara.

8. Formalização

8.1. Especificação de Obrigações

Comentário:
Em decorrência das atividades de controle externo desempenhadas pelo Tribunal de Contas da União, consolidou-se entendimento no sentido de que a formalização dos termos de convênio firmados pelos Serviços Sociais Autônomos deverá abranger, de forma clara e objetiva, cláusula específica das obrigações de cada convenente com a especificação dos responsáveis por sua execução e indicativo de que caberá ao executante promover as contratações necessárias à realização do objeto da avença, bem como a previsão das penalidades cabíveis em relação às obrigações inerentes ao desempenho das atividades do convenente.

A Corte de Contas observa, ainda, que a entidade deverá designar formalmente fiscal para acompanhar a execução de cada um dos convênios celebrados, em consonância com os Acórdãos 2487/2006 e 6521/2009, ambos da 2ª Câmara.

Decisões do TCU:

Acórdão 2066/2009-1ª Câmara.

8.2. Numeração

Comentário:

As entidades pertencentes ao Sistema "S", ao providenciar a abertura de processo administrativo específico para cada convênio, observem a devida numeração das páginas em ordem cronológica, bem como a respectiva rubrica em toda documentação necessária a evidenciar a adoção dos procedimentos cabíveis à boa e regular gestão dos recursos disponíveis aos convênios firmados pelas entidades paraestatais.

Cabe destacar, entretanto, que a adoção do procedimento supracitado, embora singelo, visa garantir à entidade fidedignidade, maior segurança, confiabilidade e transparência aos seus atos de gestão, à medida que permite evitar o extravio ou substituição indevida de documentos, bem como possibilitar o pleno exercício das atividades inerentes aos órgãos de controle.

Decisões do TCU:

Acórdão 2818/2007-1ª Câmara.

8.3. Utilização do Termo "Convênio"

Comentário:

É preciso estar atento no sentido de que, para se evitar a solicitação inapropriada de formalidades desnecessárias ao processo de prestação de contas, as entidades paraestatais devem proceder quanto à correta utilização dos termos "contrato" e "convênio" nos instrumentos firmados por cada entidade.

Neste ensejo, em termos conceituais o Parágrafo único do art. 2º, da Lei 8.666/93 define que contrato é "*todo e qualquer ajuste entre órgãos ou entidades da Administração Pública e particulares, em que haja um acordo de vontades para a formação de vínculo e a estipulação de obrigações recíprocas, seja qual for a denominação utilizada*".

Para o legislador da IN/STN 01/97, o termo convênio é utilizado para qualquer "*instrumento que discipline a transferência de recursos públicos e tenha como partícipe órgão da administração pública federal direta, autárquica ou fundacional, empresa pública ou sociedade de economia mista que estejam gerindo recursos dos orçamentos da União, visando à execução de programas de trabalho, projeto/atividade ou evento de interesse recíproco, em regime de mútua cooperação*".

Com efeito, a Portaria Interministerial nº 127/2008 complementa que convênio é o "*acordo ou ajuste que discipline a transferência de recursos financeiros de dotações consignadas nos Orçamentos Fiscal e da Seguridade Social da União e tenha como partícipe, de um lado, órgão ou entidade da administração pública federal, direta ou indireta, e, de outro lado, órgão ou entidade da administração pública estadual, distrital ou municipal, direta ou indireta, ou ainda, entidades privadas sem fins lucrativos, visando à execução de programa de governo, envolvendo a realização de projeto, atividade, serviço, aquisição de bens ou evento de interesse recíproco, em regime de mútua cooperação*".

Decisões do TCU:

Acórdão 2818/2007-1ª Câmara.

8.4. Validade de Documentos

Comentário:

Consoante jurisprudência consolidada, as entidades paraestatais devem recusar certidões, atestados ou quaisquer documentos destinados à formalização de convênios que possuam prazo de validade expirado.

A Corte de Contas entende, ainda, que a aceitação destes documentos macula a transparência e a fidedignidade dos procedimentos inerentes à formalização de convênios. Destarte, caberá ao gestor proceder quanto à análise prévia da documentação apresentada por seus conveniados.

Decisões do TCU:

Acórdão 1174/2005-1ª Câmara.

---

9. Gestão Compartilhada

Comentário:
Na seara da gestão compartilhada, quando as entidades paraestatais firmarem convênios que objetivam ratear atividades compartilhadas e custeadas entre entidades também paraestatais, toda documentação relacionada aos gastos efetuados no âmbito do convênio e aos cálculos percentuais de participação das entidades deverão necessariamente compor o processo individual de Prestação de Contas de cada entidade participante.

Decisões do TCU:
Acórdão 393/2007-1ª Câmara.

10. Normas Aplicáveis aos Convênios

Comentário:
As entidades do Sistema "S" devem ter normas próprias para elaboração de convênios, acordos, ajustes e equivalentes, consoante decisões do Tribunal de Contas da União. No entanto, na ausência desses normativos próprios, as entidades paraestatais devem se submeter aos preceitos da Portaria Interministerial/MPOG/MF/MCT nº 127/2008, a qual estabelece normas para execução do disposto no Decreto nº 6.170/2007, que dispõe sobre normas relativas às transferências de recursos da União mediante convênios e contratos de repasse, bem como aos dispositivos preconizados pela IN/STN nº 01/1997.

Nesse diapasão, cabe destacar as determinações dispostas pela egrégia Corte de Contas reportadas ao Acórdão 2819/2007-1ª Câmara, conforme segue transcrito *in verbis*:

> *1.3.3. observe, por ocasião da elaboração de novos instrumentos de convênio e termos de cooperação, as disposições da Instrução Normativa STN nº 1/1997, em especial no que se refere à necessidade de que estes contenham:*

4

1.3.3.1. objeto específico, com elementos característicos e descrição detalhada, objetiva, clara e precisa do que se pretende realizar ou obter, que, comprovadamente, seja de interesse recíproco das partes convenentes;

1.3.3.2. o plano de trabalho que, além da especificação completa do bem a ser produzido ou adquirido, deverá explicitar previamente o valor a ser despendido na sua obtenção e o cronograma de desembolso dos recursos, este condizente com as fases ou etapas de execução do objeto do convênio;

1.3.3.3. o compromisso do convenente de movimentar, em conta bancária específica, os recursos do convênio;

1.3.3.4. a obrigatoriedade de que a movimentação dos recursos somente ocorra por meio de cheque nominativo ao efetivo credor, mediante a apresentação de documentação comprobatória idônea;

1.3.3.5. a vigência do instrumento, que deverá ser fixada de acordo com o prazo previsto para a consecução do objeto e em função das metas estabelecidas;

1.3.3.6. a obrigatoriedade de o convenente apresentar relatórios de execução físico-financeira e prestar contas dos recursos recebidos;

1.3.3.7. as causas de rescisão do ajuste, a exemplo: a - utilização dos recursos em desacordo com o plano de trabalho; b - aplicação dos recursos no mercado financeiro em desacordo com o disposto no art. 18; e c - falta de apresentação das prestações de contas parciais e final, nos prazos estabelecidos;

1.3.3.8. a previsão de que, quando a liberação de recursos ocorrer em três ou mais parcelas, a terceira delas ficará condicionada à apresentação de prestação de contas parcial referente à primeira parcela liberada e assim sucessivamente, sem prejuízo de que, após a aplicação da última parcela, seja apresentada a prestação de contas do total dos recursos recebidos;

1.3.3.9. a possibilidade de instauração de Tomada de Contas Especial, no prazo máximo de 180 dias (IN/TCU nº 13/96), quando: I - não for apresentada a prestação de contas no prazo de até 30 dias concedido em notificação pelo concedente; II - não for aprovada a prestação de contas, apesar de eventuais justificativas apresentadas pelo convenente, em de-

corrência de: a) não execução total do objeto pactuado; b) atingimento parcial dos objetivos avençados; c) desvio de finalidade; d) impugnação de despesas; e) não cumprimento dos recursos da contrapartida; f) não aplicação de rendimentos de aplicações financeiras no objeto pactuado;
III - ocorrer qualquer outro fato do qual resulte prejuízo ao erário;

Decisões do TCU:
Acórdãos 2819/2007-1ª Câmara; 4036/2008-1ª Câmara; 242/2009-2ª Câmara.

11. Objeto do Convênio

Comentário:
As entidades paraestatais devem elaborar e formalizar novos instrumentos de convênio e termos de cooperação em estrita observância aos dispositivos da IN/STN 01/97, bem como da Portaria Interministerial 127/08. Quando existir norma própria, devem ser observadas as disposições nela contidas, a exemplo da Instrução Normativa nº 24/2003 do SEBRAE Nacional, que regulamenta a celebração de convênios em sua área de atuação.

Assim, ante a inexistência de norma específica, ao firmar convênios com outras entidades, atentem para que esses instrumentos estabeleçam regras similares às disposições das normas mencionadas, em especial para que contenham objeto específico, com seus elementos característicos e descrição detalhada, objetiva, clara e precisa do que se pretende realizar ou obter, e que, comprovadamente, seja de interesse recíproco (comum) das partes convenentes.

Desse modo, quando da celebração de convênios com outras entidades, verifiquem previamente junto à unidade interessada acerca da existência de convênio semelhante, buscando, se possível, a celebração de avença conjunta, de modo a evitar a sobreposição de objetos conveniados.

Por fim, vale lembrar que as entidades locais somente efetuem transferências para as Federações afins quando configurada a correlação entre a atividade a ser executada pela Federação e as competências institucionais da entidade local, sempre mediante a celebração de convênio que observe, nas transferências de recursos, os princípios gerais relativos à Administração Pública, e, como referencial normativo, na falta de norma própria, a IN/STN 01/1997, devendo os instrumentos de convênio conter, nos moldes anteriormente determinados pelos Acórdãos 3.749/2007 e 3.691/2008, ambos da Primeira Câmara do TCU, o objeto específico, com seus elementos característicos e descrição detalhada, objetiva, clara e precisa do que se pretende realizar ou obter, que, comprovadamente, seja de interesse recíproco (comum) das partes convenentes.

Decisões do TCU:
Acórdãos 2819/2007-1ª Câmara; 3749/2007-1ª Câmara; 3691/2008-1ª Câmara; 5727/2008-2ª Câmara; 244/2009-2ª Câmara; 348/2010-Plenário; 1511/2010-2ª Câmara.

12. Plano de Trabalho

12.1. Elaboração

Comentário:
No que tange à elaboração dos Planos de Trabalho das entidades integrantes dos Serviços Sociais Autônomos, é sempre oportuno aprimorar os procedimentos inerentes ao acompanhamento dos convênios e termos de cooperação celebrados pelas entidades, especialmente no que se refere à (ao):

a) exigência do detalhamento dos serviços prestados por empresas de consultoria contratadas, de modo a evitar que haja, entre as empresas consultadas, os mesmos sócios e possível conluio nas cotações de preços;

b) estrito atendimento das disposições contidas na IN/STN 01/1997;

c) especificação completa e detalhada do bem a ser produzido ou adquirido, contendo o valor a ser despendido na obtenção destes bens;

d) descrição do cronograma de desembolso dos recursos, condizente com as fases ou etapas de execução do objeto do instrumento de convênio e termos de cooperação.

Assim, ante a inexistência de norma específica, ao firmar convênios com outras entidades, atentem para que esses instrumentos estabeleçam regras similares às disposições da Portaria Interministerial 127/2008, em especial para que contenham plano de trabalho que, além da especificação completa do bem a ser produzido ou adquirido, deverá previamente explicitar o valor a ser despendido na sua obtenção e conter cronograma de desembolso, este último condizente com as fases ou etapas de execução do objeto do convênio.

Quando da elaboração do plano de trabalho, este deverá previamente explicitar, além da especificação completa do bem a ser produzido ou adquirido, o valor a ser despendido na sua obtenção e conter cronograma de desembolso, este último condizente com as fases ou etapas de execução do objeto do convênio.

Por fim, convém alertar que as entidades devem observar, ao celebrar convênios para transferência de recursos a entidades privadas, os princípios contidos na legislação regente da matéria (Decreto-lei nº 200, de 1967, Lei nº 8.666, de 1993, Decreto nº 6.170, de 2007 e Portaria Interministerial nº 127, de 2008), notadamente quanto à adequação dos planos de trabalho aos objetivos propostos, bem como a formalização e apresentação tempestiva de prestações de contas dos recursos repassados.

Decisões do TCU:
Acórdãos 2819/2007-1ª Câmara; 5459/2009-2ª Câmara; 348/2010-Plenário; 4029/2010-2ª Câmara; 1511/2010-2ª Câmara.

12.2. Indicação de Valores

Comentário:
Quando da elaboração do Plano de Trabalho inerente aos convênios firmados pelas entidades pertencentes aos Serviços Sociais Autônomos, devem ser integrados à peça supracitada todas as especificações do bem a ser produzido ou adquirido, bem como a indicação do valor a ser despendido na obtenção destes bens e o cronograma de desembolso condizente com as etapas de execução do objeto do convênio.

Decisões do TCU:
Acórdão 1846/2007-1ª Câmara.

12.3. Prazos

Comentário:

Os prazos previstos no cronograma constante no Plano de Trabalho dos Convênios firmados pelas entidades paraestatais devem ser rigorosamente cumpridos, sob pena de aplicação das sanções cabíveis, conforme cada caso.

Destacamos, entretanto, que, para aplicação de sanções relacionadas ao descumprimento de prazo, torna-se obrigatório que o instrumento de convênio ou termo de cooperação contenha expressamente cláusula que trate do assunto em comento.

Decisões do TCU:

Acórdão 288/2007-Plenário.

13. Prestação de Contas

13.1. Análise da Prestação de Contas

Comentários:

É importante que as entidades, em todos os níveis, seja nacional, regional ou local, promovam a análise das prestações de contas dos convênios firmados, a exemplo de "Termo de Cooperação e Transferência" para assunção da gestão de centros de atividades, e termo aditivo prevendo o ressarcimento de despesas de salários e encargos, quando for o caso.

Quando houver a situação, cabe à entidade comprovar perante o Controle Interno o recebimento e análise das prestações de contas de convênios firmados com terceiros, a exemplo dos sindicatos rurais, bem como a emissão de juízo quanto à boa e regular aplicação dos recursos transferidos.

Decisões do TCU:

Acórdãos 3287/2010-2ª Câmara; 4029/2010-2ª Câmara.

13.2. Aplicação e Liberação de Recursos

Comentário:

É importante que a apresentação da prestação de contas dos convênios seja previamente verificada e avaliada, especialmente, no que tange à correta aplicação dos recursos repassados e/ou transferidos em decorrência de atrasos nos repasses das parcelas do convênio.

Assim, ante a inexistência de norma específica, ao firmar convênios com outras entidades, atente para que esses instrumentos estabeleçam regras similares às disposições da Portaria Interministerial 127/2008, em especial, para que contenham a previsão de que, quando a liberação de recursos ocorrer em três ou mais parcelas, a terceira delas ficará condicionada à apresentação de prestação de contas parcial referente à primeira parcela liberada e assim sucessivamente, sem prejuízo de que, após a aplicação da última parcela, seja apresentada a prestação de contas do total dos recursos recebidos.

Por fim, cabe alertar às entidades que se abstenham de aplicar os recursos recebidos por força de convênios, contratos de repasse ou instrumentos congêneres em despesas estranhas ao objeto do instrumento firmado; e que apliquem os recursos de convênios, enquanto não utilizados, em caderneta de poupança de instituição financeira oficial, se a previsão de seu uso for igual ou superior a um mês, e em fundo de aplicação financeira de curto prazo, ou operação de mercado aberto lastreada em título da dívida pública federal, quando sua utilização estiver prevista para prazos menores.

Decisões do TCU:

Acórdãos 1370/2005-1ª Câmara; 348/2010-Plenário; 399/2011-Plenário; 1172/2011-1ª Câmara.

4

13.3. Capacitação de Servidores

Comentários:

As entidades integrantes do Sistema "S" devem capacitar os servidores que atuam nas atividades inerentes à prestação de contas dos convênios firmados por elas, de modo que os procedimentos aplicáveis ao processo de prestação de contas sejam exercidos em estrita observância às orientações dos órgãos de controle e à legislação aplicável. Por oportuno, cabe destacar que, por meio do Acórdão 2002/2007-Plenário, a Corte de Contas recomendou a órgão do Poder Executivo Federal (Ministério da Saúde) a promoção de ações de capacitação dos servidores responsáveis pela análise das prestações de contas de convênios em suas unidades, dispondo-se a colaborar na capacitação e treinamento necessários ao atendimento da determinação supracitada.

Decisões do TCU:
Acórdão 6430/2009-1ª Câmara.

13.4. Comprovação de Gastos

Comentário:
O processo de aprovação dos relatórios de apresentação de contas dos convênios firmados pelos Serviços Sociais Autônomos devem ser previamente verificados e avaliados, especialmente no tocante à comprovação da regularidade entre o valor repassado e os gastos correspondentes ao objeto conveniado.

Decisões do TCU:
Acórdão 242/2009-2ª Câmara.

13.5. Dever de Prestar Contas

Comentário:
As entidades do Sistema "S" são alertadas acerca da necessidade de que cada Administração observe, rigorosamente, o art. 93 do Decreto-lei 200/1967 e a IN/STN 1/97, no que concerne ao dever de prestar contas de eventuais convênios celebrados com órgãos e/ou entidades da Administração Pública Federal.

Decisões do TCU:
Acórdão 399/2011-Plenário

13.6. Formalização

Comentário:

As entidades pertencentes ao Sistema "S" devem regulamentar procedimentos acerca da formalização das prestações de contas dos convênios firmados por cada unidade, incluindo orientações sobre os requisitos mínimos necessários ao aceite da documentação comprobatória das despesas e dos relatórios referentes à execução física.

Assim, cabe às entidades a adoção de providências junto às entidades beneficiárias de recursos repassados mediante convênio, acordo, ajuste, termo de parceria, bem como a título de subvenção, auxílio ou contribuição, a formalização da prestação de contas, ou, no caso de permanência da situação, a instauração da competente tomada de contas especial.

Decisões do TCU:

Acórdãos 2481/2006-2ª Câmara; 3287/2010-2ª Câmara.

13.7. Notas Fiscais

Comentário:

Cabe às entidades paraestatais exigir a emissão de notas fiscais e documentos equivalentes, em nome do convenente ou do executor do ajuste, conforme cada caso. Ressaltamos, ainda, o registro de referência ao título e ao número de convênio, conforme preconiza o art. 30 da IN/STN nº 01/1997, descrito abaixo:

> *Art. 30. As despesas serão comprovadas mediante documentos originais fiscais ou equivalentes, devendo as faturas, recibos, notas fiscais e quaisquer outros documentos comprobatórios serem emitidos em nome do convenente ou do executor, se for o caso, devidamente identificados com referência ao título e número do convênio.*

Decisões do TCU:

Acórdão 2683/2006-1ª Câmara.

13.8. Prazos

Comentário:

As entidades paraestatais devem aprimorar seus mecanismos de controle relacionados à execução dos convênios, com vistas a garantir a observância dos prazos estabelecidos para prestação de contas por parte das entidades conveniadas.

Assim, ante a inexistência de norma específica, ao firmar convênios com outras entidades, atente para que esses instrumentos estabeleçam regras similares às disposições da Portaria Interministerial 127/2008, em especial para que contenham a obrigatoriedade de o convenente apresentar prestação de contas dos recursos recebidos no prazo estabelecido.

Decisões do TCU:

Acórdãos 2481/2006-2ª Câmara; 348/2010-Plenário.

13.9. Relatório de Gestão

Comentário:

As entidades paraestatais são orientadas a inserir em seus Relatórios de Gestão elementos e informações acerca da discriminação das transferências e recebimentos de recursos efetuados mediante convênio, acordo, ajuste, termo de parceria ou outros instrumentos congêneres, bem como a título de subvenção, auxílio ou contribuição.

Destaca-se, ainda, dentre outros aspectos relevantes, a informação necessária referente à correta aplicação dos recursos repassados ou recebidos, e o alcance dos objetivos e metas colimados, sejam eles parciais ou totais, conforme as disposições constantes nas Decisões Normativas do TCU que disciplinam o assunto em foco.

Decisões do TCU:

Acórdão 2687/2006-1ª Câmara.

14. Reajuste

Comentário:

Cabe à Administração no âmbito dos Serviços Sociais Autônomos incluir nos processos que tratam dos convênios, bem como nos demais processos celebrados, justificativas plausíveis que deem suporte a qualquer reajuste de valor pactuado.

Decisões do TCU:

Acórdão 2816/2007-1ª Câmara.

15. Recomendações de Auditorias

Comentário:

As entidades paraestatais devem adotar a prática de estender, de forma precisa, a todas as unidades organizacionais responsáveis pelo gerenciamento dos convênios, as recomendações formuladas por equipes de auditoria resultantes de falhas constatadas em convênios específicos.

Neste ensejo, cabe observar que a orientação da Corte de Contas abrange os trabalhos desempenhados tanto pelo controle interno - Auditoria/Controladoria Interna e CGU - quanto pelo controle externo, a cargo do TCU.

Decisões do TCU:

Acórdão 344/2006-1ª Câmara.

4

16. Recursos Financeiros

16.1. Aplicação

Comentário:

Cabe às entidades paraestatais observar o entendimento firmado pelo TCU quanto aos recursos financeiros de convênios celebrados, uma vez que, enquanto não empregados na sua finalidade precípua, devem ser aplicados em uma das modalidades legalmente previstas, conforme preconiza o art. 20 da IN/STN 01/1997.

> *Art. 20. Os recursos serão mantidos em conta bancária específica, somente permitidos saques para pagamento de despesas constantes do Programa de Trabalho ou para aplicação no mercado financeiro, nas hipóteses previstas em lei ou nesta Instrução Normativa, devendo sua movimentação realizar-se, exclusivamente, mediante cheque nominativo, ordem bancária, transferência eletrônica disponível ou outra modalidade de saque autorizada pelo Banco Central do Brasil, em que fiquem identificados sua destinação e, no caso de pagamento, o credor.*
>
> *§ 1º - Quando o destinatário da transferência for estado, Distrito Federal ou município, entidade a eles vinculada ou entidade particular, os recursos transferidos, enquanto não empregados na sua finalidade, serão obrigatoriamente aplicados:*
>
> *I - em caderneta de poupança de instituição financeira oficial, se a previsão de seu uso for igual ou superior a um mês; e*
>
> *II - em fundo de aplicação financeira de curto prazo, ou operação de mercado aberto lastreada em título da dívida pública federal, quando sua utilização estiver prevista para prazos menores.*

Decisões do TCU:

Acórdão 2487/2006-2ª Câmara.

16.2. Conta Bancária Específica

Comentário:

É importante observar, ainda na fase de elaboração de novos instrumentos de convênio e termos de cooperação, os dispositivos constantes da IN/STN 01/1997, referentes ao compromisso do convenente de movimentar os recursos do convênio, apenas por meio de conta bancária específica, conforme transcrito *in verbis*:

Art. 7º O convênio conterá, expressa e obrigatoriamente, cláusulas estabelecendo:

(...) XIX - o compromisso do convenente de movimentar os recursos em conta bancária específica, quando não integrante da conta única do Governo Federal.

...

Art. 20. Os recursos serão mantidos em conta bancária específica, somente permitidos saques para pagamento de despesas constantes do Programa de Trabalho ou para aplicação no mercado financeiro, nas hipóteses previstas em lei ou nesta Instrução Normativa, devendo sua movimentação realizar-se, exclusivamente, mediante cheque nominativo, ordem bancária, transferência eletrônica disponível ou outra modalidade de saque autorizada pelo Banco Central do Brasil, em que fiquem identificados sua destinação e, no caso de pagamento, o credor.

Assim, ante a inexistência de norma específica, ao firmar convênios com outras entidades, atente para que esses instrumentos estabeleçam regras similares às disposições da Portaria Interministerial 127/2008, e em especial para que contenham o compromisso do convenente de movimentar os recursos do convênio em conta bancária específica.

Decisões do TCU:
Acórdãos 2819/2007-1ª Câmara; 348/2010-Plenário; 1511/2010-2ª Câmara.

4

16.3. Repasse/Transferência de Recursos

Comentário:
Diversas são as determinações que o TCU tem exarado aos Serviços Sociais Autônomos acerca dos procedimentos referentes aos repasses de recursos financeiros decorrentes de instrumentos de convênios, dentre os quais destacamos:

a) observância quanto aos prazos para cumprimento de repasses financeiros oriundos de convênios firmados;

b) abstenção de liberação de parcelas de recursos de convênio sem a devida prestação de contas das parcelas anteriormente liberadas;

c) observância acerca da previsão de que, quando a liberação de recursos ocorrer em três ou mais parcelas, a terceira delas ficará condicionada à apresentação de prestação de contas parcial referente à primeira parcela liberada e assim sucessivamente, sem prejuízo de que, após a aplicação da última parcela, seja apresentada a prestação de contas do total dos recursos recebidos;

d) realização de estudos com vistas a implantar, em âmbito nacional e regional, norma que regulamente a transferência de recursos a outras entidades, mediante a devida formalização de convênios e instrumentos congêneres, disciplinando a celebração, a execução e a prestação de contas destes repasses, atendo-se aos princípios instituídos pelo Decreto nº 6.170, de 25.07.2007, regulamentado pela Portaria Interministerial/MP, MF e CGU nº 127, de 29.05.2008;

e) observância quanto ao atendimento dos dispositivos elencados na IN/STN 01/1997, especialmente os referentes ao Art. 2º, incisos, II, V e VII, Art. 7º, incisos I, III, VIII e XIX, Art. 20 e Art. 21, § 2º; e

f) a transferência de recursos mediante convênio pelo Sistema "S" não transmuda a natureza do recurso público repassado. Desse modo, a aquisição de produtos e a contratação de serviços com recursos do Sistema "S", transferidos a entidades privadas sem fins lucrativos, deverão observar os princípios da impessoalidade, moralidade e economicidade, sendo necessária, no mínimo, a realização de cotação prévia de preços no mercado antes da celebração do contrato.

É importante que cada entidade estabeleça, em transferências de recursos para outras instituições mediante convênio, acordo, ajuste, termo de parceria, bem como a título de subvenção, auxílio ou contribuição, mecanismos de controle que regulem o propósito do repasse, a vinculação com o fim institucional da entidade, os resultados pretendidos, a forma de prestação de contas por parte do beneficiário e o aceite dos resultados pelo ente transferidor, destacando no Relatório de Gestão das próximas contas, entre outros aspectos, a correta aplicação dos recursos e o atingimento dos objetivos previstos.

Por fim, cabe esclarecer sobre a necessidade de cada entidade incluir, nos convênios e ajustes congêneres, cláusulas que vedem expressamente:

a) a transferência de recursos para a contas de pessoas físicas ou para conta corrente que não seja de titularidade do convenente, uma vez que esse procedimento descaracteriza a vinculação dos recursos ao objeto pactuado;

b) realização de despesas em data anterior ou posterior à sua vigência do convênio, por tal procedimento caracterizar ausência de vínculo das despesas realizadas nessas datas com os recursos públicos transferidos por meio do convênio.

Decisões do TCU:
Acórdãos 1370/2005-1ª Câmara; 2819/2007-1ª Câmara; 1159/2007-1ª Câmara; 2854/2009-2ª Câmara; 899/2010-2ª Câmara; 3287/2010-2ª Câmara; 3994/2010-1ª Câmara; 1511/2010-2ª Câmara.

16.4. Utilização de Cheque Nominativo

Comentário:
Cabe às entidades paraestatais observar, por ocasião da elaboração de novos instrumentos de convênio e termos de cooperação, as disposições da Instrução Normativa STN nº 1/1997, consoante determinações emanadas pelo TCU.

Neste sentido, em especial, os instrumentos de convênio e termos de cooperação celebrados pelas entidades paraestatais devem conter dispositivos que descrevam que a movimentação dos recursos mantidos em conta bancária específica, quer sejam para pagamento de despesas constantes do Programa de Trabalho ou para aplicação no mercado financeiro, realizar-se-á, exclusivamente por meio de cheque nominativo em que fiquem identificados sua destinação e o efetivo credor, exigindo-se, ainda, a apresentação de documentação comprobatória idônea.

Assim, ante a inexistência de norma específica, ao firmar convênios com outras entidades, atente para que esses instrumentos estabeleçam regras similares às disposições da Portaria Interministerial 127/2008, e em especial para que contenham a obrigatoriedade de que a movimentação de recursos somente ocorra por meio de cheque nominativo ao efetivo credor, comprovando-se o pagamento com documentação idônea.

Decisões do TCU:

Acórdãos 2819/2007-1ª Câmara; 348/2010-Plenário; 1511/2010-2 Câmara.

17. Regulamento de Convênios

Comentário:

No que tange à área de convênios, a recomendação do TCU é no sentido de que cada órgão nacional envide esforços para a elaboração de regulamento próprio referente à celebração, execução e prestação de contas de convênios, de modo a tornar possível o controle dos gastos, conferindo transparência e publicidade a essas operações, atentando para os princípios constitucionais e legais, como os princípios da legalidade, impessoalidade, moralidade, publicidade e eficiência, insculpidos no art. 37, caput, da Constituição Federal, em conformidade com deliberações do TCU.

Decisões do TCU:

Acórdãos 742/2009-1ª Câmara; 2912/2010-2ª Câmara.

18. Regularidade Fiscal no Processo de Pagamento

Comentário:

É imprescindível às entidades paraestatais a exigência da comprovação da regularidade fiscal para com a Seguridade Social, o FGTS e a Fazenda Federal, em cada processo de pagamento referente a contrato, convênios ou instrumentos congêneres de execução continuada ou parcelada, em cumprimento às tratativas dispostas no Regulamento de Licitações e Contratos de cada entidade, bem como o que couber do art. 29, inciso III, da Lei 8.666/93, descrito abaixo:

Art. 29. A documentação relativa à regularidade fiscal, conforme o caso, consistirá em:

(...) III - prova de regularidade para com a Fazenda Federal, Estadual e Municipal do domicílio ou sede do licitante, ou outra equivalente, na forma da lei.

Decisões do TCU:

Acórdão 334/2008-2ª Câmara.

19. Relatório de Execução Físico-Financeira

Comentários:

Os instrumentos de convênio e termos de cooperação celebrado pelas entidades paraestatais devem dispor de cláusulas que versem sobre a obrigatoriedade de o convenente apresentar relatórios de execução físico-financeira e prestação de contas dos recursos recebidos, em obediência aos dispositivos da IN/STN 01/1997.

Assim, ante a inexistência de norma específica, ao firmar convênios com outras entidades, atente para que esses instrumentos estabeleçam regras similares às disposições da Portaria Interministerial 127/2008, em especial para que contenham a obrigatoriedade de o convenente apresentar relatórios de execução físico-financeira.

Por fim, os instrumentos de convênio devem conter, nos moldes anteriormente determinados pelos Acórdãos 3.749/2007 e 3.691/2008, ambos da Primeira Câmara do Tribunal de Contas da União, obrigatoriedade de o convenente apresentar relatórios de execução físico-financeira e prestação de contas dos recursos recebidos, em prazo preestabelecido.

Decisões do TCU:

Acórdãos 2819/2007-1ª Câmara; 3749/2007-1ª Câmara; 3691/2008-1ª Câmara; 348/2010-Plenário; 1511/2010-2ª Câmara.

20. Repasse de Recursos ao IEL

Comentário:

Em atendimento ao regramento disposto na IN/STN 01/1997, o TCU, por meio de diversas decisões, consolidou entendimento aplicável aos Serviços Sociais Autônomos no sentido de que devem se abster de repassar recursos para manutenção e custeio do Instituto Euvaldo Lodi - IEL, por falta de amparo legal, uma vez que repasses a este Instituto são permitidos tão somente mediante a celebração de convênios, os quais conterão necessariamente cláusulas que disciplinem:

a) o objeto específico, com seus elementos característicos e descrição detalhada, objetiva, clara e precisa do que se pretende realizar ou obter, que, comprovadamente, seja de interesse recíproco (comum) das partes convenentes (arts. 2º, incisos I, II e III e 7º, inciso I);

b) o plano de trabalho, que, além da especificação completa do bem a ser produzido ou adquirido, deverá previamente explicitar o valor a ser despendido na sua obtenção e conter cronograma de desembolso, este último condizente com as fases ou etapas de execução do objeto do convênio (art. 2º, § 1º);

c) o compromisso do convenente de movimentar os recursos do convênio em conta bancária específica (art. 7º, inciso XIX);

d) a obrigatoriedade de que a movimentação de recursos somente ocorra por meio de cheque nominativo ao efetivo credor, comprovando-se o pagamento com documentação idônea (art. 20);

e) a vigência do instrumento, que deverá ser fixada de acordo com o prazo previsto para a consecução do objeto e em função das metas estabelecidas (art. 7º, inciso III);

f) a obrigatoriedade de o convenente apresentar relatórios de execução físico-financeira e prestação de contas dos recursos recebidos no prazo máximo de 60 (sessenta) dias, contados da data do término da vigência do convênio (art. 7º, inciso VIII);

g) a previsão de que, quando a liberação de recursos ocorrer em três ou mais parcelas, a terceira delas ficará condicionada à apresentação de prestação de contas parcial referente à primeira parcela liberada e assim sucessivamente, sem prejuízo de que, após a aplicação da última parcela, seja apresentada a prestação de contas do total dos recursos recebidos (art. 21, § 2º).

Ademais, a Corte de Contas tem formalizado determinações para que sejam efetuadas transferências financeiras, por meio de convênio, ao Instituto Euvaldo Lodi - IEL somente se observadas de forma prévia a formalização dos respectivos instrumentos, promovendo, ainda, a adequação dos termos então vigentes (subitem 9.2 do Acórdão nº 614/2005-Plenário).

Cabe destacar, entretanto, que as transferências financeiras devem ser vinculadas à estrita observância de correlação entre a atividade a ser executada com os recursos repassados e suas finalidades institucionais.

No entanto, as determinações do TCU ao Sistema "S" orientam que a formalização dos repasses destinados ao Instituto Euvaldo Lodi - IEL não deve ser efetuada por meio de convênios genéricos (inclusive institucionais). Neste ensejo, cabe observar que o TCU tem determinado a anulação de convênios de cooperação técnica e institucional celebrados com o Instituto Euvaldo Lodi, quando não houver respaldo legal e for contrária ao princípio constitucional da prestação de contas a fixação de aporte financeiro lastreado em percentual incidente sobre a arrecadação de competência da entidade.

Assim, as Entidades do Sistema "S" devem limitar o repasse de recursos a outras entidades, em especial ao Instituto Euvaldo Lodi e às Federações estaduais, às situações amparadas por convênios firmados em consonância com as disposições do subitem 9.7.7 do Acórdão 348/2010-Plenário.

As unidades do Sistema "S" devem, pois, abster-se, por afrontar as disposições do art. 54 do Decreto 57.375/1965, de realizar repasses a título de auxílio financeiro ao IEL sem o devido amparo regulamentar.

Cabe registrar, com relação à elaboração e apresentação da respectiva prestação de contas das origens e aplicações dos recursos geridos pelas entidades paraestatais, que devem observar estrito atendimento aos dispositivos constantes no caput do art. 1º e inciso I, § 1º, da IN/STN nº 01/1997. Cabe ressaltar que, por meio do Acórdão 742/2009-1ª Câmara (item 9.1), fora dada nova redação ao respectivo item, qual seja:

> *Acórdão 742/2009-1ª Câmara*
>
> *"9.1. conhecer do recurso de reconsideração em relação ao item 1.4.2, nos termos dos arts. 32, inciso I, e 33, ambos da Lei nº 8.443/92, para, no mérito, dar-lhe provimento parcial, atribuindo a seguinte redação ao item 1.4.2 do Acórdão nº 3.748/2007-1ª Câmara:*

1.4.2. passe a formalizar, por meio de convênio, os repasses ao Instituto Euvaldo Lodi - IEL e Entidades congêneres, com base em regulamento próprio, sujeito aos princípios constitucionais e legais que regem a matéria."

Por fim, convém lembrar às entidades do Sistema "S", em consonância com a jurisprudência do TCU, que somente efetuem transferências financeiras ao IEL, ou a outro ente integrante do sistema liderado pelas Federações nos Estados, quando configurada a correlação entre a atividade a ser executada e as competências institucionais da entidade transferidora, sempre mediante a celebração de convênio que observe os princípios gerais relativos à Administração Pública, utilizando como referencial normativo, na falta de norma própria, a Portaria Interministerial nº 127, de 29 de maio de 2008, ora vigente, fazendo constar desses instrumentos:

1. Objeto específico, com descrição detalhada, objetiva, clara e precisa do que se pretende realizar ou obter, que, comprovadamente, seja de interesse recíproco (comum) das partes convenentes.
2. Plano de trabalho, que, além da especificação completa do resultado a ser produzido ou adquirido, deverá previamente explicitar o valor a ser despendido na sua obtenção e conter cronograma de desembolso, este último condizente com as fases ou etapas de execução do objeto do convênio.
3. Compromisso do convenente de movimentar os recursos do convênio em conta bancária específica.
4. Obrigatoriedade de que a movimentação de recursos somente ocorra por meio de cheque nominativo ao efetivo credor, comprovando-se o pagamento com documentação idônea.
5. Vigência do instrumento, que deverá ser fixada de acordo com o prazo previsto para a consecução do objeto e em função das metas estabelecidas.
6. Obrigatoriedade de o convenente apresentar relatórios de execução físico-financeira e prestação de contas dos recursos recebidos, em prazo preestabelecido.
7. Previsão de que, quando a liberação de recursos ocorrer em três ou mais parcelas, a terceira delas ficará condicionada à apresentação de prestação de contas parcial referente à primeira parcela liberada e assim suces-

sivamente, sem prejuízo de que, após a aplicação da última parcela, seja apresentada a prestação de contas do total dos recursos recebidos.

Decisões do TCU:

Acórdãos 614/2005-Plenário; 393/2007-1ª Câmara; 3748/2007-1ª Câmara; 3749/2007-1ª Câmara; 787/2008-Plenário; 2541/2008-2ª Câmara; 2799/2008-1ª Câmara; 3691/2008-1ª Câmara; 742/2009-1ª Câmara; 1842/2009-2ª Câmara; 348/2010-Plenário; 1511/2010-2ª Câmara; 1825/2010-2ª Câmara; 2306/2010-Plenário; 4746/2010-1ª Câmara; 741/2011-2ª Câmara; 2888/2011-2ª Câmara.

21. Rescisão

Comentário:

Os instrumentos de convênio e termos de cooperação celebrados pelas entidades pertencentes aos Serviços Sociais Autônomos devem ser elaborados com a formalização de cláusulas que tratem das causas de rescisão do ajuste, em atendimento aos dispositivos contidos na IN/STN 01/1997.

Por oportuno, transcrevemos abaixo tratativas estabelecidas pela IN supracitada, aplicadas ao assunto em tela:

> *Art. 36. Constitui motivo para rescisão do convênio independentemente do instrumento de sua formalização, o inadimplemento de quaisquer das cláusulas pactuadas, particularmente quando constatadas as seguintes situações:*
>
> *I - utilização dos recursos em desacordo com o Plano de Trabalho;*
>
> *II - aplicação dos recursos no mercado financeiro em desacordo com o disposto no art. 18; e*
>
> *III - falta de apresentação das Prestações de Contas Parciais e Final, nos prazos estabelecidos.*
>
> *Art. 37. A rescisão do convênio, na forma do artigo anterior, enseja a instauração da competente Tomada de Contas Especial.*

4

Ressaltamos, por fim, que as hipóteses de rescisão dos convênios resultarão na suspensão definitiva da liberação das parcelas porventura devidas.

Por sua vez, os saldos financeiros remanescentes deverão ser devolvidos à entidade concedente no prazo improrrogável de 30 (trinta) dias do evento, incluindo aqueles provenientes de aplicações financeiras.

Nos casos de desobediência ao prazo de devolução estabelecido pelo legislador, a autoridade competente da entidade concedente ficará incumbida de instaurar, imediatamente, processo de tomada de contas especial do responsável.

Decisões do TCU:
Acórdão 2819/2007-1ª Câmara

22. Ressarcimento de Valores

Comentário:
Quando da realização de trabalhos fiscalizatórios ou na análise das prestações de contas anuais das entidades, as falhas e impropriedades constatadas geram determinações ensejadoras de providências por parte da unidade envolvida. As determinações envolvendo ressarcimento de valores são sempre no sentido de que a entidade concedente adote providências junto ao agente convenente envolvido, como ocorre com as federações com as quais celebram convênios com a finalidade de disponibilizar infraestrutura da federação para execução das atividades de formação profissional, promoção social e rural, de comércio, indústria, transporte, dentre outras, a fim de obter a restituição dos valores indicados ou, se for o caso, a compensação desses valores, ainda que de forma parcelada, nos futuros repasses ao agente convenente, mediante instrumento devidamente formalizado.

Por vezes, tais ressarcimentos são decorrentes da glosa de despesas referentes à estrutura física externa, por ausência de vinculação ao objeto do acordo e aos objetivos institucionais da federação convenente e ausência de comprovação da regular aplicação dos recursos, bem como despesas consistentes em auxílios financeiros para custeio das atividades de Sindicatos Patronais.

As despesas devem ser executadas dentro da vigência indicada no instrumento do convênio firmado. O descumprimento dessa regra gera determinações dos órgãos de controle para que a entidade concedente identifique todas as despesas realizadas fora da vigência estipulada nas cláusulas respectivas do acordo, e providencie o ressarcimento dos valores recebidos pela entidade convenente aos cofres da entidade concedente, acrescidos de correção monetária e juros de mora, desde a data dos repasses até a data do efetivo ressarcimento.

Cabe aos órgãos/entidades concedentes a adoção de medidas pertinentes para o ressarcimento dos valores despendidos que não foram devidamente comprovados pelas entidades beneficiárias dos repasses efetivados, relativos aos instrumentos de convênio firmados, bem como exigir a comprovação das despesas impugnadas anteriormente, na próxima prestação de contas.

Caso a entidade não obtenha os devidos ressarcimentos indicados, instaure, com fulcro no art. 8º da Lei nº 8.443/1992, a correspondente tomada de contas especial, com vistas à correta apuração dos fatos, identificação dos responsáveis e quantificação do dano, restando esclarecido que instauração fica dispensada quando o valor do dano apurado for inferior à quantia fixada no art. 11 da Instrução Normativa TCU nº 56/2007, atualmente em R$ 23.000,00 (vinte e três mil reais).

Nessa mesma linha, tendo em vista a omissão do convenente em apresentar a prestação de contas relativa a convênio celebrado, adote a entidade concedente, no prazo de 120 dias a contar da ciência da deliberação, providências junto ao convenente com vistas a obter o ressarcimento integral dos valores repassados, instaurando, se não lograr êxito, processo de Tomada de Contas Especial.

Decisões do TCU:

Acórdãos 1670/2008-2ª Câmara; 3994/2010-1ª Câmara; 3994/2010-1ª Câmara; 7671/2010-1ª Câmara; 3386/2011-2ª Câmara.

23. Termo Aditivo

Comentário:

Conforme comentado anteriormente, há entendimento firmado de que as entidades paraestatais, enquanto não tenham norma própria específica sobre convênio, devem se submeter aos dispositivos da Instrução Normativa/STN nº 01/1997, principalmente os concernentes à alteração do instrumento de convênio, os quais devem observar procedimentos quanto à proposta e justificativa da alteração requerida, bem como o estabelecimento de prazo hábil relacionado à apresentação da proposta de alteração, e prazo relacionado à análise e decisão sobre a alteração pleiteada.

Ressalta-se que as entidades dos Serviços Sociais Autônomos devem efetuar o registro das alterações porventura ocorridas em sistema similar ao SIAFI, quando cabível, e que a redação do artigo 15 decorre de alteração formulada pela IN/STN nº 02/2002, a qual descreve que:

> *Art. 15. O convênio, ou Plano de Trabalho, este quando se tratar de destinação por Portaria Ministerial, somente poderá ser alterado mediante proposta do convenente, devidamente justificada, a ser apresentada em prazo mínimo, antes do término de sua vigência, que vier a ser fixado pelo ordenador de despesa do concedente, levando-se em conta o tempo necessário para análise e decisão.*
>
> *Art. 16. As alterações de que trata o artigo anterior sujeitam-se ao registro, pelo concedente, no Sistema Integrado de Administração Financeira do Governo Federal - SIAFI.*

Decisões do TCU:

Acórdão 1370/2005-1ª Câmara.

24. Termo de Cooperação

Comentário:

Os regulamentos para celebração de termos de cooperação elaborados pelas entidades do Sistema "S" devem conter os seguintes pontos, de maneira a garantir que os procedimentos estejam em consonância com os princípios norteadores da atividade pública, aos quais todas as entidades do Sistema "S" se sujeitam:

1. Especificação dos elementos que devem necessariamente compor os planos de trabalho propostos, dentre os quais se recomenda:

a) a descrição detalhada do objeto e de todas as atividades necessárias à sua consecução;

b) projeto básico, os casos em que seja necessária a realização de obras e serviços de engenharia;

c) orçamento detalhado em planilha de quantitativos e custos unitários;

d) descrição das metas a serem atingidas, quantitativa e qualitativamente;

e) o cronograma de execução;

f) o cronograma de desembolso;

2. Definição dos pontos sobre os quais a área técnica competente da entidade deve se manifestar com relação a um plano de trabalho proposto, como condição de sua aprovação, dentre os quais se recomenda:

a) se o objeto está devidamente especificado (aspectos qualitativos e quantitativos);

b) as metas propostas;

c) o cronograma de execução;

d) a adequação dos custos frente aos preços de mercado (economicidade);

e) a capacidade operacional e financeira da instituição proponente para a execução do plano de trabalho;

3. Previsão da exigência de que os cooperados, ao realizar despesas, devem observar os princípios e regras constantes do Regulamento de Licitações e Contratos da própria entidade.

4. Regulamentação, dentre os elementos que devem compor as prestações de contas final e parcial, da obrigatoriedade da apresentação dos documentos comprobatórios das despesas realizadas (notas fiscais, recibo de pagamento a autônomo, cópias de cheques, entre outros) e da cópia do extrato de movimentação bancária da conta corrente específica dos recursos oriundos do termo de cooperação.

Oportuno observar que a análise das prestações de contas finais, sob os aspectos técnico e financeiro, em seus processos administrativos inerentes aos termos de cooperação celebrados, de acordo com as normas internas, deve ser anexada aos resultados das contas anuais da entidade, em cada exercício.

Tal procedimento deve estar previsto nas normas que disciplinam a celebração de termos de cooperação, a exemplo do que dispõe o art. 14, incisos I e II, do Regulamento dos Procedimentos para Celebração de Termos de Cooperação, do Serviço Nacional de Aprendizagem Rural - SENAR.

Quanto aos termos acordados, abstenham-se as entidades do Sistema "S" quanto às seguintes impropriedades verificadas por órgãos de controle nos contratos e termos de cooperação celebrados pela entidade:

1. Especificação inadequada do objeto contratado, ante a ausência da descrição detalhada do serviço prestado, da definição de quantitativos e do cronograma físico-financeiro da execução contratual, em contratos específicos.

2. Descumprimento dos arts. 11 e 13 do Regulamento de Licitações e Contratos próprio, por não apresentar a justificativa para o preço acordado, fundamentada em orçamento estimado, nas contratações diretas por meio de Contratos específicos.

3. Enquadramento indevido como consultoria, em determinados Contratos, diversos tipos de serviços, em desacordo com o inciso XII do art. 9º do Regulamento de Licitações e Contratos próprio e com Instruções de Serviço.

4. Inexistência de análise da prestação de contas, sob os aspectos técnico e financeiro, em seus processos administrativos relativos a termos de cooperação, em desacordo com as normas internas, a exemplo do Regulamento dos Procedimentos para Celebração de Termos de Cooperação.

5. Celebração de Termos de Cooperação nos quais não está presente a comunhão de interesses entre os partícipes, situação em que caberia a formalização de contrato, mediante realização de licitação, como regra, com base no art. 1º do Regulamento de Licitações e Contratos próprio.

6. Ausência de justificativa circunstanciada de preço em processo de dispensa de licitação, em descumprimento ao art. 11 do Regulamento de Licitações e Contratos próprio.

7. Ausência, no processo administrativo correspondente, de cópia do edital elaborado para a realização do processo seletivo e de sua publicação, bem como da cópia das provas escritas, em desacordo com os princípios da transparência, da isonomia e da impessoalidade.

8. Transferência do planejamento e da criação de programas e projetos finalísticos a terceiros, por meio de termos de cooperação, em desacordo com o artigo 1º da Lei 8.351/91 c/c disposições normativas internas das entidades.

Por ser pertinente, vale dizer que cada entidade efetue a cobrança dos relatórios trimestrais das empresas, tendo em vista a sua obrigatoriedade, sob pena de rescisão do termo, prevista nas normas de procedimento e nos termos de cooperação. (Acórdão 2568/2010-1ª Câmara)

Decisões do TCU:
Acórdãos 2233/2010-Plenário; 2568/2010-1ª Câmara.

25. Tomada de Contas Especial

Comentário:
Oportuno observar, por ocasião da elaboração de instrumentos de convênio e termos de cooperação, as disposições da Instrução Normativa STN nº 1/1997, em especial no que se refere à necessidade de que estes contenham a possibilidade de instauração de Tomada de Contas Especial, no prazo máximo de 180 dias (IN/TCU nº 13/96), quando:

I - não for apresentada a prestação de contas no prazo de até 30 dias concedido em notificação pela concedente;

II - não for aprovada a prestação de contas, apesar de eventuais justificativas apresentadas pelo convenente, em decorrência de:

a) não execução total do objeto pactuado;

b) atingimento parcial dos objetivos avençados;

c) desvio de finalidade;

d) impugnação de despesas;

e) não cumprimento dos recursos da contrapartida;

f) não aplicação de rendimentos de aplicações financeiras no objeto pactuado;

III - ocorrer qualquer outro fato do qual resulte prejuízo ao erário.

No caso de convênios em que houver a omissão do convenente em prestar contas dos recursos alocados pela entidade concedente, esta deve adotar

4

providências para apuração dos fatos relativos à omissão mencionada, inclusive todos os itens constantes em planilha de custos dos eventos, e a inexecução do objeto pelo descumprimento de obrigações previstas no convênio, instaurando, no caso de configurar-se a ocorrência de dano ao erário, processo de Tomada de Contas Especial, nos termos do art. 8º, da Lei 8.443/1992.

Desse modo, as entidades do Serviço Social Autônomo deverão incluir em seus instrumentos de convênio dispositivos referentes à instauração de Tomada de Contas Especial, em estrita consonância com os dispositivos que versam sobre a matéria, a saber: Lei Orgânica do TCU nº 8.443/92, Instrução Normativa/STN nº 01/97, Instrução Normativa/TCU nº 56/07 e Portaria Interministerial MPOG/MF/CGU nº 127/08, conforme anexos.

Cabe à Administração adotar em tempo hábil as medidas administrativas com vistas ao ressarcimento ao erário, porém, na hipótese de não serem realizados os ressarcimentos no prazo da notificação, instaure-se, no prazo de 90 (noventa) dias, a devida tomada de contas especial, nos termos do art. 8º da Lei 8.443/92 e da IN TCU 13/1996, a ser encaminhada ao TCU, via Controle Interno, nesse prazo.

Instaure a Administração a competente tomada de contas especial com vistas a apurar os fatos e identificar os responsáveis com relação à não comprovação da boa e regular aplicação dos recursos repassados a outras entidades, mormente quando relatado nos relatórios de auditoria da CGU, referente à prestação de contas anual da entidade, com fulcro no art. 8º da Lei nº 8.443/92 c/c art. 31, §§ 4º a 6º, da IN/STN nº 01/97.

Decisões do TCU:

Acórdãos 2819/2007-1ª Câmara; 3749/2007-1ª Câmara; 348/2010-Plenário; 2888/2011-2ª Câmara.

26. Utilização do Instrumento de Convênio

Comentário:

A utilização do instrumento convênio deverá ser previamente avaliada pelas entidades integrantes do Sistema "S", no sentido de utilizá-lo apenas quando restar caracterizada a execução de projetos, atividades, prestação de serviços, aquisição de bens ou eventos eivados de interesse recíproco, em regime de mútua cooperação.

Neste ensejo, calha ressaltar que a IN/STN 01/97, conceitua como convênio o "*instrumento qualquer que discipline a transferência de recursos públicos e tenha como partícipe órgão da administração pública federal direta, autárquica ou fundacional, empresa pública ou sociedade de economia mista que estejam gerindo recursos dos orçamentos da União, visando à execução de programas de trabalho, projeto/atividade ou evento de interesse recíproco, em regime de mútua cooperação*".

Ademais, a Portaria Interministerial nº 127/2008 complementa que convênio é o "*acordo ou ajuste que discipline a transferência de recursos financeiros de dotações consignadas nos Orçamentos Fiscal e da Seguridade Social da União e tenha como partícipe, de um lado, órgão ou entidade da administração pública federal, direta ou indireta, e, de outro lado, órgão ou entidade da administração pública estadual, distrital ou municipal, direta ou indireta, ou ainda entidades privadas sem fins lucrativos, visando à execução de programa de governo, envolvendo a realização de projeto, atividade, serviço, aquisição de bens ou evento de interesse recíproco, em regime de mútua cooperação*".

Decisões do TCU:
Acórdãos 614/2005-Plenário; 3749/2007-1ª Câmara; 672/2008-Plenário; 953/2008-1ª Câmara; 245/2009-2ª Câmara.

27. Vedações Expressas no Instrumento de Convênio

4

Comentário:
Consoante a jurisprudência firmada pelo TCU, as entidades do Sistema "S" devem incluir nos instrumentos de convênios e ajustes congêneres cláusulas que vedem expressamente:

a) a transferência de recursos para contas de pessoas físicas ou para conta corrente que não seja de titularidade do convenente, uma vez que esse procedimento descaracteriza a vinculação dos recursos ao objeto pactuado;

b) realização de despesas em data anterior ou posterior à vigência do convênio, por tal procedimento caracterizar ausência de vínculo das despesas realizadas nessas datas com os recursos públicos transferidos por meio do convênio.

Cabe às unidades do Sistema, no caso de convênios, termos de cooperação e acordos congêneres, identificar todas as despesas realizadas fora do período de vigência estipulado nas cláusulas do respectivo acordo, providenciando o ressarcimento de valores recebidos pelos convenentes aos cofres da entidade, acrescidos de correção monetária e juros de mora, desde a data dos repasses até a data do efetivo ressarcimento.

Convém alertar às entidades para a necessidade de garantir, em avenças firmadas com outros entes, que equipamentos de sua propriedade eventualmente cedidos sejam utilizados unicamente dentro de seu propósito primordial, a exemplo da aprendizagem industrial no caso das unidades do SENAI.

Decisões do TCU:
Acórdãos 736/2010-1ª Câmara; 348/2010-Plenário; 746/2011-2ª Câmara.

28. Vigência

Comentário:
As unidades dos Serviços Sociais Autônomos devem atentar quanto à necessidade de explicitar formalmente o prazo de vigência de cada termo de convênio ou termos de cooperação, em estrita consonância com o prazo necessário à consecução dos objetos firmados e de acordo com as metas previamente estabelecidas.

Cabe, ainda, a essas unidades, manter o controle da vigência dos convênios firmados, abstendo-se de promover a renovação daqueles cuja vigência já tenha expirado, inclusive com entidades irregulares em relação a certidões fiscais, a exemplo da previsão constante em Regulamento de Convênio de entidade do Sistema.

Ante a inexistência de norma específica, ao firmar convênios com outras entidades, atente para que esses instrumentos estabeleçam regras similares às disposições da Portaria Interministerial 127/2008, em especial para que contenham a vigência do instrumento, que deverá ser fixada de acordo com o prazo previsto para a consecução do objeto e em função das metas estabelecidas.

Reforça-se entendimento de que os instrumentos de convênio devem conter, nos moldes anteriormente determinados pelos Acórdãos 3.749/2007 e 3.691/2008, ambos da Primeira Câmara do TCU, a vigência do instrumento, que deverá ser fixada de acordo com o prazo previsto para a consecução do objeto e em função das metas estabelecidas, sem embargo de considerar a possibilidade de prorrogações sucessivas de sua vigência, para que não seja questionada sua validade.

Decisões do TCU:
Acórdãos 2819/2007-1ª Câmara; 3749/2007-1ª Câmara; 1670/2008-2ª Câmara; 3691/2008-1ª Câmara; 348/2010-Plenário; 1067/2011-Plenário.

Capítulo V

Prestação de Contas Anuais

1. Introdução

De acordo com a organização dos Poderes da República Federativa do Brasil, cabe ao Poder Legislativo, com auxílio dos Tribunais de Contas, nas três esferas da Administração Pública (Federal, Estadual e Municipal), a fiscalização e o controle dos órgãos e entidades a que se refere o art. 70, caput e parágrafo único da Constituição Federal, conforme segue:

> *Art. 70. A fiscalização contábil, financeira, orçamentária, operacional e patrimonial da União e das entidades da administração direta e indireta, quanto à legalidade, legitimidade, economicidade, aplicação das subvenções e renúncia de receitas, será exercida pelo Congresso Nacional, mediante controle externo, e pelo sistema de controle interno de cada Poder.*
>
> *Parágrafo único. Prestará contas qualquer pessoa física ou entidade pública que utilize, arrecade, guarde, gerencie ou administre dinheiros, bens e valores públicos ou pelos quais a União responda, ou que, em nome desta, assuma obrigações de natureza pecuniária.*

Mediante competência constitucional e infraconstitucional, na esfera Federal, cabe ao Tribunal de Contas da União, de forma auxiliar, o exercício do controle externo que compete ao Congresso Nacional, a fiscalização e o julgamento das contas dos administradores públicos, inclusive dos entes paraestatais, como os Serviços Sociais Autônomos (CF, arts. 70 a 75 c/c a Lei 8.443/92).

Destarte, a organização, a constituição e as formas de apresentação dos processos de Tomada de Contas Anual e Prestação de Contas Anuais dos

Serviços Sociais Autônomos são estabelecidas por meio de documentos normativos emanados pelo TCU, como Decisões Normativas e Instruções Normativas editadas anualmente. Tais documentos estabelecem normas de organização e de apresentação de relatórios de gestão e das peças complementares que constituirão os processos de contas das entidades do Serviço Social Autônomo, bem como dos órgãos e entidades da Administração Pública Federal, os quais serão apreciados para julgamento do Tribunal de Contas da União, nos termos do art. 7º da Lei nº 8.443, de 1992. Neste ensejo, torna-se necessário verificar os seguintes normativos do TCU:

PRESTAÇÃO DE CONTAS 2010	PRESTAÇÃO DE CONTAS 2011
Instrução Normativa nº 63/2010	Instrução Normativa nº 63/2010
Decisão Normativa nº 107/2010	Decisão Normativa nº 108/2010
Decisão Normativa nº 110/2010	Portaria nº 123/2011
Decisão Normativa nº 113/2011	Resolução nº 234/2010
Portaria nº 277/2010	
Resolução nº 234/2010	

Destaca-se, entretanto, a transcrição *ipsis litteris* do art. 2º, inciso III, da Instrução Normativa do TCU nº 63/2010:

> *"Art. 2º Para efeito desta Instrução Normativa estão sujeitos à apresentação de relatório de gestão e à constituição de processo de contas os responsáveis pelas seguintes unidades jurisdicionadas ao Tribunal:*
>
> ...
>
> *III. serviços sociais autônomos;"*

As Contas Anuais dos administradores/gestores das entidades dos Serviços Sociais Autônomos são analisadas pelo TCU sob os aspectos da legalidade, legitimidade, economicidade, eficiência e eficácia e buscam integrar, no exame e julgamento das contas dos gestores, **o controle da conformidade** e **do desempenho da gestão**, a fim de contribuir para o aperfeiçoamento da Administração Pública como um todo. Neste contexto, a decisão proferida pelo TCU em processo de prestação ou de tomada de contas poderá ser:

Preliminar - decisão pela qual o relator ou o Tribunal, antes de pronunciar-se quanto ao mérito das contas, resolve sobrestar o julgamento, ordenar a citação ou a audiência dos responsáveis, rejeitar as alegações de defesa e fixar novo e improrrogável prazo para recolhimento do débito ou, ainda, determinar outras diligências necessárias ao saneamento do processo;

Definitiva - decisão pela qual o Tribunal julga as contas regulares, regulares com ressalva ou irregulares; ou

Terminativa - decisão pela qual o Tribunal ordena o trancamento das contas que forem consideradas iliquidáveis, ou determina o seu arquivamento pela ausência de pressupostos de constituição e de desenvolvimento válido e regular do processo ou por racionalização administrativa e economia processual.

Com relação à decisão definitiva, temos que as contas serão julgadas:

a) **Regulares**: quando expressarem, de forma clara e objetiva, a exatidão dos demonstrativos contábeis, a legalidade, a legitimidade e a economicidade dos atos de gestão do responsável, ocasião em que o TCU dará quitação plena ao responsável;

b) **Regulares com ressalvas**: quando evidenciarem impropriedades ou qualquer outra falta de natureza formal, de que não resulte dano ao Erário, ocasião em que o TCU dará quitação ao responsável e determinará a adoção de medidas necessárias à correção das impropriedades ou faltas identificadas, de modo a prevenir a ocorrência de outras semelhantes;

c) **Irregulares**: quando comprovada qualquer das seguintes ocorrências:

1. Omissão no dever de prestar contas.
2. Prática de ato de gestão ilegal, ilegítimo, antieconômico, ou infração à norma legal ou regulamentar de natureza contábil, financeira, orçamentária, operacional ou patrimonial.
3. Dano ao erário decorrente de ato de gestão ilegítimo ou antieconômico.
4. Desfalque ou desvio de dinheiros, bens ou valores públicos.

Cabe ressaltar que o TCU poderá julgar as contas como irregulares, nos casos de descumprimento de determinação de que o responsável tenha tido ciência, feita em processo de tomada ou prestação de contas.

As contas serão consideradas iliquidáveis quando, por caso fortuito ou motivo de força maior, comprovadamente alheio à vontade do responsável, tornar materialmente impossível o julgamento de mérito das contas. Neste caso, o TCU ordenará o trancamento das contas e o arquivamento do processo e, após um período de cinco anos, as contas serão consideradas encerradas, com baixa na responsabilidade do administrador.

2. Auditoria Interna

2.1. Documentação Exigida

Comentário:
As entidades devem orientar seu Setor de Auditoria Interna a proceder em estrita observância aos dispositivos previstos nas normas de organização e apresentação do relatório de gestão, e das peças complementares que constituirão o processo de prestação de contas das entidades dos Serviços Sociais Autônomos. Tendo em vista que, nos termos do art. 7º da Lei nº 8.443/92, as contas serão submetidas a julgamento do Tribunal de Contas da União, torna-se necessário que, em cada prestação de contas da entidade, todos os documentos exigidos em Decisão Normativa sejam apresentados conforme preconiza a Instrução Normativa atinente.

Nesse mesmo sentido, a CGU, em publicação intitulada *Entendimentos do Controle Interno Federal sobre a Gestão dos Recursos das Entidades do Sistema "S"*, esclareceu sobre o assunto da seguinte forma:

> *3. As entidades do Sistema "S" estão obrigadas a publicar na internet os documentos de Prestação de Contas (relatório, certificado e parecer)?*
>
> *Não. As entidades do Sistema "S" não estão obrigadas a publicar na internet os documentos de Prestação de Contas (Relatório, Certificado e Parecer). O Decreto nº 5481/2005, que acrescentou o art. 20-B ao Decreto nº 3591/00, determina que "os órgãos e entidades do Poder Executivo Federal, sujeitos a tomada e prestação de contas, darão ampla divulgação, inclusive em meios eletrônicos de acesso público, ao relatório de gestão, ao relatório e ao certificado de auditoria, com parecer do órgão de controle interno, e ao pronunciamento do Ministro de Estado*

supervisor da área ou da autoridade de nível hierárquico equivalente, em até trinta dias após envio ao Tribunal de Contas da União". Assim, a obrigatoriedade da publicação na internet abrange somente os órgãos e entidades do Poder Executivo Federal.

Decisões do TCU:
Acórdãos 1938/2006-2ª Câmara; 1155/2007-1ª Câmara.

2.2. Responsabilidade pela Análise da Prestação de Contas

Comentário:
As entidades do Serviço Social Autônomo devem atribuir a outro setor, não relacionado à Auditoria Interna, a responsabilidade pela análise da Prestação de Contas, de modo a fortalecer o papel da Auditoria Interna como avaliador dos sistemas de controle da entidade, em atendimento aos termos insculpidos no princípio da segregação de funções e na Instrução Normativa/SFC nº 01, de 06/04/2001.

Nesse mesmo sentido, a CGU, em publicação intitulada *Entendimentos do Controle Interno Federal sobre a Gestão dos Recursos das Entidades do Sistema "S"*, esclareceu sobre o assunto da seguinte forma:

> *4. As unidades de auditoria interna das entidades do Sistema "S" sujeitam-se tecnicamente às normas da SFC/CGU?*
>
> *Não. Porém o Decreto nº 3.591/2000 (com a redação dada pelos Decretos nº 4.440, de 25/10/2002 e nº 6.692, de 12/12/2008) estabelece que a SFC/CGU pode recomendar as providências necessárias à organização de unidade de controle interno, visto que existem entidades do Sistema "S" que possuem materialidade, relevância e risco que justificam a necessidade da criação de uma unidade de auditoria interna. A SFC/CGU pode também firmar termo de cooperação técnica com as entidades que tenham unidade de auditoria interna, bem como utilizar os serviços dessas unidades que atenderem aos padrões de requisitos técnicos e operacionais.*

5. As entidades do Sistema "S" que possuem unidade de auditoria interna constituída devem apresentar o parecer da auditoria interna no processo de prestação de contas anual?

Sim. Caso tenha sido constituída a unidade de auditoria interna, essa deve incluir o parecer sobre as contas anuais, definido nas legislações editadas anualmente pelo Tribunal de Contas da União (TCU) e pela SFC/CGU, no processo de prestação de contas anual. Caso as entidades entendam que não estão obrigadas a apresentar o parecer, devem emitir manifestação nesse sentido, para fins de apreciação por parte da Egrégia Corte, visto que não é dado ao Controle Interno dispensar as unidades jurisdicionadas da apresentação de peças exigidas pelo Tribunal, quando da organização dos processos de contas.

Decisões do TCU:

Acórdãos 792/2009-1ª Câmara; 1087/2009-Plenário.

3. Citação e Audiência

Comentário:

Sempre que necessário, o Colegiado do TCU determina às suas Secretarias de Controle Externo - SECEX, que, após análise das contas das entidades paraestatais, submetam os autos ao respectivo relator com as eventuais propostas de citação dos responsáveis arrolados ao processo, contendo o detalhamento das irregularidades observadas e o correspondente valor do débito. Neste sentido, torna-se salutar diferenciar os instrumentos da citação e da audiência, os quais são relacionados à verificação de irregularidade nas contas a serem julgadas pela Corte de Contas, conforme segue:

Regimento Interno do TCU

Art. 202. Verificada irregularidade nas contas, o relator ou o Tribunal:

I - definirá a responsabilidade individual ou solidária pelo ato de gestão inquinado;

II - se houver débito, ordenará a citação do responsável para que, no prazo de quinze dias, apresente alegações de defesa ou recolha a quantia devida, ou ainda, a seu critério, adote ambas as providências;

III - se não houver débito, determinará a audiência do responsável para que, no prazo de quinze dias, apresente razões de justificativa;

Com efeito, o parágrafo segundo do artigo supracitado esclarece que, na oportunidade da resposta à citação, com vistas à apresentação de providências consideradas necessárias ao saneamento dos autos, será examinada a ocorrência de boa-fé na conduta do responsável e a inexistência de outra irregularidade nas contas.

Por oportuno, transcrevemos abaixo alguns dispositivos contidos no Regimento Interno do TCU que disciplinam a forma de comunicação e expedição destes e de outros instrumentos, e os prazos a serem cumpridos:

Art. 179. A citação, a audiência ou a notificação, bem como a comunicação de diligência, far-se-ão:

I - mediante ciência da parte, efetivada por servidor designado, por meio eletrônico, facsímile, telegrama ou qualquer outra forma, desde que fique confirmada inequivocamente a entrega da comunicação ao destinatário;

II - mediante carta registrada, com aviso de recebimento que comprove a entrega no endereço do destinatário;

III - por edital publicado no Diário Oficial da União, quando o seu destinatário não for localizado.

§ 1º A citação, a audiência, a comunicação de diligência ou a notificação determinada, conforme o caso, pelo relator, pelas câmaras ou pelo Plenário será expedida pela unidade técnica competente da Secretaria do Tribunal.

§ 2º No caso de adoção de medida cautelar pelo Tribunal ou relator, as comunicações poderão ser efetivadas pelo meio mais célere possível, entre os previstos no inciso I do caput, observado o § 4º do art. 276.

§ 3º As notificações ao responsável para pagamento de débito ou de multa, efetivadas nas formas previstas nos incisos I e II do caput, serão acompanhadas de cópia do documento de arrecadação, devi-

damente preenchido com dados que não sofrerão modificações até a data indicada.

§ 4º Supre a falta da citação ou da audiência o comparecimento espontâneo do responsável, desde que havido após a determinação do Tribunal ou do relator prevista no inciso II ou III do art. 202.

§ 5º Ato normativo próprio do Tribunal disciplinará a elaboração, a expedição e o controle de entrega das comunicações.

(...)

Art. 183. Os prazos referidos neste Regimento contam-se dia a dia, a partir da data:

I - do recebimento pela parte:

a) da citação ou da comunicação de audiência;

b) da comunicação de rejeição das alegações da defesa;

c) da comunicação de diligência;

d) da notificação;

II - constante de documento que comprove a ciência da parte;

III - da publicação de edital no Diário Oficial da União, quando a parte não for localizada;

IV - nos demais casos, salvo disposição legal expressa em contrário, da publicação do acórdão no Diário Oficial da União.

Parágrafo único. A prorrogação, quando cabível, contar-se-á a partir do término do prazo inicialmente concedido e independerá de notificação da parte.

Art. 184. Os acréscimos em publicação e as retificações, mesmo as relativas a citação, comunicação ou notificação, importam em devolver o prazo à parte.

Art. 185. Na contagem dos prazos, salvo disposição legal em contrário, excluir-se-á o dia do início e incluir-se-á o do vencimento.

Por fim, cabe registrar que Secretarias de Controle Externo do TCU, após a análise realizada nos autos, submetem os autos à consideração do relator com as eventuais propostas de citação dos responsáveis, descrevendo cada irregularidade identificada e o correspondente valor do débito.

Decisões do TCU:
Acórdão 1731/2011-Plenário.

4. Correlação entre Despesas e Procedimentos Licitatórios Correspondentes

Comentário:
É sempre oportuno e necessário aplicar nas contas anuais do exercício seguinte, como a necessidade de elaboração de relatório explicitando a correlação entre o total de despesas realizadas no exercício e os processos licitatórios correspondentes (concorrência, convite, dispensa, inexigibilidade de licitação). Tal procedimento proporciona o registro de todas as despesas realizadas pelos Departamentos Regionais, e por suas unidades subordinadas, permitindo que seja plenamente atendido o princípio da publicidade e seu correlato, o da transparência nos atos de gestão dos administradores da entidade, em observância aos termos previstos no art. 37 da Constituição Federal e na Decisão nº 461/98-Plenário.

Decisões do TCU:
Decisão 461/1998-Plenário; Acórdão 1938/2006-2ª Câmara.

5. Documentação

5.1. Valor Legal

Comentário:
A Administração das entidades do Serviço Social Autônomo deve orientar suas unidades para que se abstenham de juntar à prestação de contas documentos que careçam de valor legal, como recibos de prestação de serviços de pessoa física sem assinatura.

Decisões do TCU:
Acórdão 2987/2009-2ª Câmara.

6. Indicadores de Desempenho e de Gestão

Comentário:

É necessário que as entidades do Serviço Social Autônomo façam constar, no respectivo processo de Prestação de Contas Anual, indicadores de desempenho no relatório do gestor, capazes de gerenciar a conformidade e o desempenho dos programas governamentais e/ou das ações administrativas (projetos e atividades), e de avaliar seus resultados, permitindo, ainda, que reste caracterizada a economicidade, a eficácia, a efetividade e a eficiência da gestão, conforme previsto nas Decisões Normativas.

Devem, ainda, realizar os levantamentos necessários para a aferição do desempenho da gestão e estabelecer parâmetros que permitam a utilização efetiva dos indicadores de desempenho adotados pela entidade.

De acordo com Decisão Normativa anualmente proferida pelo TCU, que define a forma, os conteúdos e os prazos de apresentação do Relatório de Gestão referente ao exercício da Prestação de Contas da Entidade que será julgada pelo TCU, o exame do desempenho da Entidade consiste na análise da eficácia, eficiência, efetividade e economicidade da gestão em relação a padrões administrativos e gerenciais, expressos em metas e resultados negociados com a administração superior ou definidos nos orçamentos das Entidades.

O TCU tem feito reiteradas determinações às unidades do Sistema "S" para que definam indicadores de desempenho que permitam avaliar quantitativa e qualitativamente o resultado dos programas e ações desenvolvidos pelas entidades e que não sejam influenciados por fatores externos à ação da entidade. Há várias determinações nessa direção, conforme se vê nas decisões abaixo mencionadas.

É necessário, pois, que as entidades do Sistema "S" estabeleçam indicadores de gestão que permitam aferir a eficiência, eficácia e a economicidade da ação administrativa, levando-se em conta os resultados qualitativos e quantitativos alcançados pela entidade, bem como sua mensurabilidade.

Decisões do TCU:

Acórdãos 3016/2003-1ª Câmara; 2137/2006-2ª Câmara; 1158/2007-1ª Câmara; 2816/2007-1ª Câmara; 3515/2007-2ª Câmara; 3593/2007-

1ª Câmara; 3594/2007-1ª Câmara; 1670/2008-2ª Câmara; 4563/2008-2ª Câmara; 6180/2009-2ª Câmara; 348/2010-Plenário; 2568/2010-1ª Câmara.

7. Informações Gerais e Cumprimento de Determinações do TCU

Comentário:

Ao apreciar processos de entidades do Serviço Social Autônomo, o TCU costuma solicitar informações gerais sobre assuntos diversos, tais como informações, em processos de prestação de contas subsequentes, acerca do andamento de negociações relativas a débito decorrente de rateio utilizado pelo INSS no repasse de recursos à entidade em determinado período ou sobre atualizações de Ações Judiciais em andamento, dentre outras informações.

Cabe observar determinações do TCU no sentido de que a Controladoria-Geral da União faça constar no processo de Prestação de Contas Anual de cada entidade dos Serviços Sociais Autônomos, em cada exercício, informação sobre o cumprimento das determinações, àquela entidade, já proferidas pela Corte de Contas. Face o descumprimento de determinação efetuada em processo de tomada ou prestação de contas antecedente, as contas da entidade poderão ser julgadas como irregulares, submetendo o responsável às sanções cabíveis.

Além disso, o TCU tem determinado em várias situações o imediato cumprimento das recomendações feitas pela CGU em Relatório de Auditoria de Gestão com vistas à correção das impropriedades/falhas apontadas no Certificado de Auditoria, de modo a prevenir a ocorrência de falhas semelhantes em futuras gestões.

É preciso alertar aos dirigentes das entidades no sentido de que o descumprimento de determinação do TCU, ou a reincidência no ato irregular, pode ensejar a aplicação da multa prevista no art. 58, § 1º, da Lei nº 8.443/92 c/c o art. 268, incisos VII e VIII, do RITCU, a qual prescinde de audiência prévia dos responsáveis, segundo o § 3º deste mesmo dispositivo.

Convém esclarecer, ainda, que aquisições de produtos e serviços de naturezas distintas em processo único caracterizam impropriedade que, uma vez constatada e verificada reincidência, os responsáveis pelos atos praticados poderão sujeitar-se a sanções, inclusive apenação de multa, nos termos do art. 58, inciso II, da Lei 8.443/92.

Decisões do TCU:
Acórdãos 2816/2007-1ª Câmara; 372/2009-1ª Câmara; 3720/2010-2ª Câmara; 4749/2010-1ª Câmara; 4604/2010-2ª Câmara; 6165/2011-1ª Câmara.

8. Metas

Comentário:
É oportuno que as entidades do Serviço Social Autônomo elaborem em suas prestações de contas anuais quadro comparativo contendo metas previstas e metas atingidas. Assim, devem instituir mecanismos de acompanhamento que permitam a comparação entre as metas programadas e a execução das atividades e programas da unidade, em termos quantitativos e qualitativos, para que haja possibilidade de o gestor obter informações tempestivas e otimizar a utilização dos recursos disponíveis.

Decisões do TCU:
Acórdãos 372/2009-1ª Câmara; 3287/2010-2ª Câmara.

9. Normas Aplicáveis

9.1. Cumprimento

Comentário:
As entidades do Serviço Social Autônomo são orientadas a observar e cumprir as normas regulamentares que disciplinam a prestação de contas da entidade, nos períodos pertinentes a sua elaboração.

Decisões do TCU:
Acórdão 3088/2008-2ª Câmara.

9.2. Disposições Gerais

Comentário:

Há determinação para que as entidades do Serviço Social Autônomo tenham mais acuidade no tratamento da prestação de contas anual, observando, em especial, o seguinte:

a) rubrica em todas as folhas do processo;

b) discriminação da totalidade dos responsáveis pela direção da entidade, conforme dispositivos previstos nos artigos 10 e 11 da IN/TCU 63/2010, que trata do rol de responsáveis; e

c) aposição das assinaturas de todos os membros presentes à reunião ordinária do Conselho Regional em ata correspondente.

Decisões do TCU:

Acórdãos 2818/2007-1ª Câmara; 5727/2008-2ª Câmara.

9.3. Prazo de Encaminhamento

Comentário:

As unidades do Serviço Social Autônomo devem observar rigidamente o prazo de encaminhamento da prestação de contas ao Departamento Nacional, conforme estabelecido no Regulamento da Entidade, de forma a garantir que, caso exigida, a prestação de contas seja tempestivamente apresentada ao TCU.

Decisões do TCU:

Acórdão 1825/2010-2ª Câmara.

10. Relatório de Gestão

10.1. *Informações Contábeis, Dados Gerais Iniciais, Plano de Trabalho, Ações Nacionais e Informações Normativas*

Comentário:

Cabe às entidades do Serviço Social Autônomo adotar medidas para que o relatório de gestão de um determinado exercício não contenha informações contábeis divergentes de informações apresentadas no relatório de gestão anterior. Caso ocorra a incoerência de informações, a Corte de Contas exige apresentação de explicações plausíveis para julgamento do mérito.

O Relatório de Gestão da entidade deve ser iniciado com a apresentação de dados gerais da unidade jurisdicionada, incluindo nome, sigla, CNPJ, natureza jurídica, vinculação, endereço completo, norma de criação, finalidade, normas que estabelecem a estrutura organizacional adotada no período, função de governo predominante, tipo de atividade e situação da unidade.

Existe determinação do TCU para que o plano de trabalho da entidade indique as metas e os prazos pertinentes, inclusive nas áreas especificadas pelo Tribunal como necessariamente manifestas no Parecer que deverá compor o Relatório de Gestão da entidade, além da devida aprovação pela Diretoria Regional, em obediência às normas aplicáveis.

Quanto às Administrações Nacionais, elas devem fazer constar no Relatório de Gestão um demonstrativo consolidado da ação da entidade em âmbito nacional, proporcionando uma visão sintética da entidade como um todo.

Por fim, destaca-se que as entidades paraestatais devem observar o disposto nas normas emanadas pelo TCU e pela CGU, pertinentes à apresentação dos processos de contas, que deverão conter todas as informações exigidas para o Relatório de Gestão. Neste sentido, deve ser observada a coerência entre as informações e os dados publicados no sítio da entidade e os valores apresentados nas peças juntadas ao Relatório de Gestão, a exemplo dos balanços contábeis da entidade, com vistas a coibir o desencontro de informação.

Assim, cada entidade, ao elaborar seu Relatório de Gestão, observe o que dispõe a IN/TCU nº 63/2010 e as correspondentes Decisões Normativas.

Decisões do TCU:

Acórdãos 2140/2006-2ª Câmara; 1180/2008-1ª Câmara; 2551/2008-2ª Câmara; 4064/2009-2ª Câmara; 492/2010-Plenário; 524/2010-1ª Câmara; 1171/2011-1ª Câmara.

11. Rol de Responsáveis

Comentário:

O Rol de Responsáveis a ser informado nas contas anuais das entidades paraestatais deve ser elaborado de acordo com o disposto na Instrução Normativa editada anualmente. Em vigência temos a IN/TCU nº 63/2010, que estabelece normas de organização e de apresentação dos relatórios de gestão e de peças complementares que constituirão processos de contas das entidades do Serviço Social Autônomo, explicitando para cada setor as substituições efetivas - inclusive aquelas autorizadas em função da hierarquia do organograma da entidade, bem como as situações de férias coletivas em que os eventuais responsáveis não estejam respondendo nas referidas ocasiões.

Com efeito, a Administração deve informar o endereço residencial de todos os incluídos no Rol dos Responsáveis, e não o endereço da sede da entidade. É preciso que a Administração mantenha cadastro atualizado dos endereços residenciais de todos os responsáveis da entidade constantes no respectivo Rol de Responsáveis, que devem ser juntados às contas anuais de modo a evitar indicações erradas, em consonância com o disposto na IN/TCU nº 63/2010.

Cabe a cada entidade do Sistema "S" elaborar seu Rol de Responsáveis em pleno atendimento aos termos descritos nos arts. 10 e 11 da IN/TCU supracitada, relacionando todos os dirigentes da entidade conforme as disposições normativas.

Decisões do TCU:

Acórdãos 2140/2006-2ª Câmara; 1155/2007-1ª Câmara; 1012/2008-1ª Câmara; 4064/2009-2ª Câmara; 1748/2010-1ª Câmara.

12. Tomada de Contas Especial

Comentário:

Sobre os processos de Tomada de Contas Especial (TCE) temos a esclarecer que nos termos do art. 3º, da Instrução Normativa/TCU nº 56/2007, a Tomada de Contas Especial - TCE é um processo devidamente formalizado, com rito próprio, objetivando à apuração dos fatos, à identificação de responsabilidades por ocorrência de dano à Administração Pública, à quantificação do dano e ao ressarcimento de eventuais prejuízos que lhe forem causados. Com vistas à reparação do dano, o processo de TCE deverá ser instaurado somente depois de esgotadas as medidas administrativas internas sem obtenção do ressarcimento pretendido.

Em regra, a TCE deve ser instaurada pela autoridade competente do próprio órgão ou entidade jurisdicionada responsável pela gestão dos recursos. A não adoção dessas providências no prazo máximo de 180 (cento e oitenta) dias caracteriza grave infração à norma legal, sujeitando a autoridade administrativa competente omissa à imputação das sanções cabíveis, incluindo a responsabilidade solidária no dano identificado, em consonância ao disposto no art. 1º, §1º, da Instrução Normativa supracitada.

No âmbito do TCU, os processos de TCE poderão ser julgados como regulares, regulares com ressalva e irregulares, podendo, ainda, ser considerados como iliquidáveis ou arquivados sem apreciação do mérito quando verificada a ausência de pressupostos de constituição ou de desenvolvimento válido e regular do processo.

Neste contexto, compete à Secretaria Federal de Controle/CGU, na emissão do Relatório e Certificado de Auditoria sobre processos de Tomadas de Contas Especiais, manifestar-se sobre os requisitos que circundam a apuração dos fatos, indicando, conforme cada caso, os normativos infringidos, a identificação do responsável e a quantificação do dano e das parcelas recolhidas.

Os dispositivos que regem as normas aplicáveis ao processo de Tomada de Contas Especiais estão insculpidos em diversos normativos, dentre eles elencamos abaixo os que consideramos mais relevantes, a saber:

Constituição Federal de 1988.

Lei Orgânica do TCU nº 8.443/1992

Regimento Interno do TCU
IN/TCU nº 56/2007
Portaria Interministerial MPOG/MF/CGU nº 127/2008
IN/STN nº 01/97

Com efeito, destacamos alguns dispositivos do Regimento Interno do TCU que versam sobre o assunto em tela:

> *Art. 197. Diante da omissão no dever de prestar contas, da não comprovação da aplicação dos recursos repassados pela União na forma prevista no inciso VIII do art. 5º, da ocorrência de desfalque ou desvio de dinheiros, bens ou valores públicos, ou, ainda, da prática de qualquer ato ilegal, ilegítimo ou antieconômico de que resulte dano ao erário, a autoridade administrativa competente, sob pena de responsabilidade solidária, deverá imediatamente adotar providências com vistas à instauração de tomada de contas especial para apuração dos fatos, identificação dos responsáveis e quantificação do dano.*
>
> *§ 1º Não providenciado o disposto no caput, o Tribunal determinará a instauração de tomada de contas especial, fixando prazo para cumprimento dessa decisão.*
>
> *§ 2º Esgotadas todas as medidas ao alcance da autoridade administrativa e do órgão do controle interno, visando à apuração dos fatos irregulares, à perfeita identificação dos responsáveis e ao ressarcimento do erário, a tomada de contas especial será encaminhada ao Tribunal para julgamento, observado, quando couber, o art. 206.*
>
> *§ 3º Na ocorrência de perda, extravio ou outra irregularidade sem que se caracterize a má-fé de quem lhe deu causa, se o dano for imediatamente ressarcido, a autoridade administrativa competente deverá, em sua tomada ou prestação de contas ordinária, comunicar o fato ao Tribunal, ficando dispensada desde logo a instauração de tomada de contas especial.*
>
> *(...)*
>
> *Art. 252. Se configurada a ocorrência de desfalque, desvio de bens ou outra irregularidade de que resulte dano ao erário, o Tribunal ordenará, desde logo, a conversão do processo em tomada de contas especial, salvo na hipótese prevista no art. 213.*

(...)

Art. 254, § 3º§ 3º A autoridade administrativa competente deverá adotar imediatas providências com vistas à instauração de tomada de contas especial no caso de omissão na prestação de contas ou quando constatar irregularidade na aplicação dos recursos federais transferidos, sob pena de responsabilidade solidária, na forma prescrita em ato normativo.

(...)

Art. 279. Não cabe recurso de decisão que converter processo em tomada de contas especial, ou determinar a sua instauração, ou ainda que determinar a realização de citação, audiência, diligência, inspeção ou auditoria.

Decisões do TCU:

Acórdãos 348/2010-Plenário; 2912/2010-2ª Câmara; 3287/2010-2ª Câmara; 7671/2010-1ª Câmara; 1171/2011-1ª Câmara; 2888/2011-2ª Câmara; 3386/2011-2ª Câmara

---

Bibliografia

BRASIL. Tribunal de Contas da União. Jurisprudência do Tribunal de Contas da União - TCU em relação a todas as Entidades dos Serviços Sociais Autônomos - órgãos integrantes do Sistema "S", abrangendo o período de 2005 a 2011. Consultados mais de 1.000 (mil) Acórdãos e Decisões do TCU.

BRASIL. Presidência da República/SFCI/CGU. Entendimentos do Controle Interno Federal sobre a Gestão dos Recursos das Entidades do Sistema "S". 2009, Brasília-DF.

BRASIL. Conselho Federal de Contabilidade. Resolução/CFC nº 750, de 29 de dezembro de 1993 - Dispõe sobre os Princípios de Contabilidade.

BRASIL. Constituição da República Federativa do Brasil. Brasília-DF. Senado Federal, 1988.

BRASIL. Tribunal de Contas da União. Decisão Normativa nº 100/2009 - Define as unidades jurisdicionadas cujos responsáveis devem apresentar relatório de gestão referente ao exercício de 2009, especificando a forma, os conteúdos e os prazos de apresentação, nos termos do artigo 3º da Instrução Normativa TCU 57, de 27 de agosto de 2008.

BRASIL. Tribunal de Contas da União. Decisão Normativa nº 102/2010 - Define as unidades jurisdicionadas cujos responsáveis terão as contas de 2009 julgadas pelo Tribunal, especificando a forma, os prazos e os conteúdos dos demonstrativos que as comporão, nos termos dos artigos 4º, 6º, 9º e 13 da Instrução Normativa TCU nº 57, de 27 de agosto de 2008.

BRASIL. Tribunal de Contas da União. Decisão Normativa nº 103/2010 - Dá nova redação ao § 4º do artigo 2º e ao art. 6º, acresce e substitui unidades jurisdicionadas no Anexo I, altera itens e quadros nos Anexos III e IV da Decisão Normativa TCU nº 102, de 2 de dezembro de 2009.

BRASIL. Tribunal de Contas da União. Decisão Normativa nº 107/2010 - Dispõe acerca das unidades jurisdicionadas cujos responsáveis devem apresentar relatório de gestão referente ao exercício de 2010, especificando a organização, a forma, os conteúdos e os prazos de apresentação, nos termos do art. 3º da Instrução Normativa TCU nº 63, de 1º de setembro de 2010.

BRASIL. Decreto nº 2.271/97 - Dispõe sobre a contratação de serviços pela Administração Pública Federal direta, autárquica e fundacional e dá outras providências.

BRASIL. Decreto nº 3.591/2000 - Dispõe sobre o Sistema de Controle Interno do Poder Executivo Federal e dá outras providências.

BRASIL. Decreto nº 3.931/2001 - Regulamenta o Sistema de Registro de Preços previsto no art. 15 da Lei nº 8.666, de 21 de junho de 1993, e dá outras providências.

BRASIL. Decreto nº 4.440/2002 - Altera dispositivos do Decreto nº 3.591, de 6 de setembro de 2000, que dispõe sobre o Sistema de Controle Interno do Poder Executivo Federal.

BRASIL. Decreto nº 5.352, de 24/01/2005 - Institui o Serviço Social Autônomo Agência Brasileira de Desenvolvimento Industrial - ABDI e dá outras providências.

BRASIL. Decreto nº 5.450/05 - Regulamenta o pregão, na forma eletrônica, para aquisição de bens e serviços comuns, e dá outras providências.

BRASIL. Decreto nº 5.992/2006 (revogou o Decreto nº 343/91) - Dispõe sobre a concessão de diárias no âmbito da Administração federal direta, autárquica e fundacional, e dá outras providências.

BRASIL. Decreto nº 6.170/2007 - Dispõe sobre as normas relativas às transferências de recursos da União mediante convênios e contratos de repasse, e dá outras providências.

BRASIL. Decreto nº 6.635/2008 - Altera e acresce dispositivos ao Regimento do Serviço Nacional de Aprendizagem Industrial - SENAI, aprovado pelo Decreto nº 494, de 10 de janeiro de 1962.

BRASIL. Decreto nº 6.637/2008 - Altera e acresce dispositivos ao Regulamento do Serviço Social da Indústria - SESI, aprovado pelo Decreto nº 57.375, de 2 de dezembro de 1965.

BRASIL. Decreto nº 6.692/2008 - Dá nova redação aos arts. 9º, 10, 13 e 19 do Decreto nº 3.591, de 6 de setembro de 2000, que dispõe sobre o Sistema de Controle Interno do Poder Executivo Federal, e acresce parágrafo ao art. 8º do Decreto nº 5.480, de 30 de junho de 2005, que dispõe sobre o Sistema de Correição do Poder Executivo Federal.

BRASIL. Decreto nº 7.203/2010 - Dispõe sobre a vedação do nepotismo no âmbito da administração pública federal.

BRASIL. Decreto nº 21.981/32 - Regula a profissão de Leiloeiro no território da República.

BRASIL. Decreto nº 57.375/1965 - A prova o Regulamento do Serviço Social da Indústria (SESI).

BRASIL. Decreto nº 93.872/1986 - Dispõe sobre a unificação dos recursos de caixa do Tesouro Nacional, atualiza e consolida a legislação pertinente e dá outras providências.

BRASIL. Decreto-Lei nº 151/1967 - Concede estímulos fiscais à capitalização das empresas; reforça os incentivos à compra de ações; facilita o pagamento de débitos fiscais.

BRASIL. Decreto-Lei nº 5.452/1943 - Aprova a Consolidação das Leis do Trabalho.

BRASIL. Secretaria Federal de Controle. Instrução Normativa nº 01, de 06 de abril de 2001 - Define diretrizes, princípios, conceitos e aprova normas técnicas para a atuação do Sistema de Controle Interno do Poder Executivo Federal.

BRASIL. Secretaria do Tesouro Nacional. Instrução Normativa nº 01/1997 - Disciplina a celebração de convênios de natureza financeira que tenham por objeto a execução de projetos ou realização de eventos e dá outras providências.

BRASIL. Secretaria do Tesouro Nacional. Instrução Normativa nº 02/2002 - Altera os arts. 1º, 7º, 8º, 15, 23, 26 e 28 da Instrução Normativa nº 1, de 15 de janeiro de 1997, que disciplina a celebração de convênios de natureza financeira.

BRASIL. Secretaria de Logística e Tecnologia da Informação do Ministério do Planejamento. Instrução Normativa/SLTI-MP nº 2, de 30 de abril de 2008 - Dispõe sobre regras e diretrizes para a contratação de serviços, continuados ou não.

BRASIL. Tribunal de Contas da União. Instrução Normativa nº 13/96 - Dispõe sobre a instauração e organização de processos de tomada de contas especial e dá outras providências.

BRASIL. Tribunal de Contas da União. Instrução Normativa nº 47/2004 - Estabelece normas de organização e apresentação de processos de tomada e prestação de contas.

BRASIL. Tribunal de Contas da União. Instrução Normativa nº 56/07 - Dispõe sobre instauração e organização de processo de tomada de contas especial e dá outras providências.

BRASIL. Tribunal de Contas da União. Instrução Normativa nº 57/2008 - Estabelece normas de organização e apresentação dos relatórios de gestão e dos processos de contas da administração pública federal

BRASIL. Tribunal de Contas da União. Instrução Normativa nº 63/2010 - Estabelece normas de organização e de apresentação dos relatórios de gestão e das peças complementares que constituirão os processos de contas da administração pública federal, para julgamento do Tribunal de Contas da União, nos termos do art. 7º da Lei nº 8.443, de 1992.

BRASIL. Lei nº 1.081/1950 - Dispõe sobre o uso de carros oficiais

BRASIL. Lei nº 4.320/1964 - Estatui Normas Gerais de Direito Financeiro para elaboração e controle dos orçamentos e balanços da União, dos Estados, dos Municípios e do Distrito Federal.

BRASIL. Lei nº 6.321/1976 - Dispõe sobre a dedução, do lucro tributável para fins de imposto sobre a renda das pessoas jurídicas, do dobro das despesas realizadas em programas de alimentação do trabalhador.

BRASIL. Lei nº 8.112/1990 - Dispõe sobre o regime jurídico dos servidores públicos civis da União, das autarquias e das fundações públicas federais.

BRASIL. Lei nº 8.443/1992 - Dispõe sobre a Lei Orgânica do Tribunal de Contas da União e dá outras providências.

BRASIL. Lei nº 8.666/93 - Regulamenta o art. 37, inciso XXI, da Constituição Federal, institui normas para licitações e contratos da Administração Pública e dá outras providências.

BRASIL. Lei nº 8.730/1993 - Estabelece a obrigatoriedade da declaração de bens e rendas para o exercício de cargos, empregos e funções nos Poderes Executivo, Legislativo e Judiciário, e dá outras providências.

BRASIL. Lei nº 8.958/1994 - Dispõe sobre as relações entre as instituições federais de ensino superior e de pesquisa científica e tecnológica e as fundações de apoio e dá outras providências.

BRASIL. Lei nº 9.503/1997 - Institui o Código de Trânsito Brasileiro.

BRASIL. Lei nº 9.784/1999 - Regula o processo administrativo no âmbito da Administração Pública Federal.

BRASIL. Lei nº 11.080, de 30/12/2004 - Autoriza o Poder Executivo a instituir Serviço Social Autônomo denominado Agência Brasileira de Desenvolvimento Industrial - ABDI, e dá outras providências.

BRASIL. Portaria Interministerial/MPOG/MF/MCT nº 127/2008 - Estabelece normas para execução do disposto no Decreto nº 6.170, de 25 de julho de 2007, que dispõe sobre as normas relativas às transferências de recursos da União mediante convênios e contratos de repasse, e dá outras providências.

BRASIL. Secretaria de Logística e Tecnologia da Informação do Ministério do Planejamento. Portaria SLTI/MP nº 04 de 18 de maio de 2009 - Atualiza os valores limites para contratação de serviços de vigilância em substituição aos valores limites publicados pelas Portarias nº 7, de 17 de dezembro de 2004, Portaria nº 3 de 15 de agosto de 2006, Portaria nº 6 de 28 de dezembro de 2007 e Portaria nº 3 de 21 de fevereiro de 2008 para as Unidades Federativas que menciona.

BRASIL. Regulamentos de Licitações e Contratos das Entidades do Sistema "S".

ANEXOS

Anexo I

Serviços Sociais Autônomos - Vinculação Ministerial

Ministério do Desenvolvimento, Indústria e Comércio Exterior

ABDI - Agência Brasileira de Desenvolvimento Industrial

APEX - Agência Brasileira de Promoção de Exportações e Investimentos

SEBRAE - Serviço Brasileiro de Apoio às Micro e Pequenas Empresas

Ministério do Trabalho e Emprego

SENAT - Serviço Nacional de Aprendizagem do Transporte

SENAC - Serviço Nacional de Aprendizagem Comercial

SESCOOP - Serviço Nacional de Aprendizagem do Cooperativismo

SENAR - Serviço Nacional de Aprendizagem Rural

SENAI - Serviço Nacional de Aprendizagem Industrial

Ministério do Desenvolvimento Social e Combate à Fome

SESI - Serviço Social da Indústria

SESC - Serviço Social do Comércio

SEST - Serviço Social do Transporte

ANEXO II

CF/88 - Artigos Aplicáveis às Orientações do TCU

CONSTITUIÇÃO DA REPÚBLICA FEDERATIVA DO BRASIL DE 1988

*****

TÍTULO II
Dos Direitos e Garantias Fundamentais
CAPÍTULO I
DOS DIREITOS E DEVERES INDIVIDUAIS E COLETIVOS

Art. 5º Todos são iguais perante a lei, sem distinção de qualquer natureza, garantindo-se aos brasileiros e aos estrangeiros residentes no País a inviolabilidade do direito à vida, à liberdade, à igualdade, à segurança e à propriedade, nos termos seguintes:

...

LV - aos litigantes, em processo judicial ou administrativo, e aos acusados em geral são assegurados o contraditório e ampla defesa, com os meios e recursos a ela inerentes;

*****

TÍTULO III
Da Organização do Estado
CAPÍTULO VII
DA ADMINISTRAÇÃO PÚBLICA
Seção I
DISPOSIÇÕES GERAIS

Art. 37. A administração pública direta e indireta de qualquer dos Poderes da União, dos Estados, do Distrito Federal e dos Municípios obedecerá aos princípios de legalidade, impessoalidade, moralidade, publicidade e eficiência e, também, ao seguinte: *(Redação dada pela Emenda Constitucional nº 19, de 1998)*

I - os cargos, empregos e funções públicas são acessíveis aos brasileiros que preencham os requisitos estabelecidos em lei, assim como aos estrangeiros, na forma da lei; *(Redação dada pela Emenda Constitucional nº 19, de 1998)*

...

XI - a remuneração e o subsídio dos ocupantes de cargos, funções e empregos públicos da administração direta, autárquica e fundacional, dos membros de qualquer dos Poderes da União, dos Estados, do Distrito Federal e dos Municípios, dos detentores de mandato eletivo e dos demais agentes políticos e os proventos, pensões ou outra espécie remuneratória, percebidos cumulativamente ou não, incluídas as vantagens pessoais ou de qualquer outra natureza, não poderão exceder o subsídio mensal, em espécie, dos Ministros do Supremo Tribunal Federal, aplicando-se como limite, nos Municípios, o subsídio do Prefeito, e nos Estados e no Distrito Federal, o subsídio mensal do Governador no âmbito do Poder Executivo, o subsídio dos Deputados Estaduais e Distritais no âmbito do Poder Legislativo e o subsídio dos Desembargadores do Tribunal de Justiça, limitado a noventa inteiros e vinte e cinco centésimos por cento do subsídio mensal, em espécie, dos Ministros do Supremo Tribunal Federal, no âmbito do Poder Judiciário, aplicável este limite aos membros do Ministério Público, aos Procuradores e aos Defensores Públicos; *(Redação dada pela Emenda Constitucional nº 41, 19.12.2003)*

...

XXI - ressalvados os casos especificados na legislação, as obras, serviços, compras e alienações serão contratados mediante processo de licitação pública que assegure igualdade de condições a todos os concorrentes, com cláusulas que estabeleçam obrigações de pagamento, mantidas as condições efetivas da proposta, nos termos da lei, o qual somente permitirá as exigências de qualificação técnica e econômica indispensáveis à garantia do cumprimento das obrigações. *(Regulamento)*

...

§ 1º - A publicidade dos atos, programas, obras, serviços e campanhas dos órgãos públicos deverá ter caráter educativo, informativo ou de orientação social, dela não podendo constar nomes, símbolos ou imagens que caracterizem promoção pessoal de autoridades ou servidores públicos.

*****

TÍTULO IV
Da Organização dos Poderes
CAPÍTULO I
DO PODER LEGISLATIVO
Seção IX
DA FISCALIZAÇÃO CONTÁBIL, FINANCEIRA E ORÇAMENTÁRIA

Art. 70. A fiscalização contábil, financeira, orçamentária, operacional e patrimonial da União e das entidades da administração direta e indireta, quanto à legalidade, legitimidade, economicidade, aplicação das subvenções e renúncia de receitas, será exercida pelo Congresso Nacional, mediante controle externo, e pelo sistema de controle interno de cada Poder.

Parágrafo único. Prestará contas qualquer pessoa física ou jurídica, pública ou privada, que utilize, arrecade, guarde, gerencie ou administre dinheiros, bens e valores públicos ou pelos quais a União responda, ou que, em nome desta, assuma obrigações de natureza pecuniária. *(Redação dada pela Emenda Constitucional nº 19, de 1998)*

Art. 71. O controle externo, a cargo do Congresso Nacional, será exercido com o auxílio do Tribunal de Contas da União, ao qual compete:

I - apreciar as contas prestadas anualmente pelo Presidente da República, mediante parecer prévio que deverá ser elaborado em sessenta dias a contar de seu recebimento;

II - julgar as contas dos administradores e demais responsáveis por dinheiros, bens e valores públicos da administração direta e indireta, incluídas as fundações e sociedades instituídas e mantidas pelo Poder Público federal, e as contas daqueles que derem causa a perda, extravio ou outra irregularidade de que resulte prejuízo ao erário público;

III - apreciar, para fins de registro, a legalidade dos atos de admissão de pessoal, a qualquer título, na administração direta e indireta, incluídas as fundações instituídas e mantidas pelo Poder Público, excetuadas as nomeações para cargo de provimento em comissão, bem como a das concessões de aposentadorias, reformas e pensões, ressalvadas as melhorias posteriores que não alterem o fundamento legal do ato concessório;

IV - realizar, por iniciativa própria, da Câmara dos Deputados, do Senado Federal, de Comissão técnica ou de inquérito, inspeções e auditorias de natureza contábil, financeira, orçamentária, operacional e patrimonial, nas unidades administrativas dos Poderes Legislativo, Executivo e Judiciário, e demais entidades referidas no inciso II;

V - fiscalizar as contas nacionais das empresas supranacionais de cujo capital social a União participe, de forma direta ou indireta, nos termos do tratado constitutivo;

VI - fiscalizar a aplicação de quaisquer recursos repassados pela União mediante convênio, acordo, ajuste ou outros instrumentos congêneres, a Estado, ao Distrito Federal ou a Município;

VII - prestar as informações solicitadas pelo Congresso Nacional, por qualquer de suas Casas, ou por qualquer das respectivas Comissões, sobre a fiscalização contábil, financeira, orçamentária, operacional e patrimonial e sobre resultados de auditorias e inspeções realizadas;

VIII - aplicar aos responsáveis, em caso de ilegalidade de despesa ou irregularidade de contas, as sanções previstas em lei, que estabelecerá, entre outras cominações, multa proporcional ao dano causado ao erário;

IX - assinar prazo para que o órgão ou entidade adote as providências necessárias ao exato cumprimento da lei, se verificada ilegalidade;

X - sustar, se não atendido, a execução do ato impugnado, comunicando a decisão à Câmara dos Deputados e ao Senado Federal;

XI - representar ao Poder competente sobre irregularidades ou abusos apurados.

§ 1º - No caso de contrato, o ato de sustação será adotado diretamente pelo Congresso Nacional, que solicitará, de imediato, ao Poder Executivo as medidas cabíveis.

§ 2º - Se o Congresso Nacional ou o Poder Executivo, no prazo de noventa dias, não efetivar as medidas previstas no parágrafo anterior, o Tribunal decidirá a respeito.

§ 3º - As decisões do Tribunal de que resulte imputação de débito ou multa terão eficácia de título executivo.

§ 4º - O Tribunal encaminhará ao Congresso Nacional, trimestral e anualmente, relatório de suas atividades.

Art. 72. A Comissão mista permanente a que se refere o art. 166, §1º, diante de indícios de despesas não autorizadas, ainda que sob a forma de investimentos não programados ou de subsídios não aprovados, poderá solicitar à autoridade governamental responsável que, no prazo de cinco dias, preste os esclarecimentos necessários.

§ 1º - Não prestados os esclarecimentos, ou considerados estes insuficientes, a Comissão solicitará ao Tribunal pronunciamento conclusivo sobre a matéria, no prazo de trinta dias.

§ 2º - Entendendo o Tribunal irregular a despesa, a Comissão, se julgar que o gasto possa causar dano irreparável ou grave lesão à economia pública, proporá ao Congresso Nacional sua sustação.

Art. 73. O Tribunal de Contas da União, integrado por nove Ministros, tem sede no Distrito Federal, quadro próprio de pessoal e jurisdição em todo o território nacional, exercendo, no que couber, as atribuições previstas no art. 96.

§ 1º - Os Ministros do Tribunal de Contas da União serão nomeados dentre brasileiros que satisfaçam os seguintes requisitos:

I - mais de trinta e cinco e menos de sessenta e cinco anos de idade;

II - idoneidade moral e reputação ilibada;

III - notórios conhecimentos jurídicos, contábeis, econômicos e financeiros ou de administração pública;

IV - mais de dez anos de exercício de função ou de efetiva atividade profissional que exija os conhecimentos mencionados no inciso anterior.

§ 2º - Os Ministros do Tribunal de Contas da União serão escolhidos:

I - um terço pelo Presidente da República, com aprovação do Senado Federal, sendo dois alternadamente dentre auditores e membros do Ministério Público junto ao Tribunal, indicados em lista tríplice pelo Tribunal, segundo os critérios de antiguidade e merecimento;

II - dois terços pelo Congresso Nacional.

§ 3° Os Ministros do Tribunal de Contas da União terão as mesmas garantias, prerrogativas, impedimentos, vencimentos e vantagens dos Ministros do Superior Tribunal de Justiça, aplicando-se-lhes, quanto à aposentadoria e pensão, as normas constantes do art. 40. *(Redação dada pela Emenda Constitucional nº 20, de 1998)*

§ 4º - O auditor, quando em substituição a Ministro, terá as mesmas garantias e impedimentos do titular e, quando no exercício das demais atribuições da judicatura, as de juiz de Tribunal Regional Federal.

Art. 74. Os Poderes Legislativo, Executivo e Judiciário manterão, de forma integrada, sistema de controle interno com a finalidade de:

I - avaliar o cumprimento das metas previstas no plano plurianual, a execução dos programas de governo e dos orçamentos da União;

II - comprovar a legalidade e avaliar os resultados, quanto à eficácia e eficiência, da gestão orçamentária, financeira e patrimonial nos órgãos e entidades da administração federal, bem como da aplicação de recursos públicos por entidades de direito privado;

III - exercer o controle das operações de crédito, avais e garantias, bem como dos direitos e haveres da União;

IV - apoiar o controle externo no exercício de sua missão institucional.

§ 1º - Os responsáveis pelo controle interno, ao tomarem conhecimento de qualquer irregularidade ou ilegalidade, dela darão ciência ao Tribunal de Contas da União, sob pena de responsabilidade solidária.

§ 2º - Qualquer cidadão, partido político, associação ou sindicato é parte legítima para, na forma da lei, denunciar irregularidades ou ilegalidades perante o Tribunal de Contas da União.

Art. 75. As normas estabelecidas nesta seção aplicam-se, no que couber, à organização, composição e fiscalização dos Tribunais de Contas dos Estados e do Distrito Federal, bem como dos Tribunais e Conselhos de Contas dos Municípios.

Parágrafo único. As Constituições estaduais disporão sobre os Tribunais de Contas respectivos, que serão integrados por sete Conselheiros.

* * * * *

TÍTULO VIII
Da Ordem Social
CAPÍTULO II
DA SEGURIDADE SOCIAL
Seção I
DISPOSIÇÕES GERAIS

Art. 195. A seguridade social será financiada por toda a sociedade, de forma direta e indireta, nos termos da lei, mediante recursos provenientes dos orçamentos da União, dos Estados, do Distrito Federal e dos Municípios, e das seguintes contribuições sociais:

...

§ 3º – A pessoa jurídica em débito com o sistema da seguridade social, como estabelecido em lei, não poderá contratar com o Poder Público nem dele receber benefícios ou incentivos fiscais ou creditícios.

...

Art. 202. O regime de previdência privada, de caráter complementar e organizado de forma autônoma em relação ao regime geral de previdência social, será facultativo, baseado na constituição de reservas que garantam o benefício contratado, e regulado por lei complementar. *(Redação dada pela Emenda Constitucional nº 20, de 1998)*

...

§ 3º É vedado o aporte de recursos a entidade de previdência privada pela União, Estados, Distrito Federal e Municípios, suas autarquias, fundações, empresas públicas, sociedades de economia mista e outras entidades públicas, salvo na qualidade de patrocinador, situação na qual, em hipótese alguma, sua contribuição normal poderá exceder a do segurado. *(Incluído pela Emenda Constitucional nº 20, de 1998)*

ANEXO III

Regulamento de Licitações e Contratos do Senai - Serviço Nacional de Aprendizagem Industrial

Brasília - 2011

CAPÍTULO I - DOS PRINCÍPIOS

Art. 1º As contratações de obras, serviços, compras e alienações do SENAI serão necessariamente precedidas de licitação obedecidas as disposições deste Regulamento.

Art. 2º A licitação destina-se a selecionar a proposta mais vantajosa para o SENAI e será processada e julgada em estrita conformidade com os princípios básicos da legalidade, da impessoalidade, da moralidade, da igualdade, da publicidade, da probidade, da vinculação ao instrumento convocatório, do julgamento objetivo e dos que lhe são correlatos, inadmitindo-se critérios que frustrem seu caráter competitivo.

Art. 3º A licitação não será sigilosa, sendo acessíveis ao público os atos de seu procedimento, salvo quanto ao conteúdo das propostas até a respectiva abertura.

CAPÍTULO II - DAS DEFINIÇÕES

Art. 4º Para os fins deste Regulamento, considera-se:

I) OBRA E SERVIÇO DE ENGENHARIA - toda construção, reforma, recuperação, ampliação e demais atividades que envolvam as atribuições privativas dos profissionais das áreas de engenharia e arquitetura;

II) DEMAIS SERVIÇOS - aqueles não compreendidos no inciso I deste artigo;

III) COMPRA - toda aquisição remunerada de bem, para fornecimento de uma só vez ou parceladamente;

IV) COMISSÃO DE LICITAÇÃO - colegiado, permanente ou especial, composto de pelo menos 3 (três) integrantes, formalmente designados, com a função, dentre outras, de receber, examinar e julgar todos os documentos e procedimentos relativos às licitações;

V) HOMOLOGAÇÃO - o ato pelo qual a autoridade competente, após verificar a regularidade dos atos praticados pela comissão, ratifica o resultado da licitação;

VI) ADJUDICAÇÃO - o ato pelo qual a autoridade competente atribui ao interessado o direito de executar o objeto a ser contratado;

VII) REGISTRO DE PREÇO - procedimento, precedido de concorrência ou de pregão, adotado para cadastrar o menor preço obtido para determinado bem ou serviços definidos no inciso II deste artigo, no prazo e condições estabelecidos no respectivo instrumento convocatório, viabilizando a possibilidade de sua aquisição direta na medida das necessidades, sem que esse registro importe em direito subjetivo à contratação de quem ofertou o preço registrado. *(Com redação do Ato Ad Referendum nº 01/2006)*

CAPÍTULO III - DAS MODALIDADES, LIMITES E TIPOS

Art. 5º São modalidades de licitação:

I) CONCORRÊNCIA - modalidade de licitação na qual será admitida a participação de qualquer interessado que, na fase inicial de habilitação, comprove possuir os requisitos mínimos de qualificação exigidos no instrumento convocatório para a execução de seu objeto;

II) CONVITE - modalidade de licitação entre interessados do ramo pertinente ao seu objeto, escolhidos e convidados em número mínimo de 5 (cinco), com antecedência mínima de 2 (dois) dias úteis, cujo instrumento convocatório será afixado em local apropriado, com a finalidade de possibilitar a participação de outros interessados;

III) CONCURSO - modalidade de licitação entre quaisquer interessados para escolha de trabalho técnico, científico ou artístico, mediante a instituição de prêmios ou remuneração aos vencedores;

IV) LEILÃO - modalidade de licitação entre quaisquer interessados, para a venda de bens, a quem oferecer maior lance, igual ou superior ao valor da avaliação;

V) PREGÃO - modalidade de licitação entre quaisquer interessados para aquisição de bens e serviços, qualquer que seja o valor estimado da contratação, realizada em sessão pública, podendo ser presencial, com propostas impressas e lances verbais, ou no ambiente Internet, com propostas e lances eletrônicos, vedada a sua utilização para contratação de obras e serviços de engenharia. *(Com redação do Ato Ad Referendum nº 01/2006)*

§ 1º As modalidades de que tratam os incisos I, III, IV e V, sem prejuízo de poderem ser divulgados pela Internet, terão os avisos contendo os resumos dos instrumentos convocatórios e indicação do local onde os interessados poderão ler e obter os textos integrais, publicados em jornal diário de grande circulação local e/ou nacional ou na imprensa oficial da União, de modo a ampliar a área de competição, com antecedência mínima de 15 (quinze) dias, para as modalidades previstas nos incisos I, III e IV e de 8 (oito) dias para a modalidade prevista no inciso V, ficando a critério do SENAI estender estes prazos quando a complexidade do objeto assim o exigir. *(Com redação do Ato Ad Referendum nº 01/2006)*

§ 2º A validade da licitação não ficará comprometida nos seguintes casos:

I) na modalidade convite:

a) pela não apresentação de no mínimo 5 (cinco) propostas;

b) pela impossibilidade de convidar o número mínimo previsto para a modalidade em face da inexistência de possíveis interessados na praça.

II) na modalidade pregão, se inviabilizada a fase de lances, em razão da apresentação e/ou classificação de apenas uma proposta. *(Com redação do Ato Ad Referendum 01/2006)*

§ 3º As hipóteses dos incisos I e II do parágrafo anterior, deverão, para ter validade, ser justificadas pela comissão de licitação, inclusive quanto ao preço, e ser ratificadas pela autoridade competente. (Com redação do Ato Ad Referendum 02/2001)

Art. 6º São limites para as dispensas e para as modalidades de licitação: *(Com redação da Resolução 473/2011)*

I) para obras e serviços de engenharia:

a) DISPENSA – até R$ 79.000,00 (setenta e nove mil reais);

b) CONVITE – até R$ 1.179.000,00 (um milhão, cento e setenta e nove mil reais);

c) CONCORRÊNCIA – acima de R$ 1.179.000,00 (um milhão, cento e setenta e nove mil reais).

II) para compras e demais serviços:

a) DISPENSA – até R$ 44.000,00 (quarenta e quatro mil reais);

b) CONVITE – até R$ 395.000,00 (trezentos e noventa e cinco mil reais);

c) CONCORRÊNCIA – acima de R$ 395.000,00 (trezentos e noventa e cinco mil reais).

III) para as alienações de bens, sempre precedidas de avaliação:

a) DISPENSA – até R$ 44.000,00 (quarenta e quatro mil reais);

b) LEILÃO OU CONCORRÊNCIA, dispensável nesta a fase de habilitação – acima de R$ R$ 44.000,00 (quarenta e quatro mil reais).

Art. 7º O parcelamento de obras, serviços e compras não ensejará a dispensa de licitação por valor, exceto quando o somatório das parcelas não ultrapassar o limite estabelecido nos incisos I “a” e II, “a” do artigo precedente, nem descaracterizará a modalidade de licitação pertinente.

Art. 8º Constituem tipos de licitação, exceto na modalidade concurso:

I) a de menor preço;

II) a de técnica e preço;

III) a de maior lance ou oferta, nas hipóteses do inciso III , alínea "b" do art. 6º.

§ 1º O tipo de licitação técnica e preço será utilizado preferencialmente para contratações que envolvam natureza intelectual ou nas quais o fator preço não seja exclusivamente relevante, e, neste caso, desde que justificado tecnicamente.

§ 2º Nas licitações de técnica e preço a classificação dos proponentes será feita de acordo com a média ponderada das valorizações das propostas técnicas e de preço, de acordo com os pesos estabelecidos no instrumento convocatório, que serão objetivos.

§ 3º Nas licitações na modalidade pregão só será admitido o tipo menor preço. *(Com a redação do Ato Ad Referendum nº 02/2001)*

CAPÍTULO IV - DOS CASOS DE DISPENSA E INEXIGIBILIDADE

Art. 9º A licitação poderá ser dispensada:

I) nas contratações até os valores previstos nos incisos I, alínea "a" e II, alínea "a" do art. 6º;

II) nas alienações de bens até o valor previsto no inciso III, alínea "a" do art. 6º;

III) quando não acudirem interessados à licitação e esta não puder ser repetida sem prejuízo para o SENAI, mantidas, neste caso, as condições preestabelecidas;

IV) nos casos de calamidade pública ou grave perturbação da ordem pública;

V) nos casos de emergência, quando caracterizada a necessidade de atendimento a situação que possa ocasionar prejuízo ou comprometer a segurança de pessoas, obras, serviços, equipamentos e outros bens;

VI) na aquisição, locação ou arrendamento de imóveis, sempre precedida de avaliação;

VII) na aquisição de gêneros alimentícios perecíveis, com base no preço do dia;

VIII) na contratação de entidade incumbida regimental ou estatutariamente da pesquisa, do ensino ou do desenvolvimento institucional, científico ou tecnológico, desde que sem fins lucrativos;

IX) na contratação, com serviços sociais autônomos e com órgãos e entidades integrantes da Administração Pública, quando o objeto do contrato for compatível com as atividades finalísticas do contratado; *(Com redação do Ato Ad Referendum 01/2006)*

X) na aquisição de componentes ou peças necessários à manutenção de equipamentos durante o período de garantia técnica, junto a fornecedor original desses equipamentos, quando tal condição for indispensável para a vigência da garantia;

XI) nos casos de urgência para o atendimento de situações comprovadamente imprevistas ou imprevisíveis em tempo hábil para se realizar a licitação;

XII) na contratação de pessoas físicas ou jurídicas para ministrar cursos ou prestar serviços de instrutoria vinculados às atividades finalísticas do SENAI;

XIII) na contratação de serviços de manutenção em que seja precondição indispensável para a realização da proposta a desmontagem do equipamento;

XIV) na contratação de cursos abertos, destinados a treinamento e aperfeiçoamento dos empregados do SENAI;

XV) na venda de ações, que poderão ser negociadas em bolsas;

XVI) para a aquisição ou restauração de obras de arte e objetos históricos, de autenticidade certificada, desde que compatíveis ou inerentes às finalidades da Entidade;

XVII) na contratação de remanescente de obra, serviço ou fornecimento em consequência de rescisão contratual, desde que atendida a ordem de classificação da licitação anterior e aceitas as mesmas condições oferecidas pelo licitante vencedor, inclusive quanto ao preço, devidamente corrigido.

Art. 10. A licitação será inexigível quando houver inviabilidade de competição, em especial:

I) na aquisição de materiais, equipamentos ou gêneros diretamente de produtor ou fornecedor exclusivo;

II) na contratação de serviços com empresa ou profissional de notória especialização, assim entendidos aqueles cujo conceito no campo de sua especialidade, decorrente de desempenho anterior, estudos, experiências, publicações, organização, aparelhamento, equipe técnica ou outros requisitos relacionados com sua atividade, permita inferir que o seu trabalho é o mais adequado à plena satisfação do objeto a ser contratado;

III) na contratação de profissional de qualquer setor artístico;

IV) na permuta ou dação em pagamento de bens, observada a avaliação atualizada;

V) na doação de bens.

Art. 11. As dispensas, salvo os casos previstos nos incisos I e II do art. 9º, ou as situações de inexigibilidade, serão circunstanciadamente justificadas pelo órgão responsável, inclusive quanto ao preço e ratificadas pela autoridade competente.

Parágrafo único. Nas hipóteses de dispensa e inexigibilidade poderá ser exigida a comprovação de regularidade fiscal, que será obrigatória quando o valor da contratação for igual ou superior àqueles previstos nos incisos I "c" e II "c" do art. 6º, deste Regulamento. *(Com a redação do Ato Ad Referendum nº 01/2006)*

CAPÍTULO V - DA HABILITAÇÃO

Art. 12. Para a habilitação nas licitações poderá, observado o disposto no parágrafo único, ser exigida dos interessados, no todo ou em parte, conforme se estabelecer no instrumento convocatório, documentação relativa a: *(*Artigos deste capítulo renumerados pelo Ato Ad Referendum nº 01/2006.)*

I) habilitação jurídica:

a) cédula de identidade;

b) prova de registro, no órgão competente, no caso de empresário individual; *(Com a redação do Ato Ad Referendum nº 01/2006)*

c) ato constitutivo, estatuto ou contrato social em vigor, devidamente registrado no órgão competente; *(Com a redação do Ato Ad Referendum nº 01/2006)*

d) ato de nomeação ou de eleição dos administradores, devidamente registrado no órgão competente, na hipótese de terem sido nomeados ou eleitos em separado, sem prejuízo da apresentação dos demais documentos exigidos na alínea "c" do inciso I deste art. 12. *(Com a redação do Ato Ad Referendum nº 01/2006)*

II) qualificação técnica:

a) registro ou inscrição na entidade profissional competente;

b) documentos comprobatórios de aptidão para desempenho de atividade pertinente e compatível em características, quantidades e prazos com o objeto da licitação;

c) comprovação de que recebeu os documentos e de que tomou conhecimento de todas as condições do instrumento convocatório;

d) prova de atendimento de requisitos previstos em lei especial, quando for o caso.

III) qualificação econômico-financeira:

a) balanço patrimonial e demonstrações contábeis do último exercício social, ou balanço de abertura no caso de empresa recém-constituída, que comprovem a situação financeira da empresa, através do cálculo de índices contábeis previstos no instrumento convocatório;

b) certidão negativa de falência expedida pelo distribuidor da sede da pessoa jurídica, ou de execução patrimonial, expedida no domicílio da pessoa física;

c) garantia de proposta, nas mesmas modalidades e critérios previstos no art. 27 deste Regulamento, que para o licitante vencedor será devolvida quando da assinatura do contrato; *(Artigos deste capítulo renumerados pelo Ato ad referendum nº 01/2006)*

d) capital mínimo ou patrimônio líquido mínimo.

IV) regularidade fiscal:

a) prova de inscrição no Cadastro de Pessoas Físicas (CPF) ou no Cadastro Nacional de Pessoas Jurídicas (CNPJ); *(Com a redação do Ato Ad Referendum nº 02/2001)*

b) prova de inscrição no cadastro de contribuintes estadual ou municipal, se houver, relativo ao domicílio ou sede do licitante, pertinente ao seu ramo de atividade e compatível com o objeto contratual;

c) prova de regularidade para com a fazenda federal, estadual e municipal do domicílio ou sede do licitante, na forma da lei;

d) prova de regularidade relativa à Seguridade Social e ao Fundo de Garantia por Tempo de Serviço, no cumprimento dos encargos instituídos por lei.

Parágrafo único. A documentação a que se refere o inciso IV deverá ser exigida, exceto nos casos de concurso, leilão e concorrência para alienação de bens. *(Com a redação do Ato Ad Referendum nº 02/2001)*

CAPÍTULO VI - DOS PROCEDIMENTOS, DO JULGAMENTO DAS PROPOSTAS E DOS RECURSOS

(Com a redação do Ato Ad Referendum nº 01/2006)

Art. 13. O procedimento da licitação será iniciado com a solicitação formal da contratação, na qual serão definidos o objeto, a estimativa de seu valor e os recursos para atender à despesa, com a consequente autorização e à qual serão juntados oportunamente todos os documentos pertinentes, a partir do instrumento convocatório, até o ato final de adjudicação.

§ 1º Na definição do objeto não será admitida a indicação de características e especificações exclusivas ou marcas, salvo se justificada e ratificada pela autoridade competente.

§ 2º Na contratação de obras e serviços de engenharia, o objeto deverá ser especificado com base em projeto que contenha o conjunto de elementos necessários, suficientes e adequados para caracterizar a obra ou o serviço ou o complexo de obras ou serviços.

Art. 14. O procedimento licitatório será afeto a uma comissão de licitação, observando-se na modalidade pregão o disposto nos arts. 18 a 21, e nas demais modalidades, as seguintes fases:

I) abertura, em dia e hora previamente designados, dos envelopes que contenham a documentação relativa à habilitação dos licitantes, com devolução aos inabilitados de suas propostas fechadas de maneira inviolável, desde que não tenha havido recurso ou após sua denegação;

II) abertura, em dia e hora previamente designados, dos envelopes contendo as propostas dos licitantes habilitados, verificando-se sua conformidade com os requisitos do edital, desclassificando-se aquelas que não os tenham atendido;

III) julgamento das propostas classificadas, com a escolha daquela mais vantajosa para o SENAI, segundo os critérios estabelecidos no instrumento convocatório;

IV) encaminhamento das conclusões da comissão de licitação à autoridade a que competir a homologação do resultado do julgamento e adjudicação do objeto ao licitante vencedor;

V) comunicação do resultado conforme estabelecido no instrumento convocatório.

Art. 15. As decisões referentes à habilitação, aos julgamentos e aos recursos serão comunicadas diretamente aos licitantes e lavradas em ata, se presentes seus prepostos no ato em que for adotada a decisão, ou por publicação numa das formas previstas no § 1º do art. 5º, ou ainda por outro meio formal.

Parágrafo único. No pregão eletrônico os licitantes serão considerados comunicados das decisões a partir do momento em que vierem a ser disponibilizadas no sistema eletrônico.

Art. 16. Será facultado à comissão de licitação, desde que previsto no instrumento convocatório, inverter o procedimento, abrindo primeiramente as propostas, classificando os proponentes, e só então abrindo o envelope de habilitação do licitante classificado em primeiro lugar.

Parágrafo único. Se o licitante classificado em primeiro lugar for inabilitado e após julgados eventuais recursos interpostos, proceder-se-á a abertura dos envelopes de habilitação dos licitantes remanescentes, na ordem de classificação, obedecido o procedimento previsto neste artigo, para que o seguinte classificado que preencha as condições de habilitação seja declarado vencedor, nas condições de sua proposta.

Art. 17. Será facultado à comissão de licitação, desde que previsto no instrumento convocatório, inverter o procedimento na modalidade pregão presencial, abrindo primeiramente o envelope de habilitação e após as propostas dos licitantes habilitados.

Art. 18. O pregoeiro será formalmente designado e integrará a comissão de licitação, se já não for um de seus membros.

Art. 19. No julgamento do pregão será adotado, exclusivamente, o critério de menor preço, observadas as demais condições definidas no instrumento convocatório.

Seção I
Do Pregão Presencial

Art. 20. O julgamento do pregão presencial observará o seguinte procedimento:

I) abertura dos envelopes contendo as propostas de preço dos licitantes, dentro dos quais deverá constar a prova de sua representação ou instrumento de procuração que autorize seu preposto a participar do pregão, desclassificando-se aquelas que não atendam as demais condições definidas no instrumento convocatório;

II) classificação para a fase de lances verbais da proposta de menor preço e daquelas que não excedam a 15% (quinze por cento) de seu valor;

III) quando não forem classificadas, no mínimo, três propostas na forma definida no inciso anterior, serão classificadas, sempre que atendam as demais condições definidas no instrumento convocatório, a de menor preço e as duas melhores propostas de preço subsequentes;

IV) a classificação de apenas duas propostas escritas de preço não inviabilizará a realização da fase de lances verbais;

V) as propostas que, em razão dos critérios definidos nos incisos II e III deste artigo, não integrarem a lista de classificadas para a fase de lances verbais, também serão consideradas desclassificadas do certame;

VI) da desclassificação das propostas de preço somente caberá pedido de reconsideração à própria comissão de licitação, com a justificativa de suas razões, a ser apresentado, de imediato, oralmente ou por escrito, na mesma sessão pública em que vier a ser proferida;

VII) a comissão de licitação analisará e decidirá de imediato o pedido de reconsideração, sendo-lhe facultado, para tanto, suspender a sessão pública;

VIII) da decisão da comissão de licitação relativa ao pedido de reconsideração não caberá recurso;

IX) realizada a classificação das propostas escritas pela comissão de licitação, terá início a fase de apresentação de lances verbais, observando-se:

a) o pregoeiro fará uma rodada de lances, convidando o autor da proposta escrita de maior preço classificada a fazer o seu lance e, em seguida, os demais classificados na ordem decrescente de preço;

b) havendo lance, o pregoeiro realizará uma nova rodada, começando pelo autor que, no momento, estiver com a proposta de maior preço, e, assim sucessivamente, até que, numa rodada completa, não haja mais lance e se obtenha, em definitivo, o menor preço;

c) somente serão considerados os lances inferiores ao último menor preço obtido;

d) o licitante que não apresentar lance numa rodada não ficará impedido de participar de nova rodada, caso ocorra;

e) não havendo lances verbais na primeira rodada, serão consideradas as propostas escritas de preço classificadas para esta fase.

X) o pregoeiro, após declarar encerrada a fase de lances verbais, ordenará os lances em ordem crescente de preço;

XI) a comissão de licitação, antes de declarar o vencedor, promoverá a abertura e a verificação da documentação relativa à habilitação do licitante que, na ordenação feita pelo pregoeiro, apresentou o menor preço;

XII) sendo a hipótese de inabilitação ou de descumprimento de qualquer outra exigência estabelecida no instrumento convocatório caberá à comissão de licitação autorizar o pregoeiro a convocar o autor do segundo menor lance e, se necessário, observada a ordem crescente de preço, os autores dos demais lances, desde que atendam ao critério de aceitabilidade estabelecido pelo instrumento convocatório;

XIII) declarado o licitante vencedor, a comissão de licitação encaminhará o processo à autoridade competente para a homologação e adjudicação.

Seção II
Do Pregão Eletrônico

Art. 21. O julgamento do pregão eletrônico observará o seguinte procedimento:

I) credenciamento prévio dos licitantes junto ao provedor do sistema eletrônico indicado no instrumento convocatório;

II) acesso dos licitantes ao sistema eletrônico, mediante a utilização de chaves de identidade e de senhas individuais a serem fornecidas pelo provedor quando do credenciamento;

III) encaminhamento das propostas de preços, exclusivamente por meio do sistema eletrônico, observando os prazos, condições e especificações estabelecidos pelo instrumento convocatório;

IV) o instrumento convocatório poderá estabelecer que somente serão classificadas para a fase de lances a proposta de menor preço e as propostas que não excedam a 15% (quinze por cento) do seu valor, aplicando-se os critérios previstos nos incisos II, III e V do art. 20;

V) a comissão de licitação analisará as propostas de preços encaminhadas, desclassificando aquelas que não estiverem em consonância com o estabelecido pelo instrumento convocatório, cabendo ao pregoeiro registrar e disponibilizar a decisão no sistema eletrônico para acompanhamento em tempo real pelos licitantes;

VI) da decisão que desclassificar as propostas de preços somente caberá pedido de reconsideração à própria comissão de licitação, a ser apresentado exclusivamente por meio do sistema eletrônico, acompanhado da justificativa de suas razões, no prazo máximo de 30 (trinta) minutos a contar do momento em que vier a ser disponibilizada no sistema eletrônico;

VII) a comissão de licitação decidirá no mesmo prazo, salvo motivos que justifiquem a sua prorrogação, cabendo ao pregoeiro registrar e disponibilizar a decisão no sistema eletrônico para acompanhamento em tempo real pelos licitantes;

VIII) da decisão da comissão de licitação relativa ao pedido de reconsideração não caberá recurso;

IX) iniciada a fase de lances, os autores das propostas classificadas poderão oferecer lances sem restrições de quantidade ou de qualquer ordem classificatória ou cronológica específica, mas sempre inferior ao seu último lance ofertado;

X) todos os lances oferecidos serão registrados pelo sistema eletrônico, que estará sempre indicando o lance de menor valor para acompanhamento em tempo real pelos licitantes;

XI) na hipótese de haver lances iguais prevalecerá, como de menor valor, o lance que tiver sido primeiramente registrado;

XII) por iniciativa do pregoeiro, o sistema eletrônico emitirá aviso de que terá início prazo aleatório de até 30 (trinta) minutos para o encerramento da fase de lances, findo o qual estará automaticamente encerrada a recepção de lances;

XIII) ordenados os lances em forma crescente de preço, o pregoeiro determinará ao autor do lance classificado em primeiro lugar que encaminhe os documentos necessários à comprovação de sua habilitação, nos termos do art. 12 e nos prazos, condições e especificações estabelecidos pelo instrumento convocatório;

XIV) sendo a hipótese de inabilitação ou de descumprimento de exigências estabelecidas pelo instrumento convocatório, caberá à comissão de licitação autorizar o pregoeiro a convocar o autor do segundo menor lance e, se necessário, observada a ordem crescente de preço, os autores dos demais lances, desde que atendam ao critério de aceitabilidade estabelecido pelo instrumento convocatório;

XV) declarado o licitante vencedor pela comissão de licitação, o pregoeiro consignará esta decisão e os eventos ocorridos em ata própria, que será disponibilizada pelo sistema eletrônico, encaminhando-se o processo à autoridade competente para homologação e adjudicação.

Seção III
Dos Recursos

Art. 22. Dos resultados da fase de habilitação e do julgamento das propostas caberão recursos fundamentados, dirigidos à autoridade competente indicada no instrumento convocatório, por intermédio da comissão de licitação, por escrito, no prazo de 5 (cinco) dias úteis e, na modalidade convite, 2 (dois) dias úteis, pelo licitante que se julgar prejudicado.

§ 1º Na modalidade pregão só caberá recurso, no prazo de 2 (dois) dias úteis, da decisão que declarar o licitante vencedor, salvo na hipótese de a inversão prevista no artigo 17 vir a ser adotada, quando também caberá recurso da decisão que inabilitar o licitante.

§ 2º No pregão eletrônico o recurso deverá ser apresentado em campo próprio do sistema eletrônico.

§ 3º O licitante que puder vir a ter a sua situação efetivamente prejudicada em razão de recurso interposto poderá sobre ele se manifestar no mesmo prazo recursal, que correrá da comunicação da interposição do recurso, salvo no caso de pregão eletrônico, que começará a fluir, automaticamente, do fim do prazo recursal.

Art. 23. Os recursos serão julgados pela autoridade competente ou por quem esta delegar competência no prazo de até 10 (dez) dias úteis, contados da data final para sua interposição ou, quando for o caso, daquela prevista para a manifestação do § 3º do art. 22.

Parágrafo único. O provimento de recursos pela autoridade competente somente invalidará os atos insuscetíveis de aproveitamento.

Art. 24. Os recursos terão efeito suspensivo.

CAPÍTULO VII – DOS CONTRATOS

(Artigos deste capítulo renumerados pelo Ato Ad Referendum nº 01/2006)

Art. 25. O instrumento de contrato é obrigatório no caso de concorrência, salvo quando se tratar de bens para entrega imediata, e facultativo nas demais modalidades de licitação, caso em que poderá ser substituído por outro documento, como proposta com aceite, carta-contrato, autorização de fornecimento ou documento equivalente.

Parágrafo único. Nos casos de dispensas e inexigibilidades o documento que substituir o contrato a que se refere o *caput* deste artigo deverá conter os requisitos mínimos do objeto e os direitos e obrigações básicas das partes.

Art. 26. Os contratos serão escritos, suas cláusulas indicarão necessariamente o seu objeto, com a especificação da obra, serviço ou fornecimento, conforme o caso, o preço ajustado, o prazo de execução, as garantias e penalidades, além de outras previamente estabelecidas no instrumento convocatório.

Parágrafo único. Os contratos terão prazo determinado, não podendo ultrapassar, inclusive com suas eventuais prorrogações, o limite máximo de 60 (sessenta) meses. *(Com a redação do Ato Ad Referendum nº 02/2001)*

Art. 27. A prestação de garantia, quando prevista no instrumento convocatório, limitada a 10% (dez por cento) do valor do contrato, e à escolha do prestador, constará de:

I) caução em dinheiro;
II) fiança bancária;
III) seguro garantia.

Parágrafo único. Nos casos de obras e serviços de engenharia, o instrumento convocatório poderá fixar o tipo de garantia dentre os elencados nos incisos deste artigo.

Art. 28. O contratado poderá subcontratar partes do objeto contratual, se admitido no instrumento convocatório e no respectivo contrato e desde que mantida sua responsabilidade perante o contratante, sendo vedada a subcontratação com licitante que tenha participado do procedimento licitatório.

Art. 29. As alterações contratuais por acordo entre as partes, desde que justificadas, e as decorrentes de necessidade de prorrogação, constarão de termos aditivos.

Art. 30. Os contratos poderão ser aditados nas hipóteses de complementação ou acréscimo que se fizerem nas obras, serviços ou compras, até 25% (vinte e cinco por cento) do valor inicial e de até 50% (cinquenta por cento), para reforma de edifício ou equipamento, ambos atualizados.

Art. 31. A recusa injustificada em assinar o contrato ou retirar o instrumento equivalente, dentro do prazo fixado, caracterizará o descumprimento total da obrigação assumida e poderá acarretar ao licitante as seguintes penalidades, previstas no instrumento convocatório:

I) perda do direito à contratação;

II) perda da caução em dinheiro ou execução das demais garantias de propostas oferecidas, sem prejuízo de outras penalidades previstas no instrumento convocatório;

III) suspensão do direito de licitar ou contratar com o SENAI, por prazo não superior a 2 (dois) anos. *(Com a redação do Ato Ad Referendum nº 02/2001)*

Art. 32. O inadimplemento total ou parcial das obrigações contratuais assumidas dará ao contratante o direito de rescindir unilateralmente o contrato, sem prejuízo de outras penalidades previstas no instrumento convocatório ou no contrato, inclusive a suspensão do direito de licitar ou contratar com o SENAI por prazo não superior a 2 (dois) anos.

CAPÍTULO VIII - DO REGISTRO DE PREÇO

(Introduzido pelo Ato Ad Referendum nº 01/2006)

Art. 33. O registro de preço, sempre precedido de concorrência ou de pregão, poderá ser utilizado nas seguintes hipóteses:

I) quando for mais conveniente que a aquisição demande entrega ou fornecimento parcelado;

II) quando, pelas características do bem ou do serviço, houver necessidade de aquisições frequentes;

III) quando não for possível estabelecer, previamente, o quantitativo exato para o atendimento das necessidades.

Art. 34. A vigência do registro de preço, limitada a 12 meses, deverá estar prevista no instrumento convocatório, podendo ser prorrogada, no máximo, por igual período, desde que pesquisa de mercado demonstre que o preço se mantém vantajoso.

Art. 35. Homologado o procedimento licitatório, o licitante que ofertou o preço a ser registrado será convocado para assinar o respectivo instrumento, no qual deverá constar, dentre outras condições, o seu compromisso de entregar os bens ou fornecer os serviços na medida das necessidades que lhe forem apresentadas, observado o disposto no art. 25.

Art. 36. O registro de preço não importa em direito subjetivo à contratação de quem ofertou o preço registrado, sendo facultada a realização de contratações de terceiros sempre que houver preços mais vantajosos.

Art. 37. É permitido que outros licitantes também venham a praticar o preço registrado, desde que essa permissão e suas respectivas condições constem no instrumento convocatório e que assinem o respectivo instrumento previsto no art. 35.

Art. 38. O licitante deixará de ter o seu preço registrado quando:

I) descumprir as condições assumidas no instrumento por ele assinado;

II) não aceitar reduzir o preço registrado, quando se tornar superior ao praticado pelo mercado;

III) quando, justificadamente, não for mais do interesse do SENAI.

CAPÍTULO IX - DAS DISPOSIÇÕES FINAIS

(Artigos deste capítulo renumerados pelo Ato ad referendum nº01/2006)

Art. 39. Não poderão participar das licitações nem contratar com o SENAI dirigente ou empregado da entidade.

Art. 40. Os instrumentos convocatórios deverão assegurar ao SENAI o direito de cancelar a licitação, antes de assinado o contrato, desde que justificado.

Art. 41. Na contagem dos prazos estabelecidos no presente Regulamento, excluir-se-á o dia do início e incluir-se-á o do vencimento, e considerar-se-ão os dias consecutivos, exceto quando for explicitamente disposto em contrário.

Parágrafo único. Só se iniciam e vencem os prazos referidos neste Regulamento em dia de funcionamento do SENAI.

Art. 42. As disposições deste Regulamento, inclusive no tocante a valores monetários, poderão ser modificadas pelo Conselho Nacional do SENAI mediante proposta fundamentada apresentada por grupo técnico composto por representantes dos serviços sociais autônomos.

Art. 43. O presente Regulamento entrará em vigor na data de sua publicação na imprensa oficial da União, revogadas as disposições em contrário.

Alterações no Regulamento de Licitações e Contratos do SENAI Introduzidas pela Resolução nº 473/2011 - DOU. Seção III, de 11 de Maio de 2011.

O artigo 6º do Regulamento de Licitações e Contratos do **SENAI** passa a ter a seguinte redação:

"Art. 6º ....:

I) para obras e serviços de engenharia:

a) DISPENSA - até R$ 79.000,00 (setenta e nove mil reais);

b) CONVITE - até R$ 1.179.000,00 (um milhão, cento e setenta e nove mil reais);

c) CONCORRÊNCIA - acima de R$ 1.179.000,00 (um milhão, cento e setenta e nove mil reais).

II) para compras e demais serviços:

a) DISPENSA - até R$ 44.000,00 (quarenta e quatro mil reais);

b) CONVITE - até R$ 395.000,00 (trezentos e noventa e cinco mil reais);

c) CONCORRÊNCIA - acima de R$ 395.000,00 (trezentos e noventa e cinco mil reais).

III) para as alienações de bens, sempre precedidas de avaliação:

a) DISPENSA - até R$ 44.000,00 (quarenta e quatro mil reais);

b) LEILÃO OU CONCORRÊNCIA, dispensável nesta a fase de habilitação - acima de R$ R$ 44.000,00 (quarenta e quatro mil reais)".

ANEXO IV

Decisão Normativa - TCU nº 108, de 24/11/2010

Dispõe acerca das unidades jurisdicionadas cujos responsáveis devem apresentar relatório de gestão referente ao exercício de 2011, especificando a organização, a forma, os conteúdos e os prazos de apresentação, nos termos do art. 3º da Instrução Normativa TCU nº 63, de 1º de setembro de 2010.

O TRIBUNAL DE CONTAS DA UNIÃO, no uso de suas atribuições constitucionais, legais e regimentais, e

Considerando o poder regulamentar que lhe confere o art. 3º da Lei nº 8.443, de 16 de julho de 1992, para expedir normativos sobre matéria de suas atribuições e sobre a organização dos processos que lhe devam ser submetidos, obrigando ao seu cumprimento, sob pena de responsabilidade;

Considerando as disposições contidas na Instrução Normativa TCU nº 63, de 1º de setembro de 2010, em especial no art. 3º, bem como os estudos desenvolvidos no âmbito do TC 028.986/2010-5, resolve:

Art. 1º A organização e a apresentação dos relatórios de gestão pelas unidades jurisdicionadas ao Tribunal de Contas da União referentes ao exercício de 2011 obedecerão às disposições da Instrução Normativa TCU nº 63, de 1º de setembro de 2010, e desta decisão normativa.

Parágrafo único. Para fins do disposto no *caput* deste artigo, consideram-se jurisdicionadas ao Tribunal as unidades que se enquadrem em pelo menos uma das classificações dispostas no art. 2º da IN TCU nº 63/2010.

Art. 2º Para definição da forma de apresentação dos conteúdos dos relatórios de gestão, as unidades jurisdicionadas observarão as classificações estabelecidas no art. 5º da IN TCU nº 63/2010, assim como as configurações dispostas no Anexo I e na portaria de que trata o art. 4º, § 3º, desta decisão normativa.

§ 1º As unidades jurisdicionadas relacionadas no Anexo I estão organizadas por poder, órgão vinculador ou responsável e natureza jurídica e são identificadas pela denominação da estrutura regimental ou pelo título do programa de governo.

§ 2º Órgão vinculador é a maior agregação hierárquica das unidades jurisdicionadas ao Tribunal, sendo representado:

I - pela Câmara dos Deputados, pelo Senado Federal e pelo Tribunal de Contas da União, no Poder Legislativo;
II - pelo Supremo Tribunal Federal, pelo Superior Tribunal de Justiça, pela Justiça Federal, pela Justiça do Trabalho, pela Justiça Eleitoral, pela Justiça Militar e pela Justiça do Distrito Federal e Territórios, no Poder Judiciário;
III - pela Presidência da República, pela Vice-Presidência da República e pelos Ministérios, no Poder Executivo;
IV - pelo Ministério Público da União, nas Funções Essenciais à Justiça.

§ 3º Órgão responsável é o definido na Lei nº 11.653/2008 como responsável pela supervisão de programa de governo.

Art. 3º Os relatórios de gestão serão apresentados pelas unidades jurisdicionadas indicadas no Anexo I desta decisão normativa, nos prazos nele assinalados.

§ 1º As unidades jurisdicionadas de que trata o *caput* deste artigo enviarão, de acordo com a data e com as orientações comunicadas pela secretaria de controle externo do TCU a que se vinculam, os nomes e os números do CPF de pelo menos dois responsáveis para fins de habilitação para uso do sistema eletrônico de envio do relatório de gestão.

§ 2º A critério do órgão superior respectivo, o relatório de gestão poderá ser encaminhado ao Tribunal pelo órgão de controle interno a que se vincular a unidade jurisdicionada.

§ 3º Os órgãos ou as unidades responsáveis relacionadas no Anexo I devem comunicar ao TCU e ao órgão de controle interno respectivo, em até 15 (quinze) dias do fato, qualquer alteração ocorrida nas suas estruturas.

Art. 4º Os relatórios de gestão das unidades jurisdicionadas a que se refere o art. 3º serão organizados de acordo com a classificação do art. 5º da Instrução Normativa TCU nº 63/2010, contendo, no mínimo, as informações especificadas no Anexo II e respeitando os requisitos estabelecidos no Anexo III desta decisão normativa.

§ 1º Os relatórios de gestão podem conter somente informações que não estejam protegidas pelos sigilos bancário, fiscal ou comercial.

§ 2º Os relatórios de gestão de unidade em extinção, liquidação, dissolução, transformação, fusão, incorporação ou desestatização contemplarão, além dos conteúdos especificados no Anexo II desta decisão normativa, documentos e informações relativos às providências adotadas para encerramento das atividades da unidade, em especial os termos de transferência patrimonial e a situação dos processos administrativos não encerrados, com o aceite dos respectivos destinatários.

§ 3º Portaria do Presidente do Tribunal, a ser divulgada em até 30 (trinta) dias da publicação desta decisão normativa, orientará a elaboração dos conteúdos de que trata o *caput* deste artigo.

§ 4º Os relatórios de gestão serão encaminhados exclusivamente por intermédio da sistemática eletrônica definida pelo Tribunal.

Art. 5º. Os relatórios de gestão que não contemplarem os conteúdos definidos nesta decisão normativa e não obedecerem às formas estabelecidas na Portaria de que trata o § 3º do artigo anterior serão devolvidos pelo Tribunal à unidade jurisdicionada para os ajustes necessários, com a fixação de novo prazo para apresentação.

Art. 6º. Os responsáveis pelas unidades jurisdicionadas relacionadas no Anexo I que não apresentarem o relatório de gestão nos prazos fixados e não estiverem amparados pela prorrogação prevista no art. 7º da Instrução Normativa TCU nº 63, de 1º de setembro de 2010, estarão sujeitos à aplicação da multa a que se refere o inciso II do art. 58 da Lei nº 8.443/92.

Parágrafo único. Não obstante as penalidades a que se refere o *caput* deste artigo, o Tribunal poderá determinar outras medidas para regularização da prestação de contas.

Art. 7º Após a data limite para a entrega especificada no Anexo I, os relatórios de gestão ficarão disponíveis no Portal TCU na *Internet*, permanecendo as unidades jurisdicionadas responsáveis pelo conteúdo e pela forma dos relatórios.

Art. 8º Os órgãos do sistema de controle interno encaminharão, até 29 de julho de 2011, proposta justificada de alterações quanto à organização e aos conteúdos dos relatórios de gestão do exercício de 2012.

Art. 9º Esta decisão normativa entra em vigor na data de sua publicação.

Sala das Sessões Ministro Luciano Brandão Alves de Souza, em 24 de novembro de 2010.

UBIRATAN AGUIAR

(Publicada no DOU de 29/11/2010, Seção 1, p. 89 e retificada no DOU de 2/12/2010, Seção 1, p. 140)

ANEXO V

Instrução Normativa - TCU nº 63, de 01/09/2010

Estabelece normas de organização e de apresentação dos relatórios de gestão e das peças complementares que constituirão os processos de contas da administração pública federal, para julgamento do Tribunal de Contas da União, nos termos do art. 7º da Lei nº 8.443, de 1992.

O TRIBUNAL DE CONTAS DA UNIÃO, no uso de suas atribuições constitucionais, legais e regimentais, e

Considerando que dispõe do poder regulamentar, conferido pelo art. 3º da Lei nº 8.443, de 16 de julho de 1992, para expedir instruções e atos normativos sobre matéria de suas atribuições e sobre a organização dos processos que lhe devam ser submetidos, obrigando ao seu cumprimento, sob pena de responsabilidade;

Considerando que compete ao Tribunal julgar as contas dos administradores e dos demais responsáveis por dinheiros, bens e valores públicos, nos termos da Constituição Federal, art. 71; da Lei nº 8.443, de 1992, arts. 1º, 6º, 7º, 8º e 9º; e do Regimento Interno do TCU, arts. 1º, 188, 189 e 197;

Considerando que a prestação de contas dos gestores públicos deve conter elementos e demonstrativos que evidenciem a regular aplicação dos recursos públicos, nos termos do *caput* do art. 194 do Regimento Interno do TCU;

Considerando a necessidade de integrar, no exame e julgamento das contas dos gestores, o controle da conformidade e do desempenho da gestão, a fim de contribuir para o aperfeiçoamento da administração pública; e

Considerando os princípios da racionalização e da simplificação e a necessidade de estabelecer critérios de seletividade para a formalização e instrução dos processos de contas ordinárias, nos termos do parágrafo único do art. 194 e do art. 195 do Regimento Interno deste Tribunal, resolve:

TÍTULO I
DISPOSIÇÕES GERAIS

Art. 1º Os relatórios de gestão e as peças complementares elaboradas para constituição de processos de contas dos administradores e dos demais responsáveis abrangidos pelos incisos I, III, IV, V e VI do art. 5º da Lei nº 8.443, de 1992, devem ser organizados e apresentados ao Tribunal de Contas da União de acordo com as disposições desta instrução normativa.

Parágrafo único. Para o disposto nesta instrução normativa, considera-se:

I. processo de contas: processo de trabalho do controle externo, destinado a avaliar e julgar o desempenho e a conformidade da gestão das pessoas abrangidas pelos incisos I, III, IV, V e VI do art. 5º da Lei nº 8.443/92, com base em documentos, informações e demonstrativos de natureza contábil, financeira, orçamentária, operacional ou patrimonial, obtidos direta ou indiretamente;

II. relatório de gestão: documentos, informações e demonstrativos de natureza contábil, financeira, orçamentária, operacional ou patrimonial, organizado para permitir a visão sistêmica do desempenho e da conformidade da gestão dos responsáveis por uma ou mais unidades jurisdicionadas durante um exercício financeiro;

III. processo de contas ordinárias: processo de contas referente a exercício financeiro determinado, constituído pelo Tribunal segundo critérios de risco, materialidade e relevância;

IV. processo de contas extraordinárias: processo de contas constituído por ocasião da extinção, liquidação, dissolução, transformação, fusão, incorporação ou desestatização de unidades jurisdicionadas, cujos responsáveis estejam alcançados pela obrigação prevista no art. 70, parágrafo único, da Constituição Federal, para apreciação do Tribunal nos termos do art. 15 da Lei nº 8.443, de 1992;

V. risco: possibilidade de algo acontecer e ter impacto nos objetivos, sendo medido em termos de consequências e probabilidades;

VI. materialidade: volume de recursos envolvidos;

VII. relevância: aspecto ou fato considerado importante, em geral no contexto do objetivo delineado, ainda que não seja material ou economicamente significativo;

VIII. exame da conformidade: análise da legalidade, legitimidade e economicidade da gestão, em relação a padrões normativos e operacionais, expressos nas normas e regulamentos aplicáveis, e da capacidade dos controles internos de identificar e corrigir falhas e irregularidades;

IX. exame do desempenho: análise da eficácia, eficiência, efetividade e economicidade da gestão em relação a padrões administrativos e gerenciais expressos em metas e resultados negociados com a administração superior ou definidos nas leis orçamentárias, e da capacidade dos controles internos de minimizar riscos e evitar falhas e irregularidades;

X. controles internos: conjunto de atividades, planos, métodos, indicadores e procedimentos interligados, utilizado com vistas a assegurar a conformidade dos atos de gestão e a concorrer para que os objetivos e metas estabelecidos para as unidades jurisdicionadas sejam alcançados;

XI. órgãos de controle interno: unidades administrativas, integrantes dos sistemas de controle interno da administração pública federal, incumbidas, entre outras funções, da verificação da consistência e qualidade dos controles internos, bem como do apoio às atividades de controle externo exercidas pelo Tribunal.

Art. 2º Para efeito desta Instrução Normativa, estão sujeitos à apresentação de relatório de gestão e à constituição de processo de contas os responsáveis pelas seguintes unidades jurisdicionadas ao Tribunal:

I. órgãos e entidades da administração pública federal direta e indireta, incluídas as fundações e empresas estatais, bem como suas unidades internas;

II. fundos cujo controle se enquadre como competência do Tribunal;

III. serviços sociais autônomos;

IV. contas nacionais das empresas supranacionais de cujo capital social a União participe, de forma direta ou indireta, nos termos do respectivo tratado constitutivo;

V. empresas encampadas, sob intervenção federal, ou que, de qualquer modo, venham a integrar, provisória ou permanentemente, o patrimônio da União ou de entidade pública federal;

VI. entidades cujos gestores, em razão de previsão legal, devam prestar contas ao Tribunal;

VII. programas de governo constantes do Plano Plurianual previsto no inciso I do art. 165 da Constituição Federal.

§ 1º Os responsáveis pelas entidades de fiscalização do exercício profissional estão dispensados de apresentar relatório de gestão e de terem processo de contas ordinárias constituídos pelo Tribunal, sem prejuízo da manutenção das demais formas de fiscalização exercidas pelos controles interno e externo.

§ 2º Os estados, o Distrito Federal, os municípios e as pessoas físicas ou entidades privadas, quando beneficiários de transferência voluntária de recursos federais, sob qualquer forma, responderão perante o órgão ou entidade repassador pela boa e regular aplicação desses recursos, apresentando todos os documentos, informações e demonstrativos necessários à composição dos relatórios de gestão e dos processos de contas dos responsáveis por essas unidades jurisdicionadas.

TÍTULO II
APRESENTAÇÃO DOS RELATÓRIOS DE GESTÃO E DAS PEÇAS COMPLEMENTARES ELABORADAS PARA CONSTITUIÇÃO DE PROCESSOS DE CONTAS

CAPÍTULO I
CRITÉRIOS DE APRESENTAÇÃO

Art. 3º Os relatórios de gestão devem ser apresentados anualmente ao Tribunal pelos responsáveis pelas unidades jurisdicionadas, relacionadas em decisão normativa, que lhes fixará a forma, conteúdo e prazo.

§ 1º Os relatórios de gestão anuais devem abranger a totalidade da gestão da unidade jurisdicionada.

§ 2º A critério do respectivo órgão superior, os relatórios de gestão das unidades jurisdicionadas podem ser encaminhados ao Tribunal pelo órgão de controle interno a que se vincularem.

§ 3º Os relatórios de gestão devem ser apresentados ao Tribunal em meio informatizado, conforme orientações contidas em decisão normativa.

§ 4º Os relatórios de gestão ficarão disponíveis para livre consulta no Portal do Tribunal na *Internet*, em até quinze dias da data limite para apresentação.

§ 5º A apresentação tempestiva do relatório de gestão, com o conteúdo e forma fixados em decisão normativa, configura o cumprimento da obrigação de prestar contas, nos termos do art. 70 da Constituição Federal.

§ 6º Os responsáveis por unidade jurisdicionada que entrar em processo de extinção, liquidação, dissolução, transformação, fusão, incorporação ou desestatização devem comunicar o fato ao TCU e ao órgão de controle interno em até trinta dias do ato que tenha autorizado o processo modificador e permanecem obrigados à apresentação dos relatórios de gestão anuais até a conclusão do evento.

Art. 4º O Tribunal definirá anualmente, em decisão normativa, as unidades jurisdicionadas cujos responsáveis terão processos de contas ordinárias constituídos para julgamento, assim como os conteúdos e a forma das peças que os comporão e os prazos de apresentação.

§ 1º Os responsáveis pelas unidades jurisdicionadas não relacionadas na decisão normativa de que trata o *caput* não terão as contas do respectivo exercício julgadas pelo Tribunal nos termos do art. 6º da Lei nº 8.443, de 1992, sem prejuízo de o Tribunal determinar a constituição de processo de contas em decisão específica e da manutenção das demais formas de fiscalização exercidas pelos controles interno e externo.

§ 2º Os processos de contas ordinárias devem abranger a totalidade da gestão das unidades relacionadas em decisão normativa.

§ 3º O relatório de gestão de unidade jurisdicionada relacionada na decisão normativa referida no *caput* deve ser submetido à auditoria de gestão e às demais providências a cargo do respectivo órgão de controle interno.

§ 4º O relatório de gestão de unidade jurisdicionada sujeita ao processo modificador referido no § 6º do art. 3º pode, a critério do órgão de controle interno, a partir da comunicação da unidade, ser submetido à auditoria de gestão e às demais providências a cargo desse órgão, para constituição de processo de contas extraordinárias.

§ 5º Os órgãos de controle interno devem colocar à disposição do Tribunal em meio eletrônico, na forma definida em decisão normativa, as peças relacionadas nos incisos IV, V e VI do art. 13 desta instrução normativa.

§ 6º Os órgãos de controle interno podem, a seu critério, realizar auditorias de gestão sobre as unidades jurisdicionadas não relacionadas na decisão normativa de que trata o *caput*.

§ 7º Na situação prevista no parágrafo anterior, caso verificadas as ocorrências a que se refere o inciso III do art. 16 da Lei nº 8.443, de 1992, o órgão de controle interno deve:

a) se a ocorrência for classificada na alínea "b" do inciso III do art. 16 da Lei nº 8.443, de 1992, representar ao Tribunal, nos termos do art. 237, inciso II, do Regimento Interno do Tribunal de Contas da União;

b) se a ocorrência for classificada nas alíneas "c" ou "d" inciso III do art. 16 da Lei nº 8.443, de 1992, recomendar a instauração de processo de tomada de contas especial, nos termos do art. 8º da Lei nº 8.443, de1992.

Art. 5º Os relatórios de gestão e os processos de contas constituídos pelo Tribunal serão organizados de acordo com a seguinte classificação:

I. Individual, quando envolverem uma única unidade jurisdicionada;

II. Consolidado, quando envolverem mais de uma unidade jurisdicionada e for conveniente ao Tribunal avaliar a gestão em conjunto;

III. Agregado, quando envolverem mais de uma unidade jurisdicionada e for conveniente ao Tribunal avaliar a gestão por meio do confronto das peças de cada unidade do conjunto.

Parágrafo único. A decisão normativa de que trata o art. 3º indicará elementos suficientes para o enquadramento das unidades jurisdicionadas na classificação estabelecida pelo *caput*.

Art. 6º Para a constituição de processo de contas extraordinárias junto ao Tribunal, os responsáveis pelos processos de extinção, liquidação, dissolução, transformação, fusão, incorporação ou desestatização de unidade jurisdicionada devem:

I. comunicar, em até quinze dias, o encerramento dos processos modificadores ao órgão de controle interno e ao Tribunal de Contas da União.

II. encaminhar, em até sessenta dias da comunicação prevista no inciso I anterior, ao órgão de controle interno e ao TCU as peças relacionadas nos incisos I, II e III do art. 13 desta instrução normativa.

§ 1º O órgão de controle interno deve encaminhar, em até cento e vinte dias, contados a partir do recebimento das peças referidas no inciso II acima, as peças previstas nos incisos IV, V e VI do art. 13, relativas à unidade objeto do processo modificador.

§ 2º A auditoria de gestão realizada pelo órgão de controle interno e as peças relacionadas nos incisos I, III, IV, V, VI, e VII do art. 13, que comporão os processos de que trata o *caput*, devem abranger os atos praticados no período compreendido pelo processo modificador.

§ 3º Os conteúdos das peças que comporão os processos de contas extraordinárias serão definidos nas decisões normativas de que tratam os arts. 3º e 4º.

CAPÍTULO II
PRAZOS

Art. 7º Os prazos estabelecidos nas decisões normativas de que tratam os arts. 3º e 4º, assim como no art. 6º desta instrução normativa, podem ser prorrogados pelo Plenário do Tribunal, em caráter excepcional, mediante o envio de solicitação fundamentada, formulada, conforme o caso, pelas seguintes autoridades:

I. Presidente da Câmara dos Deputados, do Senado Federal, do Supremo Tribunal Federal, dos demais Tribunais Superiores, dos Tribunais Federais nos Estados e no Distrito Federal e do Tribunal de Contas da União;

II. Ministro de Estado ou autoridade de nível hierárquico equivalente;

III. Procurador-Geral da República;

Parágrafo único. Nos casos em que os trabalhos referidos no § 3º do art. 4º e no § 1º do art. 6º desta instrução normativa não puderem ser concluídos a tempo de atender aos prazos fixados pelo Tribunal, o dirigente máximo do respectivo órgão de controle interno poderá solicitar, mediante pedido fundamentado, a prorrogação de prazo para apresentação das peças que lhe são pertinentes.

Art. 8º O descumprimento dos prazos fixados pelas decisões normativas de que tratam os arts. 3º e 4º ou estabelecidos pelo art. 6º, consideradas as prorrogações decorrentes do disposto no do art. 7º, poderá acarretar as seguintes situações para os responsáveis:

I. em relação aos prazos relacionados à apresentação dos relatórios de gestão, omissão no dever de prestar contas, para efeito do disposto na alínea "a" do inciso III do art. 16 da Lei nº 8.443, de 1992, sem prejuízo da sanção prevista no inciso II do art. 58 dessa mesma Lei.

II. em relação aos prazos das demais peças para constituição de processos de contas relacionadas no art. 13 desta instrução normativa, grave infração à norma regulamentar, para efeito do disposto no inciso II do art. 58 da Lei nº 8.443, de 1992.

Art. 9º Os processos de contas somente serão constituídos pelo Tribunal se contiverem todas as peças relacionadas no art. 13 desta instrução normativa, formalizadas de acordo com o estabelecido nas decisões normativas de que tratam os arts. 3º e 4º.

§ 1º Nos casos de inadimplemento das condições previstas no *caput*, o órgão de controle interno será informado do fato pela unidade técnica do Tribunal, para que, em até quinze dias da notificação, adote as ações de sua alçada ou comunique a situação aos responsáveis para a adoção das providências cabíveis.

§ 2º Quando o descumprimento ocorrer em relação às condições estabelecidas pela decisão normativa prevista no *caput* do art. 3º, a unidade técnica do Tribunal fixará, de acordo com a extensão das correções, novo prazo para reapresentação da peça, permanecendo os responsáveis pela unidade em situação de inadimplência no dever de prestar contas até o saneamento completo das impropriedades.

CAPÍTULO III
ROL DE RESPONSÁVEIS

Art. 10 Serão considerados responsáveis pela gestão os titulares e seus substitutos que desempenharem, durante o período a que se referirem as contas, as seguintes naturezas de responsabilidade, se houver:

I. dirigente máximo da unidade jurisdicionada;

II. membro de diretoria ou ocupante de cargo de direção no nível de hierarquia imediatamente inferior e sucessivo ao do dirigente de que trata o inciso anterior, com base na estrutura de cargos aprovada para a unidade jurisdicionada;

III. membro de órgão colegiado que, por definição legal, regimental ou estatutária, seja responsável por ato de gestão que possa causar impacto na economicidade, eficiência e eficácia da gestão da unidade.

Parágrafo único. O Tribunal poderá definir outras naturezas de responsabilidade na decisão normativa de que trata o art. 4º.

Art. 11. O rol de responsáveis deve conter as seguintes informações:

I. nome e número do Cadastro de Pessoa Física do Ministério da Fazenda (CPF/MF) do responsável arrolado;

II. identificação da natureza de responsabilidade, conforme descrito no artigo anterior ou na decisão normativa de que trata o art. 4º desta instrução normativa, e dos cargos ou funções exercidos;

III. indicação dos períodos de gestão, por cargo ou função;

IV. identificação dos atos formais de nomeação, designação ou exoneração, incluindo a data de publicação no Diário Oficial da União ou em documento de divulgação pertinente;

V. endereço residencial completo; e

VI. endereço de correio eletrônico.

§ 1º A unidade jurisdicionada deve manter cadastro informatizado de todos os responsáveis a ela vinculados, em cada exercício, com todas as informações indicadas no *caput* deste artigo, ainda que os responsáveis não tenham exercido as responsabilidades fixadas no *caput* do art. 10.

§ 2º O rol destinado à constituição de processo de contas sob a forma consolidada deve abranger somente os responsáveis da unidade jurisdicionada consolidadora, sem prejuízo do disposto no parágrafo único do art. 10.

§ 3º O rol destinado à constituição de processo de contas sob a forma agregada deve relacionar os responsáveis da unidade jurisdicionada agregadora e das unidades jurisdicionadas agregadas.

§ 4º Os órgãos de controle interno podem propor a inclusão de responsáveis não relacionados no rol se verificada a ocorrência de ato previsto nas alíneas "b", "c" ou "d" do inciso III do art. 16 da Lei nº 8.443, de 1992 em conluio com responsável arrolado no rol.

§ 5º Não ocorrendo o conluio referido no § 4º acima, mas verificada a prática de ato por responsável não relacionado no rol que tenha causado dano ao Erário, o órgão de controle interno, sob pena de responsabilidade solidária, deverá recomendar a instauração de processo de tomada de contas especial, nos termos do art. 8º da Lei nº 8.443, de 1992.

§ 6º Não ocorrendo o conluio referido § 4º deste artigo, mas apurada a prática de ato por responsável não relacionado no rol classificável na alínea "b" do inciso III do art. 16 da Lei nº 8.443, de 1992, o órgão de controle interno deve representar ao Tribunal nos termos do art. 237, inciso II, do Regimento Interno do Tribunal de Contas da União.

TÍTULO III
ORGANIZAÇÃO DOS RELATÓRIOS DE GESTÃO E DOS PROCESSOS DE CONTAS
CAPÍTULO I
PEÇAS E CONTEÚDOS

Art. 12. Os relatórios de gestão referidos no *caput* do art. 3º devem contemplar todos os recursos orçamentários e extraorçamentários utilizados, arrecadados, guardados ou geridos pelas unidades jurisdicionadas, ou pelos quais elas respondam, incluídos os oriundos de fundos de natureza contábil recebidos de entes da administração pública federal ou descentralizados para execução indireta.

Art. 13. Os autos iniciais dos processos de contas serão constituídos das peças a seguir relacionadas:

I. rol de responsáveis, observado o disposto no capítulo III do título II desta instrução normativa e na decisão normativa de que trata o art. 4º;

II. relatório de gestão dos responsáveis, conforme conteúdos e formatos estabelecidos pelo Tribunal na decisão normativa de que trata o art. 3º;

III. relatórios e pareceres de órgãos, entidades ou instâncias que devam se pronunciar sobre as contas ou sobre a gestão dos responsáveis pela unidade jurisdicionada, consoante previsão em lei ou em seus atos constitutivos, observados os formatos e os conteúdos definidos na decisão normativa de que trata o art. 4º deste normativo;

IV. relatório de auditoria de gestão, emitido pelo órgão de controle interno, conforme formato e conteúdo definidos na decisão normativa de que trata o art. 4º deste normativo;

V. certificado de auditoria, emitido pelo órgão de controle interno competente;

VI. parecer conclusivo do dirigente do órgão de controle interno competente; e

VII. pronunciamento expresso do ministro de estado supervisor da unidade jurisdicionada, ou da autoridade de nível hierárquico equivalente, atestando haver tomado conhecimento das conclusões contidas no parecer do dirigente do órgão de controle interno competente sobre o desempenho e a conformidade da gestão da unidade supervisionada.

§ 1º O pronunciamento ministerial ou de autoridade de nível hierárquico equivalente sobre o parecer do dirigente do órgão de controle interno competente não poderá ser objeto de delegação, conforme dispõe o art. 52 da Lei nº 8.443, de 1992.

§ 2º Os exames do órgão de controle interno competente sobre a gestão dos responsáveis devem abranger todos os recursos, orçamentários e extraorçamentários, utilizados, arrecadados, guardados ou geridos pelas unidades jurisdicionadas ou pelos quais elas respondam, incluídos os oriundos de fundos de natureza contábil recebidos de entes da administração pública federal ou descentralizados para execução indireta.

§ 3º Os relatórios de auditoria de gestão emitidos pelos órgãos de controle interno devem ser compostos dos achados devidamente caracterizados pela indicação da situação encontrada e do critério adotado e suportados por papéis de trabalho, mantidos em arquivos à disposição do Tribunal.

§ 4º Os documentos a que se referem os incisos V, VI e VII deste artigo, se opinarem pela regularidade com ressalvas e irregularidade das contas dos responsáveis, devem indicar os fatores motivadores para cada responsável.

TÍTULO IV
DISPOSIÇÕES FINAIS

Art. 14. As unidades jurisdicionadas e os órgãos de controle interno devem manter a guarda dos documentos comprobatórios de cada exercício, incluídos os de natureza sigilosa, de acordo com os seguintes prazos:

I. dez anos, contados a partir da apresentação do relatório de gestão ao Tribunal, para as unidades jurisdicionadas não relacionadas para constituição de processo de contas no exercício;

II. cinco anos, contados a partir da data do julgamento das contas dos responsáveis pelo Tribunal, para as unidades jurisdicionadas relacionadas para constituição de processo de contas no exercício.

Parágrafo único. O descumprimento do disposto no *caput* deste artigo poderá sujeitar o responsável à sanção prevista no inciso II do art. 58 da Lei nº 8.443, de 1992, sem prejuízo da instauração de tomada de contas especial para apuração dos fatos, identificação dos responsáveis e quantificação do dano ao Erário, se for o caso.

Art. 15. Em razão da complexidade do negócio, da necessidade de acompanhamento tempestivo ou do monitoramento dos atos de gestão das unidades jurisdicionadas envolvidas, o Tribunal poderá determinar a apresentação de informações sobre a gestão em periodicidade inferior a um ano, sem prejuízo das obrigações estabelecidas pela decisão normativa prevista no art. 3º.

Art. 16. Esta instrução normativa entra em vigor na data de sua publicação e aplica-se aos processos de contas referentes ao exercício de 2010 e seguintes.

Art. 17. Fica revogada a Instrução Normativa TCU nº 57, de 27 de agosto de 2008.

VALMIR CAMPELO
na Presidência